经学文献考论

朱天助 著

上海三联书店

自序

这本小书是我求学期间涉及古典经学的一些单篇论文。主要集中在经部易类，偶也涉及经部其他类。又治学方向主要是经学文献的整理和考证，故题作“经学文献考论”，以期内容和题目庶几能够契合。

十八篇文章，大抵可分为三组。第一组是九篇探讨《周易》的相关文章。可分为三部分。第一部分，研究宋代吕祖谦所编定的易类文献，《吕祖谦易学著述考略》详考吕祖谦所撰述易类著述的版本和流传情况。吕祖谦曾编订《古周易》《古易音训》和《周易系辞精义》三书，故笔者分别以《〈古易音训〉价值初探》《论吕祖谦〈古易音训〉校勘〈经典释文〉的价值》《〈古周易〉相关问题的探讨》和《吕祖谦〈周易系辞精义〉编纂的原则与价值》来探讨各书的价值。第二部分，主要是易学史的相关问题。《两汉十翼称经考》详考十翼在汉代可称作经，有别于当时谶纬之书和其他“易传”。《宋代“疑经”与“编古易”问题之辨证——以〈易经〉为例》则探讨两汉“疑经”学风和重编古本《易》之间的复杂关系。《试论孔子易赞及易教》则探讨孔子与《易》的密切关系，孔子教学生易学当涉及哪些内容。第三部分，主要是札记和考述一些易类文献的版本情况，札记方面，比如《〈周易本义〉札记三则》。介绍朱子易类题跋本，比如《朱子易类著述版本二十七种考录》。也有考述批注本或撰述底本的情况，比如《郑玄〈周易注〉孔广林辑本略论》。

第二组则是三篇涉及《毛诗》《考工记》和《郑志》的单篇论文。

《北大所藏汪龙〈毛诗申成〉稿本初探》考证该书是稿本非抄本，又因《毛诗申成》未刊行，简略介绍该书的价值，以及此书和汪龙已刊著述《毛诗异义》之间的关系。《重估〈鬳斋考工记解〉价值及未备》对林希逸《鬳斋考工记解》的版本流传情况、内容、价值和不足之处作全面的考证，以纠正四库馆臣对此书评价失当处。《清代〈郑志〉辑本六种辑释》则通过考述《郑志》的批跋本来作该书的辑补本源流图。

第三组则是对现存各图书馆经部各批跋本作誊录和考证工作。现存《中国古籍善本书目·经部》（上海古籍出版社1985年版）收录许多清儒的批跋本和稿本。这些“善本”有其文献价值。《朱子四书类著述二十一种版本述考》和《戴震、二王著述批跋本十三种叙录》就是做这方面的誊录工作，故述而少作。《古籍影印本四种指瑕》则是笔者在各馆查阅原书过程中，发现经部古籍批跋本在影印过程中，会对批跋和题记作一些调整，以致有遗漏、错置，甚至失真的问题。最后一篇《现存〈古文尚书〉〈古文春秋〉〈古文论语注〉旧辑本十四种检讨及考辨》则是笔者搜讨两岸各图书馆现存的十四种旧辑本，又详考三书的辑者。此篇也算是我博士求学期间学术研究的小结。

以上论文皆已发表，这次收录仅对标题和文句稍作修订。具体文字出处详见附记。从2007年硕士入学至今已整整13年。笔者未尝预料自己会走上古典经学的研究道路。犹忆在福师大易学所，业师张善文先生在《经典释文序录》课上勉励后学治学应博学而守约，精纯而不杂的情景。笔者自度非上智之人，常以《困·象》“泽水困，君子以致命遂志”来警戒自己。选择以古典经学文献的整理和考证作为学术方向，而非义理之学。实在是自知“以其昏昏”，无法“使人昭昭”，唯有走整理学术史之路，才能与来学分享稍许心得。

在这里特别感恩父亲、母亲这十年来对自己的全力支持。又，父亲是语文教师，若非严亲的支持和勉励，自己不可能走上治古典文献学这条路。然而人事无常，我提笔撰序时，父亲却已往生。音容笑貌，宛然在眼前。家父往昔屡次敦促我为学当及时，该读的书一定要趁早读，因缘一旦错过，就很难再有这种机会了。“蟋蟀在堂，岁聿其逝”，不知不觉十年就这么过去了，怎能不愧悚？父母“生我劬劳”，笔者无以为报，谨献此书以纪念严君朱力耕先生。是为序。

朱天助

2019年12月

目　录

两汉十翼称经考

内容摘要：本文综考传世易类文献，认为秦汉存有各类《易传》，儒生唯将当时公认的孔子或述或作的《易传》定为《经》，故引其文可称《经》。十翼与其他类《易传》内容上有暗合处，但两者可能分属不同类的书。十翼远自先秦，汉时称《经》，地位非他书可比。汉初可能只备九翼，后人增入河内女子所得逸篇以成十翼，此逸篇即《杂卦》。《杂卦》与《书》《礼》二篇同出，今文家据此认定其为孔子所作，并尊称《经》。汉儒因此篇业已成《经》，虽不敢质疑，却心存疑虑，故无有引其文者。

关键词：十翼；各易传；纬书；杂卦；佚书

十翼，即与今本《周易》经文相附并行的十篇《易传》。分别是《上彖》《下彖》《上象》《下象》《上系》《下系》《文言》《说卦》《序卦》《杂卦》。十翼之名，始于何时，历代学者观点不一。欧阳修以为“十翼”之说，不知起于何时。后来皮锡瑞《经学通论》亦持此说。南宋俞琰《读易举要》则举《周易参同契》“夫子庶圣雄，十翼以辅之”，以为起于东汉。吴承仕《经典释文序录疏证》则引东晋释道安《二教论》，以为起于东晋。尚秉和则引《乾凿度》之说，以为《十翼》之名本自先秦。黄寿祺先生综考上述诸说，认为：“《十翼》之名，始见于《易纬》，虽未必起于先秦，要当出于汉代。欧阳公谓不知起于何人，实为失误；歙吴先生谓始于晋道安，亦嫌太晚也。”[①]笔者以为：十翼之确名，虽最迟不晚于西汉末，然若

① 黄寿祺《六庵易话之二》,《福建师范大学学报》1982 年第 1 期，第 55 页。

论其缘起及先贤心知其意而未定其名，则或可上溯至西汉初。因此，本文在秦汉易学研习和传承的总体背景下，来探讨十翼之说的嬗变及其地位的确立。

西汉羽翼经文的《易传》，不仅有属于十翼的《传》，也有各易家解《易》的《传》。此外，还有今出土易类文献所见的各《易传》。上述各类《易传》皆可统称《传》，则彼此之间如何区别？特别是十翼在西汉群书中的地位如何？虽然西晋时十翼偶有称确《传》之例，如《周易释文》引王肃本有“传”字；但笔者以为不可以今律古，以为十翼两汉时也称《传》。两汉时，儒生已提升十翼的地位，尊称作《经》；而其他《易传》则另称《易传》《易大传》或《易内传》等等，以示彼此的区别。

关于十翼两汉称《经》之论，前贤亦偶有涉及。北宋易学家吕大防将《传》从经文中分出单篇别行，以复古本《周易》原貌。[①]十篇《易传》（即十翼，后多用该简称），分附于经文之后，从“上象第三”至“杂卦第十二”，连同经文二篇，共十二篇。[②]吕大防所定十翼篇目虽无“传”字，却无明文深考。盖吕氏于此乃省文就简，并无深意。然而笔者受此启发，遂综考存世易类文献，认为两汉十翼地位等同于经文，十翼称《经》更符合汉儒对十翼的理解。此外，两汉易类文献所谓的“易传”，同名而异实，既可指汉易家易说，也可指先秦古易说。

一、十翼称《经》

《汉书·艺文志》言“《易经》十二篇，施、孟、梁丘三家”，颜

① 吕大防据王弼本重编，据李焘《周易古经》言“元丰五年（1082），正愍吕公微仲始厘析王辅嗣篇第，别定为十有二”。见（宋）吕祖谦等《古周易》，（清）徐乾学《通志堂经解》第二册，扬州：江苏广陵古籍刻印社影印同治十二年富文斋本，1996年，第487页。

② 吕大防《周易古经》经传分行的概括，详见吕祖谦等撰《古周易》，第486页。

师古注："上下经及十翼，故十二篇。"王应麟《汉书艺文志考证》引孔颖达云："十翼，谓《上彖》《下彖》《上象》《下象》《上系》《下系》《文言》《说卦》《序卦》《杂卦》。"[①]经传相埒，此当是刘向、班固的共识。班固引《易传》也略去"传"字，如《汉书·郊祀志》引"《易》曰'分阴分阳，迭用柔刚"（《说卦传》），后又引"《易》曰'方以类聚，物以群分[②]'"（《系辞上》）。盖经传地位相等本是汉儒的共识。笔者博考汉魏学者征引十翼的传世文献，除三例外，皆不言传。或直引，如《后汉书·方术传序》引"故曰'苟非其人，道不虚行'"。此类共有39例。或取《易》曰，如《白虎通·天地篇》引《乾》象曰："故《易》曰：'终日乾乾，反覆道也。'"又如《汉书·刘向传》，刘向引《乾·象》也称"《易》曰"。此类最多，有239例。或直接冠以孔子之名，如王符《潜夫论》之《讼断篇》与《卜列篇》引《易》皆称"孔子曰"。此类共有23例。又或详举十翼各篇名，如《潜夫论·相列篇》有"《易》之《说卦》，'巽为人多白眼'"。此类共有8例。然而最重要的却是将十翼称作《经》的例子，此类共有8例。[③]

《潜夫论·相列篇》征引《上系》和《下系》各一条，即言："《经》曰：'圣人有以见天下之至赜而拟诸形容，象其物宜'"，以及"《经》曰：'近取诸身，远取诸物'"。又《后汉书·鲁恭传》，鲁恭上书引《姤·象》，《后汉纪》十六《安帝纪》，鲁恭上书引《乾·象》及《乾·文言》，皆题作"《经》曰"。《后汉书·郎顗传》，郎顗引《困·象》以及《说卦》，

---

① 陈国庆《汉书艺文志注释汇编》，北京：中华书局1983年版，第9页。

②（汉）班固《汉书》，北京：中华书局1964年版，第1266、1268页。

③ 以上各类，乃笔者据杨树达《周易古义》一书统计归纳而成。杨树达广辑先秦至魏晋古书引易材料七卷而成《周易古义》，辑录详备。以上各类所举例子，详见杨树达《周易古义、老子古义》，上海：上海古籍出版社2007年版，第114、7、93、121页。

也皆称“《经》曰”。[①]《汉纪·成帝纪论》更有：

荀悦曰：《经》称：“立天之道曰阴与阳；立地之道曰柔与刚；立人之道曰仁与义。”[②]（《说卦传》）

以上各类引文可推定当时十翼可等同于经文。各家也默认此说，故引文无“传”字。至于例外三条：其一，《韩诗外传》卷三言：

传曰：昔者，舜甑盆无膻，而下不以余获罪；饭乎土簋，啜乎土型，而农不以力获罪；麑衣而盩领，而女不以巧获罪；法下易由，事寡易为功，而民不以政获罪。故大道多容，大德多下，圣人寡为，故用物常壮也。《传》曰：“易简而天下之理得矣。”[③]

杨树达《汉书窥管》引姚振宗言“《韩诗外传》间有引《易》文者，亦《韩氏易》也”[④]，也即《汉书·艺文志》所录“《韩氏》二篇”一书。姚说有据，此处引文前有“传”字，后又复出“传”字，殊为可疑。汉儒多守专经，然韩婴却兼通《诗》与《易》，且著有《韩氏易》。该书与十翼有暗合的文句，此处或即本之该书。

其二，《汉书·匡衡传》，匡衡上书言：

《诗》云：“于以四方，克定厥家。”《传》曰：“正家而天下定矣。”

颜师古注：“《易·家人》卦之《彖辞》。”然笔者以为此《传》或另有所本。首先，《史记·张丞相列传》（后人补）以及《汉书·匡衡

---

① 杨树达《周易古义、老子古义》，第8、103、60、6、9、62页。

② 同上书，第117页。另见（汉）荀悦《前汉纪》之《前汉孝成皇帝纪二》卷第二十五，《四部丛刊》初编本第46册。

③ 许维遹《韩诗外传集释》，北京：中华书局1980年版，第79-80页。本文引用，标点略改动。杨树达《周易古义》也辑有此条。

④ 杨树达《汉书窥管》，上海：上海古籍出版社2007年版，第204页。《汉书·儒林传·韩婴传》也载：“韩生亦以《易》授人，推《易》意而为之传。”（班固《汉书》，第3613页）以上引文，陈国庆《汉书艺文志注释汇编》也有辑录。（第13页）

传》皆仅言匡衡精通《诗》学[1]，并无录其研习《易》的经历。其次，匡衡上疏全文除此外，无见其他引《易》文句，倒是多引《诗》文以规谏人主。最后，犹如上例，《传》文即在《诗》文之下，当为解《诗》而引。该文可能是如《韩诗外传》一类的《传》，而此类《传》多与十翼文句有偶合处。

其三，司马谈《论六家之要指》有"《易大传》曰：'天下一致而百虑，同归而殊途"[2]一句，刘宋裴骃《集解》与唐张守节《正义》皆据三国张晏之说，认为此乃是《易·系辞》之文。然而《汉书·郊祀志》也引刘向语曰："《易大传》曰：'诬神者殃及三世。'"此条与十翼思想有别。两书所引的《易大传》当来自同一本书。王应麟《困学纪闻》出此条并按："《大戴礼·本命篇》'诬鬼神者罪及二世'，《易大传》岂即此篇欤？"阎若璩按："凡书引《易》为今《周易》所无者，颜师古曰：'盖易家之别说者。'岂得谓即《大戴礼记》？"[3]颜、阎

---

① （汉）司马迁《史记》，北京：中华书局1959年版，第2688页；（汉）班固：《汉书》，第3340页。

② 同上书，第3288页。

③ （清）翁元圻案：《本名篇》："大罪有五：逆天地者罪及五世，诬文、武者罪及四世，逆人伦者罪及三世，诬鬼神者罪及二世，杀人者罪止其身。故大罪有五，杀人为下。"宋李心传《丙子学易编》曰："司马谈《论六家要旨》，引'天下殊塗而同归，一致而百虑'，谓之《易大传》。此今《系辞下传》中语也。故相承以《系辞》为《大传》。然刘向封事引《易大传》曰'诬神者殃及三世'，此岂《系辞传》中语乎？意者秦、汉诸儒自为《易大传》，如伏生《尚书大传》之比，其间引《系辞》之文，而谈不考详考，误以为《大传》耳，亦犹'差之毫厘，谬之千里'，本《易纬》之文，而汉儒所引，乃冠以'易曰'二字，卤莽类此，要不足据也。"笔者按：李氏认为《易大传》非今本《易传》，是矣；但他又认为司马谈引文出处有误，则未确。此乃史迁叙其父论学要旨，岂容有失？纵若有失，班固后录刘向语也当有所考辨。可见引文即是《易大传》之文。至于李氏质疑为何汉儒引《易纬》之文却冠以《易》之名，详见下文分析。（宋）王应麟著，（清）翁元圻等注，栾保群、田松青、吕宗力校点《困学纪闻》卷一，上海：上海古籍出版社2008年版，第99–100页。

之说是也，上例仅是《易大传》与《易·系辞》偶合的文句。笔者以为：《易大传》当本自先秦，或是《易纬》之流的源头。

二、《易纬》溯源

司马迁的易学可谓渊源有自，司马迁受易于其父司马谈，谈受易于杨何，杨何受易于王同，王同受易于田何，而田何为孔子易学的嫡传。不仅如此，司马迁还对当时各类易说熟稔于心，故其引易不限于今本《易传》，也可引类似《易纬》的古易说。如《太史公自序》曰："故《易》曰：'失之毫厘，差以千里。'故曰：'臣弑君，子弑父，非一旦一夕之故也，其渐久矣。'"[①]与此文相似的有：《大戴礼记·礼察篇》引"《易》曰：'君子慎始，差若毫厘，谬之千里。'取舍之谓也"；《大戴礼记·保傅篇》引"《易》曰：'正其本，万物理，失之毫厘，差之千里。'故君子慎始也"；《礼记·经解》引"《易》曰'君子慎始，差若毫厘，谬以千里。'此之谓也。"[②]《集解》引徐广言："一云'差以毫厘'，一云'谬以千里'。"裴骃又案："今《易》无此语，《易纬》有之。"据徐广所出的异文，且比较上文可发现，《史记》引文主旨实与上述三条相同，所异者仅虚词。裴氏进而认定此即是《易纬》之文。值得注意的是郑玄无注《礼记》此条，卢辨也无注《礼察篇》条，唯在《保傅篇》篇注曰："据《易说》言也。"

首先，这意味以上引文，在郑氏、卢氏看来，众所周知，可不言自明。至少也说明两汉时期，儒生对此类书及今本十翼之文是非常熟悉的，不可能误引。其次，《保傅篇》所引与《礼察篇》及《易纬》

---

①（西汉）司马迁《史记》，第3298页。

②（清）王聘珍《大戴礼记解诂》，《十三经清人注疏》，北京：中华书局1983年版，第23、58页。以及（清）阮元《十三经注疏》，北京：中华书局1980年版，第1611页。胡志逢也有辑文，参见胡志逢《先秦诸子易说通考》，台北：文史哲出版社1975年版，第181页。

一书大体相同，卢氏注其出自《易说》。《易说》或是《易纬》该书的别名。最后，细审司马迁引文，还可发现司马迁引《易》后，又直取《坤·文言传》之文，据此可推定：在司马迁看来，所引两书地位相近可并称，无须详加区别。

裴骃定此条即本《易纬》之说后为《四库全书总目》所采纳[①]，然而，为何司马迁引《易纬》之文却冠以"《易》曰"呢？其实，司马迁时，今本《易纬》各篇尚未定形。胡自逢即言：

> 《易纬》晚出，当在东西汉之际，《太史公自序》曰："故《易》曰：'失之毫厘，差以千里'。"此纬书袭前人语，亦非史公用纬说也。[②]

胡氏推断良是，此乃司马迁偶冠《易》之名以引先秦古易说。此类古易说，也当是《易纬》之流的渊源。

然而汉儒称引《易纬》的情况又如何呢？笔者略考汉儒引《易纬》的情况，共辑得 20 例[③]。分别是：《白虎通德论·天地》引《乾凿度》1 则，《后汉书·律历志》引《乾凿度》3 则，《后汉书·郎顗传》引题作《易内传》之文 4 则，《易传》4 则，《中孚传》1 则，《易天人应》3 则。《后汉书·杨赐传》引作《中孚经》1 则。《后汉书·律历志》

---

① 四库馆臣言：《史记·自序》引易"失之毫厘，差以千里"，《汉书·盖宽饶传》引易"五帝官天下，三王家天下"，注者均以为《易纬》之文是也。（清）永瑢等撰《四库全书总目提要》卷六，北京：中华书局 1965 年版，第 47 页。笔者按：《汉书·盖宽饶传》引该句题作"《韩氏易传》"，颜师古也无注，馆臣偶误。见班固《汉书》第 10 册，第 3247 页。

② 胡志逢《先秦诸子易说通考》，第 181 页。

③ 本文主要据安居香山、中村璋八《纬书集成》一书所出各条目。《易纬》虽草成于哀平之际，但《易纬》各篇，除《乾凿度》外，其他篇名和内容都还没有固定下来，因此以下各家所引的具体篇名，并不与今本《易纬》完全对应。安居香山、中村璋八《纬书集成》，石家庄：河北人民出版社 1994 年版，第 2 页。

引作《通统图》及《九戹谶》各1则[①]。以上19例，皆详举具体篇名，但也有例外，据《后汉书·范升传》，范升上奏曰："《易》曰：'天下之动，贞夫一也。'又曰：'正其本，万事理。'"唐李贤注前句曰："《易·下系》之文也。"注后句则曰："今《易》无此文也。"[②]《后汉书考证》出此条曰：

> 此必《易纬》之辞。凡汉人说经所引纬书，若《春秋元命苞》等，则曰《春秋说》。《易乾凿度》等，则曰《易说》。《尚书大传》等则曰《尚书说》。今范升引《易纬》，遂蒙上"《易》曰"为文，注家于《易》本文中求之，固无此文耳。[③]

四库馆臣归纳汉儒引《易纬》通例作《易说》之论，虽不甚确切，但馆臣指出此处乃范升蒙上文而略其出处则是也。汉儒若兼习各类易传，则当以不同称谓加以区别。具有代表性的例子便是《后汉书·郎顗传》。郎顗父郎崇，既善于《京氏易》，又善于望气占侯吉凶，而郎顗"少传父业，兼明经典"。因此，郎顗引易，包括《易纬》《京氏易》和十翼三个部分。郎顗引《易纬》则出具体篇名。引《京氏易》则作"《易说》"。引十翼六次，四次作"《易》曰"，另外两次称"《经》曰"。比如郎顗曰：

> 《易》曰："靁出地奋，豫。先王以作乐崇德，殷荐之上帝。"靁者，所以开发萌牙，辟阴除害。万物须靁而解，资雨而润。故《经》曰："靁靁以动之，雨以润之。"王者崇宽大，顺春令，则靁应节，

① 今本《后汉书》乃（南朝·宋）范晔、（晋）司马彪所作，然该书《列传》多录汉儒上疏奏议，各《志》也详载东汉典制，而《易纬》各篇又多成于东汉，因此，本文考察汉儒引《易纬》情况时，也多取该书。

② （南朝·宋）范晔《后汉书》，北京：中华书局1965年版，第1229页。

③ （清）陈浩等《后汉书考证》，文渊阁《四库全书》第252册，台北：台湾商务印书馆1983年版，第806页。

不则发动于冬，当震反潜。故《易传》曰："当靁不靁，太阳弱也。"[①]

郎顗引《京氏易》则称《易传》，称《说卦》之文，则作"《经》曰"，由此更能佐证十翼在当时群书中的地位。

先秦古书引《易传》之文而不见于今本者还有一条，《战国策·齐策》"齐宣王见颜斶"有引：

是故《易传》不云乎："居上位，未得其实，以喜其为名者，必以骄奢为行，据慢骄奢，则凶必从之。"是故无其实而喜其名者削，无德而望其福者约，无功而受其禄者辱，祸必握。"[②]

今人多以此条为今本《易传》的佚文[③]。该文主张个人应德行能力兼备以求名副其实，不可图虚名而忘乎所以。此与先秦儒家引易说理有相似处，比如《荀子·大略》也引："《易》曰：'复自道，何其咎？'《春秋》贤穆公，以为能变也。"[④]荀子引《小畜》初九以说明秦穆公虽有过失，却能及时返归正道，从而能免却更大的危害。两者皆义理纯正，无涉虚诞，无怪乎章太炎即以此条为商瞿《易传》的佚文[⑤]。

笔者进而推断，由先秦至西汉，易学史不是仅有儒家商瞿至田何一脉孤悬的传承，而是各家易说暗涌，交织着各种思想的火花。比如《风俗通》的《正失篇》有："《易》称'大人虎变，其文炳；君子豹变，其文蔚'。《传》曰：'山有猛虎，草木茂长。'"《十反篇》也有："《易》曰'君子之道，或出或处，或默或语'，《传》曰：'朝廷之人，入而

---

① （南朝·宋）范晔《后汉书》，第1072页。
② 诸祖耿《战国策集注汇考》，南京：凤凰出版社2008年版，第608页。
③ 胡志逢《先秦诸子易说通考》，第181页。
④ （清）王先谦撰《荀子集释》，北京：中华书局1988年版，第498页。
⑤ 章太炎曰："商瞿受《易》于孔子，传至汉初，王同、周王孙、丁宽、服生皆著《易传》，而瞿之书未见。此云《易传》，真商瞿《传》也。"诸祖耿《战国策集注汇考》，第612页。

不能出；山林之士，往而不能返'，言各有长也。"[①]以上两处《传》文，不见于他书，盖亦本之先秦古易说。

这就意味着秦汉的"易传"，涵盖今本十翼、《易纬》、类似《易大传》的先秦古易说和《京氏易》一类的汉易家易说。《太史公自序》中，太史公曰：

> 先人有言："自周公卒五百岁而有孔子。孔子卒后至于今五百岁，有能绍明世，正《易传》，继《春秋》，本《诗》、《书》、《礼》、《乐》之际？"[②]

太史公,《正义》曰"司马迁也"。先人,《索引》谓"先代贤人也"，《正义》则认为是司马谈。然而无论作何解，此段可以说明：

（一）孔子可正《易传》，则当时流传多种《易传》本子，孔子融裁删削，以成今本十翼；因此，十翼与前人之说有重复且有卜筮之言，不足为奇。

（二）参考上述《史记》引易之文，可知司马迁当时还存有各类易说，司马迁偶称之曰"易大传"或"易"，而此类易说，当是汉哀、平之际纬书的渊源。

既然《史记》引"易"，并不局限于今本《易》的经传，这就可澄清易学史上的一些问题：

（一）孔子学"易"问题（《论语·述而》），此"易"的内涵包括当时众多《易传》，涉及各家学说。孔子五十岁仍学习当时各家易说，并无不可。孔子弟子辑录此条并不疑惑，那是因为此"易"的内涵甚广。又如司马迁《滑稽列传序》引孔子言"《易》以神化"[③],此处"易"

① 杨树达《周易古义、老子古义》，第67、88页。
② （汉）司马迁《史记》，中华书局，1959年版，第3296页。
③ 同上书，第3197页。

也当指各种《易传》。班固《汉书·艺文志》也有言“孔子卒后，《易》有数家之传”[①]。虽所说不同，也认为诸《易传》与孔子有非常密切的关系。

（二）孔子删裁各《易传》，也就意味着许多章节孔子可述而不作，因此十翼与当时各《易传》以及十翼内部之间有所重复出入，也就在情理之中。汉儒认为纬书乃孔子所作，也可解读为纬书所本的各《易传》，乃孔子编撰十翼的渊源。

（三）如《易大传》《易说》（卢辩注）之类的“纬书”可与十翼内容相重复，则今马王堆帛书《易传》与今本《易传》内容虽有相同之处，但两者可能是不同性质的书，即今本《易传》汉时称“经”，而帛书《易传》可能只能属诸子或术数之类的书。（用《汉志》分法）不过，两者可能有共同的学说渊源。[②]

综考传世文献，笔者认为今本《易传》在秦汉称“《经》”，因其内容本孔子删削当时各《易传》而成，故与他书不同。西汉成帝时，

① （汉）班固《汉书》，第 1701 页。

② 廖名春认为帛书《系辞》是对今本《系辞》的改造，前者节录后者的内容。从《易之义》《要》的记载看，今本《系辞》早于帛书《系辞》。（参见廖名春《帛书〈易传〉初探》，台北：文史哲出版社 1998 年版，第 31—44 页）但笔者以为秦汉时若存在各种《易传》，则帛书《系辞》是与今本《系辞》内容有重复，也可说明两者存有共同的学术渊源。其他篇如《易之义》《要》等，可能是与今本《易传》性质不同的书。帛书有今本无者，也并非佚文。另外，帛书《易之义》中有今本《易传》的内容，且将今本《系辞》之文与《说卦传》前三章合并。然而荀悦《汉纪》恰有引《说卦传》前三章之文，并名曰“《经》”，《经》的内容是不容许删改的，且帛书《衷》则作“立天之道曰阴与阳，位地之道曰柔与刚，位人之道曰仁与义”，与荀悦所引不同。两书性质可能也不同，因此不可据此认为《说卦传》前三篇当归入《系辞传》。（廖名春《马王堆帛书周易经传释文》，《续修四库全书》第 1 册，上海：上海古籍出版社 1995 年版，第 31 页）

刘向校中秘书，曾据中秘之《易》经校勘今、古文《易》。[①]《汉书·艺文志》的《易》类小序曰："刘向以中《古文易经》校施、孟、梁丘经，或脱去'无咎'、'悔亡'，唯费氏经与古文同。"这说明:(1)中秘《易》与今古文篇目无有不同，仅字句微异。[②]又因中秘《易》乃先秦古本，这意味着十翼各篇的名义可能由来已久，非汉儒自定；(2)中秘之书看管甚严，外人不得见，以防世人伪窜。汉儒如有伪作，校以中秘之书，则真伪立现；[③](3)西汉经学有今、古文之争，《易》今、古文并存，却无争议。因此，笔者以为十翼内容当本自先秦，具体内容也无佚失，才能与刘向校《易》之言相佐证。

三、河内女子得佚书

然而这一结论若要成立，还要解决一个关键的问题，那就是困扰学者多时的西汉"河内女子得佚书"问题。

杨雄《法言·问神篇》言:"或曰:《易》损其一也，虽惷知阙焉。"[④]王充《论衡·谢短篇》也云：

> 秦燔五经，《易》何以得脱？汉兴几年而复立？宣帝之时，河内女子坏老屋，得《易》一篇，名为何《易》？此时《易》具

① 余嘉锡《古书通例》认为刘向校书乃"盖惟各存其本文，而别著校勘之语"；"盖凡经书皆以中古文校今文。其篇数多寡不同，则两本并存，不删除复重"；"古书中如《易》十二篇，《诗》三百五篇，《春秋》十二篇之类，此皆秦以前之原本，无所亡失。"余嘉锡《古书通例》，北京：中华书局2007年版，第271、272、277页。

② 余嘉锡有详考，刘向遇经今古文篇数不合者，则一并著录，如《孝经》古今文皆为一篇，然古文二十二章，而今文只有十八章，则并亦著录，不以古文篇数合之今文。笔者按：余氏之前，李遇孙《日知录续补正》已持此说。详见（清）顾炎武著、黄汝成集释《日知录集释》，栾保群，吕宗力校点，上海：上海古籍出版社2006年版，第8页。

③ 中秘之书管制概况，参见余嘉锡《古书通例》，第278页。

④ 汪荣宝《法言义疏》，北京：中华书局1987年版，第147页。

足未？[①]

《正说篇》又言：

至孝宣皇帝之时，河内女子发老屋，得逸《易》、《礼》、《尚书》各一篇，奏之。宣帝下示博士，然后《易》、《礼》、《尚书》各益一篇，而《尚书》二十九篇始定矣。[②]

《正说篇》后再言："宣帝之时，得佚《尚书》及《易》、《礼》各一篇，《礼》、《易》篇数亦始足。"[③]

以上，杨雄、王充皆无明示佚《易》究为何篇。后来《隋书·经籍志》则言"秦焚书，《周易》独以卜筮得存，唯失《说卦》三篇。后河内女子得之"[④]，刘盼遂《论衡集解》又以为"盖《说卦》本合《序卦》、《杂卦》而为一篇"[⑤]，然汉儒明言损一而非损三，且《序卦》前人也有征引，故今人多指上述两说为非。[⑥]屈万里认定此逸篇即是《杂卦传》，因为"宣帝前无人征引，乃至无人道及"，又认为《杂卦传》恐是汉儒假河内女子之名的伪作。

---

① 黄晖《论衡校释》卷十二，北京：中华书局1990年版，第559页。

② 同上书，第1124页。

③ 同上书，第1128页。

④ （唐）魏征、令狐德棻撰《隋书》，1973年版，第912页。

⑤ 黄晖《论衡校释》卷十二，第1124页。

⑥ 见屈万里《易损其一考》。屈氏还引戴震言"《说卦》分之为《序卦》、《杂卦》"，皮锡瑞、康有为同戴说，以及崔适言此逸篇即《序卦》两说。但屈氏指出《淮南子·谬称》有引"《剥》之不可遂尽也，故受之以《复》。"此即《序卦》之文。（参见《屈万里先生文存》，《屈万里全集》第十七册，台北：台湾联经出版事业公司1984年版，第87–91页；又节录于《汉石经周易残字集证》卷一《汉石经周易之篇第》，《屈万里全集》第十一册，第19–22页）后来李学勤也据《淮南子》此条认为失《序卦》一篇不可信。李学勤还据臧庸《拜经堂日记》录《文苑英华》刘子玄议，认为《韩氏易》当有十二篇。又据王先谦《汉书补注》引沈钦韩语，认为《淮南九师道训》也当作十二篇。李氏进而认为两者都包括十翼。（参见阮元《清经解》，上海：上海书店1988年影印学海堂本，第6册，第718页；王先谦《汉书补注》中华书局1983年版，第866页；（转下页）

笔者认为屈氏认为逸篇是《杂卦传》无疑是卓见，但他推定此篇或出于汉儒伪托则未必。

（一）《杂卦传》不仅宣帝前无人征引，即使宣帝后直至三国，也无人征引。①唯有郑玄认为《杂卦》“大过颠也”下“卦音（一作旨）不协，似错乱失正”，但也是“弗敢改耳”。②郑玄怀疑此篇有错简，然《杂卦传》已具经的地位，不可随意更动。盖《杂卦传》诸简出自河内女子，因收编不当，以致错简。汉宣帝下示此书于各博士，博士编次校订呈进后，宣帝即定为经书；而众人纵有异议，因无法核实，也不敢更改。

（二）定《杂卦传》为逸篇也与刘向校书之言并不矛盾，因此篇乃出土文献，海内孤篇，故刘向校《易》时无从校勘。若是汉儒伪作，必有所依傍，刘向当详辨之，何况中秘府也无此篇，刘向更应谨慎从事。

（三）十翼之说本自《易纬》的《乾坤凿度·坤凿度》“（孔子）五十究《易》，作十翼”，而《易经》十二篇则见于《汉书·艺文志》。前者大抵成于哀、平之际，后者本刘向之《别录》，成书也在成帝河平三年以后，两者皆属于西汉晚期。故笔者以为司马迁当时可能并无“十翼”之说。据《史记·孔子世家》言：

（接上页）李学勤《周易溯源》，成都：巴蜀出版社2006年版，第171页）笔者按：据顾实《汉志讲疏》言：“施、孟、梁丘三家经三十六篇除图不计外，故合计适得二百九十四篇。”（图只一卷）若据上言补入二十卷，则最后卷数反倒不符。其次，《汉志》凡十翼之文，乃定为“经”，置于前部，以上两书若有十翼之文，相同则当分出，不同才置后。因此，笔者以为以上两书皆有十翼之文一说恐不确。（陈国庆《汉书艺文志注释汇编》，北京：中华书局1983年版，第17页）

① 杨树达《周易古义》辑各家引《易》之文，唯独无《杂卦传》之文。

② 郑玄《周易注》今佚，现唯存辑本。上文引自（宋）吕祖谦《古易音训》所辑晁说之的引文。（宋）王应麟辑，（清）丁杰订，（清）张惠言订正《周易郑注十二卷》，《续修四库全书》第1册，上海：上海古籍出版社1995年版，第121页。

孔子晚而喜《易》，序《彖》、《系》、《象》、《说卦》、《文言》。读《易》，韦编三绝。曰："假我数年，若是，我于《易》则彬彬矣。"①

班固《汉书·艺文志》则曰：

孔氏为之《彖》、《象》、《系辞》、《文言》、《序卦》之属十篇。②

两者差异在于:《史记》不提《序卦》《杂卦》且无十翼之名;《汉书》不言《说卦》与《杂卦》,并仅言十篇。这里就有两个问题:(1)《说卦》史迁不言，为何班固却有录，且荀悦《汉纪》称"《经》"？二、《序卦》之文曾见于《淮南子·谬称》，班固也有著录，而史迁缘何不引？

笔者以为史迁当时无《杂卦》一篇,当时可能只备九翼。在各篇中,史迁可确认孔子删裁手定的只八篇（前三者分上下篇),《序卦》一篇当是孔子述前人易说，而非亲撰，故不录。班固当时已有《杂卦》一篇,但他也对《杂卦》、《说卦》两篇是孔子述前说还是己作疑而不能决,故不明言。然而两者也有共识：两段所引各篇目皆无"传"字，似暗示以上诸篇已具《经》书的地位。

至于前人如何认定《杂卦》即是孔子删定之作，盖《杂卦》与逸《礼》《尚书》同出，而今文家认定六经皆孔子作，遂定《杂卦》即是孔子著述之文。

综上所述，笔者以为河内女子得逸《易》篇即是《杂卦》，此篇非汉儒伪作。《杂卦》一篇，显系后增，故史迁、王充、班固皆不言。《杂

① （汉）张守节《正义》认为此"序"字即"《易·序卦》也"。笔者不从,认为此"序"当是动词，否则后面不成句。参见（汉）司马迁《史记》，第1937页。
② （汉）班固《汉书》，第1704页。

卦》篇名，恐非旧有，或为汉宣帝所加，故今不见汉儒对该篇名义的考释。洎乎魏晋，唯见晋韩康伯注曰："《杂卦》者，杂糅众卦，错综其义，或以同相类，或以异相明矣。"①

河内女子得逸书包括《礼》《尚书》各一篇。《尚书》逸篇，东汉房宏认为乃"古文《泰誓》三篇"，(《尚书正义》)而陆德明《经典释文》则言"得《泰誓》一篇"，然这些说法今人皆证其非。②因《尚书》逸篇不能确定为何篇，本文姑且不论。

因此关键的是逸《礼》问题。据王充《论衡·谢短篇》云：

> 宣帝时，河内女子坏老屋，得佚《礼》一篇，十六篇中，是何篇是者？③

然学者多据《汉书·艺文志》言"汉兴，鲁高堂生传《士礼》(即《仪礼》初名）十七篇"，认为汉初即有《礼经》十七篇，王充记载有误，更无增益一事。④笔者以为这里涉及到如何理解《汉书·艺文志》这句话的问题。刘向（按：《汉书·艺文志》本节录《别录》，故下以刘向称之）当时见高堂生本有十七篇，便推断汉初也有十七篇，犹如

---

① （清）阮元《十三经注疏》，第96页；（清）李道平、潘雨廷《周易集解纂疏》，北京：中华书局1994年版，第729页。

② 黄晖有引各家之说，指出司马迁时已得《泰誓》，逸篇为《泰誓》不确。(《论衡校释》卷二十八，第1124页）李学勤也有驳正，并认为"伏生一系的《尚书大传》和《汉书·董仲舒传》所引对策，都有引《泰誓》，比司马迁要更早些"。(《周易溯源》，第173页）

③ "十六"本作"六十"，黄晖据下文"十六篇何在"一语及前人之说改作"十六"。(《论衡校释》卷十二，第560页）

④ 黄晖按：《汉志》"《经》十七篇"，与刘歆、郑玄所述《古礼经》相较合，陆氏《序录》、阮氏《七录》因之。《志》又言《高堂生传》十七篇。此云"十六"，又云其间一篇得于河内，未闻。(《论衡校释》卷十二，第561页）李学勤也认为"郑玄《三礼目录》所列刘向《别录》次第，也是十七篇"，并承黄晖之言，也认为"王充的说法可能是将《士丧礼》和《既夕礼》合而为一"。(《周易溯源》，第174页）

汉初并无十翼之名，刘向《易》小序却言汉初即有“十篇”。可能是汉初高堂生仅传今文《礼》十六篇，后今文博士据河内女子逸篇隶写增入，故成十七篇。刘向《礼》小序无出注文，盖逸篇本是孤篇，久附今文《礼》后，刘向也不见逸篇原本，无从质辩，姑且从今文博士之说。因此，此说当考虑《汉志》说法的渊源流变。

总之,笔者以为今本《易传》在两汉时具有《经》书的地位。一方面，秦汉流传各类《易传》，孔子对此有述有作，汉儒唯将公认是孔子或述或作的《易传》提升为《经》，以区别于其他《易传》。另一方面，汉初可能只备九翼,后据所得逸篇增入才成十翼。此逸篇即是《杂卦》，因《杂卦》与《书》《礼》同出，今文家定其为孔子之作，并尊称为“经”。汉儒惧于此篇已具经书的地位，虽不敢断然否定，但也仍存疑虑以至不征引其文。

吕祖谦易学著述考略

内容摘要：吕祖谦为南宋著名的理学家，生平著述甚多，本文择七本重要的易学著述，详考其内容真伪及其版本源流。首先，今《中国古籍善本书目》收录《周易杂论精义》则是伪书。今各丛书题作吕祖谦所撰《古周易》一书乃经后人重编之作，当题作吕祖谦等撰。其次，其《古易音训》及《周易系辞精义》有珍贵的文献价值，当引起重视。最后，考辨与吕祖谦有关的三本著述实乃名异实同，不当单列。

关键词：易著；伪书；文献价值；名异实同

吕祖谦（1137–1181），字伯恭，婺州人。隆兴元年（1163）进士，与朱熹、张拭齐名，称“东南三贤”，学者称“东莱先生”。《宋史·儒林传》称“祖谦之学本之家庭，有中原文献之传”[①]。《东莱学案》也称“稽诸中原文献之所传，博诸四方师友志所讲，融洽无所偏滞”[②]。全祖望尊崇吕祖谦之学，《同谷三先生书院记》更言“吕学”兼取“朱学”与“陆学”之长，而“复以中原文献之统润色之”[③]。

吕祖谦本以史学闻名，其易学著述则多为后人忽略。因易著版本情况较复杂，不易疏理，内容更无考，前人在此方面的研究不多，以致很多问题尚待解决。

一、《周易杂论精义》，书题吕祖谦撰，旧抄本。罗振常《善本

---

①（元）脱脱《宋史》，北京：中华书局 1977 年版，第 12872 页。

②（清）黄宗羲原著，全祖望补修，陈金生，梁运华点校《宋元学案》，北京：中华书局 1986 年版，第 1653 页。

③《宋元学案》，第 1653 页。

书所见录》四卷本，卷一著录；《中国古籍善本书目·经部》卷一第五十六页也有著录。现藏于天津图书馆。陆行素主编的《天津图书馆孤本秘籍丛书》经部一有载。[①]《善本书所见录》言：

题东莱吕祖谦编，旧抄本。马氏汉唐斋藏书，有马玉堂印（白方），笏斋（朱方）二记。此书通检各家书目，皆未著录，祇有《周易系辞精义》二卷（见《经义考》及《诒经堂续经解目录》）亦东莱所撰。然彼书专论《系辞》，此则杂论《易》理，固截然为二书也。马氏为海昌有名藏书家，所藏多惊人秘籍，宋元孤本。以此本证之，信然。丙辰季冬四日。[②]

笔者按：罗振常此题跋，亦见于今《周易杂论精义》扉页，唯字句稍异。诸家皆认定此抄本为海内孤本，然今考此抄本，实是伪书，决非吕祖谦所撰。此抄本乃全抄南宋李衡《周易义海撮要》第十二卷之文，即李衡后撰的《杂论》。（见下引《四库提要》）今以此抄本与通志堂经解本《周易义海撮要》[③]（纳兰成德取常熟毛晋刊刻本，然毛氏此书未刊行，见成德的《题跋》）对校，凡《周易义海撮要》所缺脱之字句，此抄本悉缺脱。抄本更脱《撮要》原文，如抄本因残阙，第七页上栏倒数第四行即脱“韩氏云”，再下一行亦脱“义耳”。又因是抄本，全文夹用俗字，如“阴阳”二字，抄本左耳旁右边即以水、火代替之。间有讹字，如“凡”讹作“亿”，“团”讹作“圚”。此抄本最谬之处在于悉录本是李衡的按语，让人误为吕祖谦所题。故此抄

① 陆行素主编《天津图书馆孤本秘籍丛书》，北京：中华全国图书馆文献缩微复制中心出版 1999 年版。

② 罗振常遗著，周子美编订《善本书所见录》。北京：商务印书馆 1958 年版，第 3 页。

③《通志堂经解》第一册，扬州：江苏广陵古籍刻印社影印同治十二年富文斋刊本 1996 年版，第 307 页。

本无版本价值可言，仅为普通清抄本，不当厕列于善本书中，更非孤本秘籍。

下附《四库全书总目》相关提要：

《周易义海撮要》十二卷（两淮马裕家藏本），宋李衡撰。衡字彦平，江都人。乾道中，官秘阁修撰，寻除御史，改起居郎。事迹具《宋史》本传。先是熙宁间，蜀人房审权，病谈《易》诸家，或泥阴阳，或拘象数，乃斥去杂学异说，摘取专明人事者百家，上起郑元（玄）、下迄王安石，编为一集，仍以孔颖达《正义》冠之，其有异同疑似，则各加评议，附之篇末，名曰《周易义海》。共一百卷。衡因其义意重复，文词冗琐，删削厘定，以为此书，故名曰《撮要》。其程子、苏轼、朱震三家之说，则原本未收，衡所续入，第十二卷《杂论》亦衡所补缀，故婺州教授周汝能、楼锷《跋》称“卷计以百，今十有一”。盖专指所删房本也。《书录解题》作十卷，又传写之误矣。是书成于绍兴三十年，至乾道六年衡以御史守婺州，始锓于木。自唐以来，唯李鼎祚《周易集解》合汉后三十五家之说，略称该备，继之者审权《义海》而已。然考《宋史·艺文志》但有衡书而无审权书，陈振孙《书录解题》亦惟载残本四卷，岂卷帙重大，当时即已散佚，抑衡书出而审权书遂废欤？然则采撷精华，使古书不没于后世，衡亦可谓有功矣。[①]

二、《古周易》一卷，《通志堂经解》（有康熙本、同治本）易类有录，《四库全书》经部易类亦录。此两书内容全同，唯撰者稍异：前者题作吕祖谦等撰；后者仅题作吕祖谦撰。胡凤丹刊刻的《金华

① 据王伯祥断句《四库全书总目提要》，北京：中华书局 1965 年影印浙本，第 12 页。

丛书》(有同治光绪本、民国补刊本)从《通志堂经解》中著录此书，然仅录后面题作《东莱吕氏古易》的部分，又名《东莱吕氏古周易》一卷，另附佚名《周易本义考》一篇。后来，《清芬堂丛书》经部也著录。《清芬堂丛书》本作一卷，题作吕祖谦等编。(见《中国丛书综录》)此外,《孙氏山渊阁丛刊》本也著录此书,另题作吕祖谦辑《周易古本十二篇》，未注明卷数。

笔者现能收集到的版本有三种，且皆作一卷。[①]具体是：一、康熙十九年刊刻的《通志堂经解》本(取江苏广陵古籍刻印社影印同治十二年富文斋刊本);二、乾隆四十一年四库馆臣纂修的《四库全书》本(台湾商务印书馆影印文渊阁本);三、同治八年胡凤丹刊刻的《金华丛书》本(民国补刊本，又名《金华文萃》)。

笔者按：《古周易》一书的内容与版本极其复杂，而《四库》本《古周易》更集中《古周易》一书的主要问题。经笔者考证,《古周易》编合过程复杂，乃后人取吴仁杰刊刻李焘书所附的《后记》及李焘己书的《后记》，又补入吴氏《集古易》一书而成。因吴氏《集古易》有择吕祖谦重编《古易》的《后记》,吕祖谦的《后记》又垫于全书之末，后人遂误定此书为吕祖谦所编。[②]又所录《后记》已涵盖吕祖谦重编古易的大概及次第,因此,今存各本《古周易》撰者题作“吕祖谦等编”，以吕祖谦为主，亦无不可。

三、《周易古经彖》，已佚。本书见明叶盛撰《菉竹堂书目》[③]，该

① 按：至于其他版本，可参见冯春生《吕祖谦经学著述目录版本考述》(《浙江师范大学学报》，2002年第6期)以及黄灵庚主编的《吕祖谦全集》的《前言》。黄氏取冯氏之说，稍有修正，但以上两文也未详考各本的源流情况。

② 详细考证，参见笔者拙作《吕祖谦易学三书研究》第二章《〈古周易〉研究》，福建师范大学，2010年硕士学位论文。

③《丛书集成初编》排印《粤雅堂丛书》本，北京：商务印书馆1935年版，第33册。

书卷一《易》中有记载“东莱《周易古义象》一册”。然而清陆心源《仪顾堂题跋》卷五《粤雅堂刻伪菉竹堂书目跋》中认为今传世《粤雅堂丛书》传本已非叶盛亲撰原本，认为此书“盖书贾抄撮《文渊阁目》改头换面以售其欺，决非馆臣所见两淮经进之本也”[①]。**笔者按**：此书今未见。

四、《易义图说四卷》宋古婺吕东莱撰，民国壬戌金华石印本。《〈贩书偶记〉续编》卷一易类著录。[②]《〈贩书偶记〉续编》之《略例》即曰：“非单行本不录，间有在丛书中者，则系初刊单行本或抽印之本，不是泛及丛书。”**笔者按**：此书今未见。

笔者按：以上二书，唯见于以上两书目。对于前者，前志不载，文集无录，疑是伪作。至于后者，笔者细审《丽泽论说集录》之《易说》，见内有附卦图释“易”部分，吕氏还言：“《易传》于《贲》卦论取象卦变之义甚详，恐读者未易遽晓，今择其可图者随文释之。”故笔者怀疑此《易义图说四卷》一书即抽绎《易说》一书易图及其相关内容而成。

五、《易说》，此书本《丽泽论说集录》的一部分，后人辑该书论《易》部分而成《易说》一书。《丽泽论说集录》一书，现《中华再造善本》有据中国国家图书馆藏宋嘉泰四年吕乔年刻本影印，原书版框高 27 厘米，宽 15.6 厘米。该书半页每页 10 行，行字数不等，多至 20 字，版口花心。此外，现存版本还有《芝园秘录初刻》本与《学海类编》本。该书又见于《金华丛书》本《吕东莱先生文集》中。此外，台北国立中央图书馆也藏该书：

---

① 《续修四库全书》，930 册史部目录类，上海：上海古籍出版社 1995 年版，第 62 页。

② 孙殿起《〈贩书偶记〉续编》，上海：上海古籍出版社 1980 年版，第 1 页。

首卷首行顶格题“易说上”，次行低九格题“宋东莱吕祖谦著”。卷末有尾题，封面有长方朱印，上刻“乾隆三十八年十二月浙江巡抚三宝进到饶士恭家藏易说一部，计书二本。”扉叶有浮签，印有《总办事处阅定拟存目》字样，墨笔题“易说”，“重本”，此书为《四库》修书时浙江巡抚进呈本。书中钤有“国立中央图书馆／馆考藏”朱文印。“翰林院／印”汉满朱文大方印。①

六、《古易音训》，又名《周易音训》（以下简称《音训》）。编成于淳熙八年，是由吕祖谦门人金华王莘叟笔受辑次而成，今《孙氏山渊阁丛刊》所录《音训》两卷题作王莘叟撰，即据此。但因王莘叟并未辄补，故此书实同吕祖谦亲撰。

笔者按：朱子于淳熙九年曾刻《古周易》及此书（可能在宝婺），并于《古周易》一书的《题跋》中以为此书可能有遗脱。淳熙十年，朱子又将两书与《书》《诗》《春秋》三经合刊于临漳会稽。朱子晚年又亲自修订并诿鄂教滕珙换版，因此又有鄂诸版之《音训》。后来朱子嫡孙朱鉴又集宝婺、临漳、鄂诸本“音训”，考订异同以成新善本，并与《周易本义》刊刻并行，因此《音训》又有朱鉴本。元时，董真卿鉴于《音训》流传不广，遂取朱鉴本《音训》及其他传本，勘定异文，并将《音训》之文离析散入《周易会通》（以下简称《会通》，又名《周易经传集程朱解》）中，并言《音训》之文多置程传之前，疑未备者方附程传之后。此书原本不存，今本《会通》，《音训》之文悉处程传之前，已非原貌。元后已无原单行本之《音训》行世，后世《音训》版本虽多，但也只能追溯至此。

《音训》一书，据朱子刊刻之《跋》语，刻时仅作一卷；后陈振孙《直

---

①《台北中央图书馆善本书志初稿〈经部〉》，台北：台北中央图书馆编，1996年版。

斋书录解题》则作二卷；《宋书·艺文志》亦作二卷。然元马端临《文献通考》却作十四卷，核其提要，全本陈振孙之说，显然是将《古周易》一书并入而成，因此，马端临所录《音训》一书亦为二卷。后世辑本《音训》之分卷，也有两种：一是一卷本，但又细分上、下卷，如清宋咸熙辑本；二是二卷本，如《金华丛书》收录之辑本。

元董真卿以后，《音训》的版本众多，不易逐一细辨各自之渊源，但后世之版本渊源脉络大体不出以下四者：

一是今存最早的版本，即元至正六年（1346年）虞氏务本堂刊刻的《周易程朱传义音训》一书，此书本之《会通》，但无《凡例》《序言》之文，又略去他家之说，显经后人重编。此书《音训》的特点是《音训》之文悉附于程传之后。

二是《会通》本《音训》，《会通》一书被清纳兰性德《通志堂经解》丛书（有康熙本、同治本）收录。该书《音训》之文则全置于程传之前。

三是清宋咸熙所辑的《古易音训》一书，该书前有宋咸熙之《序》，后附严元照刊刻之《后序》以及段玉裁之《跋》，此书经名家之手，为精校本。此书以今《续修四库全书》收录的清嘉庆七年刻本为最善。

四是《金华丛书》本《周易音训》，该书之《音训》与《古周易》相附，不知何人所辑，胡凤丹亦无说明。此书与宋咸熙辑本有别，凡各卦名下皆不出卦画，文字亦多差异。

后世丛书收录之《音训》，其版本渊源，大体不出此四者，如《周易传义音训》一书（有盱眙吴氏望三益斋刻本），其《音训》之文乃后来新附（见张之洞《书目答问》）。《槐卢丛书》收录之《音训》，则全录《古易音训》宋咸熙辑本。

《古易音训》一书是吕氏融裁《经典释文》以及晁说之《古周易》之说而成的，此书具有珍贵的文献价值：一方面，《音训》可与《释文》

相为表里，此书辑引《释文》及晁氏引文可补证《释文》的阙佚，核订《释文》的讹舛；另一方面，晁氏博采诸家易说、小学字书、古本异文，也可备辑佚校勘之用。

七、《晦庵先生校正周易系辞精义》二卷。此书曾列入《四库全书存目》。今多见为杨守敬《古逸丛书》本。后《丛书集成初编》《四库全书存目丛书》《续修四库全书》均据《古逸丛书》影印此书。

笔者按：北京大学图书馆有藏此书抄本，题作："《周易系辞精义》二卷(存下卷)，宋吕祖谦撰，清抄本一册"。

笔者详审此抄本，发现除北大藏印外，另有三枚红色方藏印，分别题作"吴城之印""刘鸾翔印""瓯亭"。抄本有署页码，正反两面标作一页，共 76 页。将此书与《续修四库全书》影《古逸丛书》本互校，可发现：一、抄本偶有缺文，如抄本第 6 页，"更六七圣人至□而少备"，乃脱"大"字。(见《续四库》影《古逸丛书》本第 15 页)又如抄本末页"一阴在上，□而将尽"，脱"消"字。(《古逸丛书》本第 28 页)二、缺音注，《古逸丛书》本有附音注，抄本则悉缺之。如"祐音又"(《古逸丛书》本第 16 页)抄本缺。三、抄本多误字，如第 1 页引"易传序曰"，抄本"传"字误作"否"。四、引文出注及用字亦偶有不同，比如抄本第 16 页"刳木为舟"一段，抄本出"程氏遗书曰"，《续四库》影《古逸丛书》本则仅出"程氏曰"；引文内容偶有不同，如《古逸丛书》本第 16 页"有大人之德而過至尊之位，故能休息"，"过"字，抄本则作"得"字。

由上校文，可推见北大清抄本所据底本当与《古逸丛书》本不同，另有所本，且其价值并不比《古逸丛书》本好。

严绍璗《日藏汉籍善本书录》也有录该书。其录如下：

晦庵先生校正《周易系辞精义》二卷。(宋)吕祖谦撰。元至正九年（1349年）刊本，共2册。 尊经阁文库藏本，原江户时代加贺藩主前田纪等旧藏。

【按】每半叶有界十一行，行二十一字。注文小字双行，行二十六字。线黑口，双黑鱼尾，版心著录“易（或易系、或系）上（或下）”。（叶数）“左右双边”（19.3cm×12.3cm）

卷首题“晦庵先生校正周易系辞精义卷上”（低五格）东莱吕祖谦编”。尾题“晦庵先生校正周易系辞精义下终”。①

笔者又按：据上《书录》所言，核之《古逸丛书》本，则两者界行、版心、行款、题记等全同，则此藏本可能就是杨守敬在日所见本。

陈振孙《直斋书录解题》言“《馆阁书目》以为托祖谦之名”，然并无考辨，后来《四库全书总目提要》引此说又附言“以为是书为托祖谦之名，殆必有据也”，遂将此书收录存目。后人又多袭此说，以致此书流传不广。后来，杨守敬于日本昌平学收录此书，认为此书“所载诸家之说剪截失当”，可能托吕祖谦之名，但此书有辑录佚文可资考证之用，故收录于《古逸丛书》中，后来《丛书集成初编》《续修四库全书》等丛书皆收录此书，流传遂广。

《周易系辞精义》一书，陈振孙《直斋书录解题》及《宋史·艺文志》皆作二卷，今《古逸丛书》收录此书为一卷，又分上、下卷，实则相同。《古逸丛书》收录此书又名《晦庵先生校正周易系辞精义》，杨守敬于《跋》中谓“《精义》题晦庵先生校正，恐皆是坊贾所为”。据《直斋书录解题》及《宋史·艺文志》皆无前面六字，则当从《周易系辞精义》之名。

据《朱子语录》卷第一百二十二，朱子与门人李德之的两则对话，曾论及《系辞精义》：

---

① 严绍璗《日藏汉籍善本书录》，北京：中华书局2007年版，第10页。

若用本经文一二句看得亦自通，只要成片看，便上不接得前，下不带得后。如程先生说《孟子》“勿忘，勿助长”只把几句来说敬。后人便将来说此一章，都前后不相通，接前不得，接后不得。若知得这般处是假借来说敬，只恁地看，也自见得程先生所以说之意，自与《孟子》不相背驰。若此等处，最不可不知。①

此书为吕氏所编无疑。又据元董真卿之言②，此书当是为补程氏《易传》不解《系辞》以下之阙而纂，则此书可能曾与程氏《易传》合刻，朱子或有所校正。

《周易系辞精义》一书共引范仲淹、胡瑗、周敦颐、程颢、程颐、张载以及程门高弟吕大临、谢良佐、杨时、侯仲良、尹焞、游酢、胡宏十三家之说。范仲淹、程门高弟论《易》著述今多已佚，因此，此书无疑具有珍贵的文献价值。比如该书存范仲淹论《易》的一条佚文。现据引如下：

《系辞》曰："备物致用，立成器以为天下利，莫大乎（原本脱“乎”，据北大本补）圣人。”圣人作事，无非欲利天下，耒耨、臼杵、舟楫、弧矢、服牛乘马，皆所以利天下。圣人惟言利物之“利”，不言利己之“利”，所谓利己之利者，不过富国、强兵、丰财用、实府库而已，必有害于人。益于己者必有损于人。③

---

①（宋）黎靖德编，王星贤点校《朱子语类》，北京：中华书局1986年版，第2950页。

②（元）董真卿曰："《程传》正文只据王弼本，亦只有六十四卦，《系》、《序》有及爻卦者，掇入《传》中，故无《系辞》以后。至东莱吕氏始集周子、二程、张子诸家经说、语录及二程门人共十四家之说为《精义》以补之。”（具体参见朱彝尊撰《经义考》卷二十，《程氏易传》条下，但此语不见于《周易会通》）董真卿曾刊刻《古易音训》一书，其说当有据。

③（南宋）吕祖谦《周易系辞精义》，《续修四库全书》影印《古逸丛书》本，第二册，上海：上海古籍出版社1995年版，第16页。

潘雨廷《读易提要》称云："其义醇厚，仁人之言也。今范氏集中未见，赖此而存者也。"[1]

此外，杜海军《吕祖谦文学研究》附录的《吕祖谦著述知见录》收录以下三本书还须详细考辨，现谨详辨于下：

八、《周易》一卷，吕祖谦注。通志堂刊本，丁日昌《持静斋书目四卷 续增一卷》一著录。（此本杜海军题记）

笔者按：今查丁日昌《持静斋书目四卷 续增一卷》[2]，卷一著录乃为《古周易》一卷。上文脱一"古"字，所出之书即《古周易》，非别为一书也。

九、《文场资用分门近思录二十卷 近思录后录十四卷》（宋本）（此书杜海军题作《近思录二十卷 近思录后录十四卷》）

（清）莫有芝著《宋元旧本书经眼录》曰：

> 海宁查氏藏本，盖南宋末坊刻，朱子序后，有建安曾氏刊于家塾二行，木记以朱子书，分为百二十一目，破析琐碎，直不成书，闻元周公恕有此书，分类集解，颇妄为分析移置，大概与此书相似，观其书题可知其不学矣。其后录皆采朱子所录之外程门诸儒，以下及于朱子之说，分道体、论学、致知、存养、克己、家道、出处、治道、制度、事理、教人、谨戒、异端、气象，十四目各为一卷，较前书为有条理，不知何人编也。唯其刊印精雅，即坊刻乃胜，明隆万以还，江河日下，有即梓匠一端，可以观者已。巳二月识。[3]

---

① 潘雨廷《读易提要》，上海：上海古籍出版社 2006 年版，第 176 页。

② 光绪二十一年（1895 年刊）收录于江标《江刻书目三种》，清光绪中元和江氏灵鹣阁刊苏州振新书社影印。

③（清）莫有芝著《宋元旧本书经眼录》三卷附录二卷，本卷一著录。扬州：江苏广陵书局 2001 年版。

笔者按：《经眼录》提及的周公恕确为明人，非元人。此书乃后人应研习之需而将《近思录》抽绎重编，而《后录》更不知何人所编。若单列此目，则定此乃吕祖谦另撰之书，特详考之。

十、《近思录、续录》二十三卷

清吴寿旸著《拜经楼藏书题跋记》曰：

> 《近思正续录》二十三卷，宋刻本。每叶二十六行，每行大字二十四、小字二十五、六字不等。纸墨精雅，有“东谷”、“武原郑氏”图记，盖端简旧藏，弥足珍重。①

清江建霞《宋元本行格表》卷下也言：

> 据《日本明治四年刻本近思录序》中有言：“刘子澄取程门诸子之说编为《续录》，先生以谓诸子终不及程子，接续其意思不得矣，其后蔡觉轩以先生之书编为《续录》，采张氏、吕氏之书为之《别录》。”
>
> 其说本旨于《朱子语类》卷一百一《程子门人》，刘子澄之《续录》无传，蔡觉轩之《续录》见于《郡斋读书志·附志·语类》有著录之，有十四卷，又见于明王圻《续文献通考》一百七十八儒家类。但《近思录》为十四卷，加上《续录》当为二十八卷。②

笔者按：当时《续录》曾单行，并不与《近思录》并行，至于何人将二书裒辑一处，已不可考。

以上明辨朱熹与吕祖谦共同编撰仅《近思录》一书，其他旁支余流乃后人所编。

---

①（清）吴寿旸《拜经楼藏书题跋记》，《中国历代书目题跋丛书第二辑》，上海：上海古籍出版社 2007 年版，第 108 页。

② 江建霞《宋元本行格表》卷下也著录，具体参见贾贵荣等辑《宋元版书目题跋辑刊》第二册，辑清光绪二十三年江标刻本。

《古易音训》价值初探

内容摘要：吕祖谦欲复《周易》古本旧貌，不仅篇章分合应同古义，正文音训也须合古貌，故撰《古易音训》一书。该书至元代时已无单行本，董真卿汇编入《周易会通》。《会通》版刻流传较复杂，《音训》条文也偶有脱佚。清儒甚重此书，从《会通》中辑出单行；因其书有多方面文献价值：可补订《释文》的脱讹，可辑考字书佚文，所集众家异文更可备研讨各易说的旨趣之用。上图藏有陈鳝详批本《音训》，批注多精警识语，故本文析出详考。

关键词：编撰流传；文献价值；陈批本考

吕祖谦（1137–1181），字伯恭，婺州人。隆兴元年（1163）进士，与朱熹、张拭齐名，称“东南三贤”，学者多称“东莱先生”。《宋史》誉为“祖谦之学本之家庭，有中原文献之传”。其事迹详见《宋史·儒林传》。吕祖谦曾重编“古易”而成《古周易》一书[①]，认为古本《易》经传分行，传世经传相合本乃经后人重编。与之相附而行的是吕氏《古易音训》一书。（一作《周易音训》，后简称《音训》）然吕祖谦编订《音训》时，已身罹沉疴，其书由金华门人王莘叟所笔受，因吕祖谦甫毕旋卒，故全书未及详订。

一、编撰流传略考

吕祖谦既编《古周易》，为何又撰《古易音训》一书，两书之间

① 除吕祖谦外，影响较大者还有四家，各家说法的异同，可参见王应麟《玉海》“古易五家”条下的分析，此不细论。（南宋）王应麟《（合璧本）玉海》第二册，京都：中文出版社影印各宋元善本 1977 年版，第 730 页。

的关系如何？据今本《古周易》卷末跋言：

汉兴，言《易》者六家，独费氏传古文《易》，而不立于学官。刘向以中古文《易经》校施、孟、梁丘《经》，或脱去“无咎”、“悔亡”，惟费氏《经》与古文同，然则真孔氏遗书也。东京马融、郑玄皆为费氏学，其书始盛行。今学官所立王弼《易》，虽宗庄、老，其书固郑氏书也。费氏《易》在汉诸家中最近古，最见排摈。千载之后，岿然独存，岂非天哉！自康成、辅嗣合《彖》、《象》、《文言》于《经》，学者遂不见古本。近世嵩山晁氏编《古周易》，将以复于其旧。而其刊补离合之际，览者或以为未安。某谨因晁氏书，参考传记，复定为十二篇。篇目卷帙，一以古为断。其说具于《音训》。①

吕氏以为汉易六家，费直“易”最近古，马融、郑玄及王弼皆传费氏“易”，然经传篇章已经郑、王改编，故晁说之作《古周易》以复古本篇章。吕氏又以为晁氏《古周易》尚有不妥，又以其书为本，另作《古周易》一书，复撰《古易音训》以述其依据。②今晁说之和吕祖谦的《古周易》两书皆不存，所存者仅两书的序跋及分章依据。③晁氏书正文

① 参见《通志堂经解》第一册，扬州：江苏广陵古籍刻印社影印同治十二年富文斋刊本 1996 年版，第 489 页。该跋文全称《书所定古周易十二篇后》，参见《东莱吕太史文集》，《丛书集成续编》影印《续金华丛书》本，台北：台湾新文丰出版社第 128 册，第 529 页。又参见黄灵庚主编《吕祖谦全集》第一册，杭州：浙江古籍出版社 2008 年版，第 121 页。

② 晁氏分上下经为一，另将十篇传文分成七篇，全书共八篇。见（南宋）吕祖谦等撰《古周易》，《通志堂经解》第一册，第 487 页。吕祖谦则不以为然，比如《古易音训》“上经”条下，即言：“近世晁氏编《古周易》乃合而为一，且谓后人妄有上下经之辨，何其考之不详哉！”参见（南宋）吕祖谦，（清）宋咸熙辑《古易音训》，《续修四库全书》影印清嘉庆七年刻本，上海：上海古籍出版社 1995 年版，第 32 页。

③ 今题作吕祖谦等撰《古周易》一书乃各家之序跋，已无正文内容。

的内容也唯见于吕氏《古易音训》。

晁氏《古周易》跋文，叙其汇编古本异文的指归云：

若夫文字之传，始有齐楚之异音，卒有科斗、籀、篆书之四变。因而讹谬者多矣。刘向尝以中古文《易经》校施、孟、梁丘经，至蜀李譔又尝著《古文易》，则今之所传者皆非古文也。安得睹夫刘、李之书乎？其幸而诸儒之传。今有所稽考者，具列其异同舛讹于字下，亦庶几乎同复于古也。①

吕祖谦不言其撰《音训》的目的，然吕氏既以晁书为本，《音训》于此说也不持异议，则吕氏编《音训》的宗旨亦本于此。即：不仅要复古本《易》的篇章，更要复其正文古貌。今本《易》正文在流传中有讹谬，故当广辑异文以备稽考，以近古本《易》正文的本真。

《音训》其内容编订次序，先列唐陆德明《经典释文》条文（后简称《释文》），其后甄录北宋晁说之《古周易》，主要为晁氏续《释文》及定古字的相关论断。不过，吕氏所引《释文》，也有删裁，以便与其后晁说之的注文融会贯通。潘雨廷《读易提要》有举吕氏删引文数例：

如《谦》卦中，“㧑谦”之“㧑”，《释文》尚引“《书》云，右秉白旄以麾是也”，以证㧑即麾；《旅》卦之“旅”字，则引《序卦》“旅而无所容”、《杂卦》“亲寡旅”以证羁旅之义；《杂卦》之“杂”字，《释文》尚有“孟（原文讹作直）云，杂乱也”。凡此等，吕氏皆删焉。②

吕祖谦于《古周易》的《后序》言其取舍古字及其依据，“其说具见《音训》”，然而吕氏于《音训》字里行间却不著一字相关评析。王柏言吕祖谦当不尽从晁说，却本着兼收并蓄的治学原则，详录各家

① （宋）吕祖谦等撰《古周易》，《通志堂经解》第一册，第 487 页。
② 潘雨廷《读易提要》，上海：上海古籍出版社 2006 年版，第 173 页。

异同，而非进退由己。王柏总结言："成公梦奠，精神全在卷第之下，分行注中，读者尤当留意焉。"[①]笔者认为该书所录《释文》与晁氏之说旁涉文字、音训、象数学等各方面内容，方寸之间断难取舍，与其费力去推究臆断，不如述而不作，详录所见，留待后人考稽。

《音训》一书，增广《释文》的注文，不足两卷，已统括了汉魏以下各家及训诂的异同，可谓古本《易》异文与音训方面的集大成之作。后朱子因吕氏《音训》，而不复作音训。[②]晚年亦反复审核讹舛，诿鄂教滕珙以精刻此书[③]，足见朱子对此书的重视。

《音训》此书，据朱鉴的《跋》言："鉴既刊《啓蒙》《本义》，念《音训》不可阙，因取宝婺、临漳、鄂渚本，亲正讹误六十余字，而并刊之。"其后又言："今三本所载不同，而《文集》中乃有晚岁书诿鄂教滕珙，以改换最后两版者，其为后出无疑云。"[④]则朱鉴精刻《音训》前，至少有四种版本行世。可见，当时学界对此书的重视。

然元明以降，此书再无刊刻记载，几至湮灭，唯见存于元代董真卿《周易会通》（又名《周易经传集程朱解附录纂注》及《周易程朱传义音训》两书中。董真卿《周易会通·凡例》即言：

---

① （南宋）王柏《鲁斋集·古易音训》卷之九，《丛书集成初编》排印《金华丛书》本，上海：商务印书馆 1935 年版，第 172 页。

② （南宋）朱鉴言："先公著述，经传悉加音训，而于《易》独否者，以有东莱先生此书也。"此外《经义考》（《四库备要》本）亦有引，具体见卷三十。今《经义考》于《周易本义》后复出《古易音训》此条，翁方纲《经义考补证》（《丛书集成初》编据《粤雅堂丛书》本排印，上海：商务印书馆 1935 年版，第 14 页）已有说明，此乃从《宋书·艺文志》之旧，非别有一书。

③ 参见《答滕德章》一书，朱子曰："《古易音训》最后数版，有欲改易处，今写去。所欲全换者两版，并第三十四版之末行五字。"《晦庵先生朱文公文集》，《朱子全书》第廿二册，上海：上海古籍出版社 2002 年版，第 2281 页。

④ （清）朱彝尊撰、林庆彰等主编《经义考新校》第三册，上海：上海古籍出版社 2010 年版，第 531 页。

> 东莱吕氏《音训》朱子所深取，见《古易序》中。文公孙鉴跋之云：先公著述经传，悉加《音训》，而于《易》独否者，以有东莱先生此书也。惜刊《本义》者不曾附入，遂使此书几至无传，今得善本，悉附经文，间有未备者，仍存程传之末。[①]

董氏得《音训》单刻本，悉附入《会通》中。条文大抵附于《程传》《本义》注文之前。然董氏又认为其所见《音训》也有未备，或是脱佚的条文，或为吕氏未注者，凡此之类，另置于《程传》之末。董氏此举可谓融贯与阙疑兼备。而《周易程朱传义音训》十卷，其所录《音训》条文悉附《程传》《本义》之后，与《会通》本所录无大差异，仅条文编次微异。[②]

除此之外，尚有《音训》节录本，今《中华再造善本·金元编》影印中国国家图书馆藏元至元二年碧湾书堂刻本的《程朱二先生周易传义》十卷本（北京:北京图书馆出版社,2006年,6册1函）题署作:（宋）程颐、朱熹撰。卷前《易图》后附牌记："至元丙子孟夏碧湾书堂新刊"。全书卷六后增刊入东莱吕祖谦的《音训》条文，而前五卷则无，殊不可解。且署名亦微异,六卷后程颐、朱熹后增刊"正叔""元晦"二字。《系辞》后再增刊吕祖谦所编的《周易系辞精义》，其前有案语云：

> 按：程先生无《系辞》《说卦》《序卦》《杂卦》全解，东莱吕先生《精义》载先生解并及遗书，今并编入，续六十四卦之后，题之曰《后传》，庶程、朱二先生皆有全《易》云。

因此书前无标《音训》之名,又无其前六卷条文,今学者多忽略之。今据此书的内容，其标题当署作"《程朱吕三先生周易传义音训精义》"

---

① （元）董真卿《周易会通》,《通志堂经解》第四册，扬州：江苏广陵古籍刻印社影印同治十二年富文斋刊本1996年版，第177页。

② 该书与《会通》可能所据底本相同，也可能是删改《会通》而成。

为妥。

入清以后，乾嘉汉学兴起，吕氏《古易音训》亦受到重视。影响后世最大的则是宋咸熙[①]嘉庆七年辑刊本，宋氏从《会通》中辑出《音训》，后渐为各大丛书所收录，如清章寿康所编的《式训堂丛书》、朱记荣所编的《槐庐丛书二编》《校经山房丛书》和《孙谿经学丛书初编》，以及后来《续修四库全书》，皆收入此辑本。光绪孙葆田《孙氏山渊阁丛刊》本《周易古本十二篇》后亦录《音训》一篇，然无出辑者名氏，经比对，亦全本宋咸熙辑本。宋氏辑本前附宋咸熙《序》，末附严元照刊刻《后序》以及段玉裁《跋》文，递经名家之手，可谓精校精刻之本。

胡凤丹《金华丛书》亦收录《周易音训》一书，即《古易音训》。该书之《音训》与《古周易》相附，不知何人所辑，胡氏亦无说明。此书与宋咸熙辑本相比，卦名下皆不出卦画，文字也有差异。

此外，北大尚藏有日本弘化四年（1841）精溪文房刊本，该书扉页题作："昌谷子俨重辑《周易音训》《书集传》音释，精溪文房刊本，弘化四年镌"，版心下有"精溪文房藏弁"，藏印有："李元吉印""昌谷硕印""子俨""昌谷家藏"。该书前《序言》云："适阅纳兰性德《经解》中所收元人董真卿《周易会通》，则悉附载《音训》"，"乃抄集成

---

① 丁申《武林藏书录》卷下"思茗斋"条，有录"宋大樽字左彝，号茗香"，"子咸熙，字德恢，号小茗。嘉庆丁卯(1807年)举人，官桐乡教谕。有《思茗斋集》，《集》中有《借书诗序》云：藏书家每得秘册，不轻示人，传之子孙，未尽能守；或守而鼠伤虫蚀，往往残缺，无怪古本日就湮没也。先君子藏书甚富，生时借抄不吝。熙遵先志，愿借于人，有博雅好古者，竟持赠之，作此以示同志。"又言"小茗先生承遗训，绍家传，守流通古书之约，其有功于载籍者大矣。尝辑注《夏小正》剧精核。《耐冷谭诗话》亦流布艺林，秉铎于桐乡时，辑有《桐溪诗述》，搜采甚博。"丁申《武林藏书录》，《中国历代书目题跋丛书》之《澹生堂藏书约》外八种，上海：上海古籍出版社2005年版，第78页。

编，得由以讲《本义》者旧矣。”知此本乃日人昌谷子俨从《周易会通》辑集而成。

二、《音训》的文献价值

《古易音训》此书名，也不甚确切，吴承仕《音训提要》即言：“晁氏所称古文作某；或称古文作某，篆文作某者，犹通称古字云尔；如以为费氏古文本之异于施、孟、梁丘、京者如此，则失之矣。”故吴承仕认为“当正名为古本易，不得泛称古易，或古文易。”①因而严谨的说法似当作“《古本〈易〉音训》”。然《古易音训》之名已约定俗成，不改亦可。

此书有其永传的价值，柯劭忞认为此书“存十一于千百，尤为无上之珍”②；吴承仕也称此书“皆足校补《释文》，发正旧义”③；潘雨廷也认为“学《易》者于《释文》外固宜参阅之”④。本文取《续修四库全书》收录的清嘉庆七年宋咸熙刊刻的《古易音训》为底本，简称底本。以下所引条文皆出此书，不复举出处。今将该书的文献价值撮举如下：

（一）互订《释文》

吴承仕《〈古周易音训〉提要》还论及严元照《后序》留存有关《音训》的一个疑问，据吴承仕言：

> 严元照《后序》云，臧庸尝据以校正《释文》，而卢书已刻成，

---

① 吴承仕根据式训堂本，而该本即为影印宋咸熙辑本。参见《检斋读易提要》，见尚秉和遗稿、张善文校理《尚氏易学存稿校理》第三册“附录”，北京：中国大百科全书出版社 2005 年版，第 25 页。

② 中国科学院图书馆《续修四库提要》，北京：中华书局 1993 年版，第 31 页。

③ 参见吴承仕《检斋读易提要》一卷，张善文校理《尚氏易学存稿校理》第三册“附录”，第 25 页。

④ 潘雨廷《读易提要》，第 173 页。

不可改，遂笔之于《拜经日记》。（笔者按，此处意引）今寻《经解》本《拜经日记》《古易音训》条下，仅有“朋盍簪”、“系于金柅”两事。汉阳叶氏写本《拜经文集》，有刻《吕氏古易音训序》一篇，题下注云“壬戌季春代”，（吴按：《经解》本亦有此篇，但非全文）与宋氏自序文同，末署嘉庆七年岁次壬戌春三月。然则宋氏仅执辑录之劳而已。段玉裁《跋》曰：《释文》一书，自成公所见，已譌舛特甚，何况今日？才如宋子，庶能一一諟正。今竟一无諟正，何邪？[①]

吴承仕以为《古易音训》书前《序言》出自臧庸之手。汉阳叶氏写本《拜经文集》今有民国十九年宗氏石印本，《续修四库全书》据以影印。今复查该书，确有《刻吕氏古易音训序》一篇。[②]题下注云“壬戌季春代”，其内容与宋氏《序》全同。壬戌季春即嘉庆七年三月，与宋咸熙末署亦相同。宋氏辑本，全文皆无一校订，以致段玉裁疑惑该书缘何“竟一无諟正”，今反于《序》里收录十一条校记。严元照《后序》又言臧庸告其该书所引晁说，可作辑字书佚文之用。可见臧氏确曾校此书，今臧氏《拜经日记》即录有两条。因此，吴氏之说有据，该《序》实为臧庸所撰。盖宋氏仅辑出条文，复延请臧庸代作《序》，臧氏取以校《释文》，将补订条目附入《序》，仅择其中续得二条，收入《拜经堂日记》中。

《音训》一书，晁说之、吕祖谦所引的《释文》版本较早，可订今本《释文》的脱讹未备。《音训》前《序》后《跋》，也录有诸家校语，

---

① 吴承仕《检斋读易提要》一卷，张善文校理《尚氏易学存稿校理》第三册“附录”，北京：中国大百科全书出版社 2005 年版，第 25 页。

②〔清〕臧庸撰《拜经堂文集》，《续修四库全书》第 1491 册影印民国十九年宗氏石印本，上海：上海古籍出版社 1995 年版，第 511 页。

比如臧庸《刻吕氏古易音训序》即举以下数条[①]：

1.《屯·六二》“屯如、亶如”，与叶钞本及《汉书》《集韵》合，知今本作邅之为臆改也。

2.《蒙》“包蒙”，《泰》“包荒”，与叶钞本及《唐石经》《六经正误》合，知今本作包，或苞包倒置之为窜改也。

3.《泰》“苞荒”，晁氏曰：“郑读为康，大也。”案：《尔雅》某氏本及《诗·召旻》笺皆云“荒虚也”。《易·晋》“康侯”，郑云“康，尊也、广也”，广大义同。《尔雅·释器》“康瓠谓之甈”。李巡曰“康谓大瓠，瓢也”，知康有大义，荒即训虚。不必读康，而今本作读为康，训为荒者，误也。

4.《复》“频复”，郑作卑。案：《说文》顰字从频，卑声；然则古经顰字借声作卑，而今本作顰之为妄加也。

5.《离》“出涕沱[illegible]”，与《集韵》所载古字合，今本作若，则与陆氏自云，古文若皆如此者不相应矣。

6.《明夷》“用承马”，音“拯救之拯”；与《艮》“不承其随”音“拯救之拯”正同。今《明夷》“承”改“拯”，与《艮》卦异，且陆氏之音为赘矣。

7.《睽》下引《说文》云“目不相听也”。与叶钞本及今《说文》《集韵》合，卢学士云“听者，顺从之意”，今作视乃妄人所改，或又据《玉篇》改为“耳不相听”，则益失其真矣。

8.《丰》“丰其沛”，子夏作芾，《传》云小也，郑、干作芾，云，祭祀之蔽膝，与叶钞本及钱求赤影宋本注疏本合。今本作郑、干作韦，以区别乎《子夏传》，而不知沛、旆、芾同一市声，作韦为失其义矣。

---

① 〔宋〕吕祖谦撰、〔清〕宋咸熙辑《古易音训》，《续修四库全书》第2册影印清嘉庆七年刻本，上海：上海古籍出版社1995年版，第31页。

9.《既济》"繻有衣袽",《说文》作"䋈",与本书合,案:《说文》"絮,敝緜也。从糸如声","䋈,絜緼也。一曰敝絮(原文误作䋈),从糸奴声,《易》'需有衣䋈'。"今作絮,则为敝緜字,而非敝䋈字矣。

10.《象下传》"其文蔚也"。《广雅》云"蔚,数也",与叶钞本合。案:《广雅·三·释诂》"蔚、缛、饬、骤,数也"。《一切经音义》卷七云:"《广雅》,蔚,数也,纹彩繁数也。"[①]今本作敷也,是不得其辞而妄改,与《广雅》不合矣。

11.《系辞下》"成天下之亹亹者",郑云"亹亹,没没也",与叶钞本合。案:《尔雅·释诂》,"亹亹,蠠没","勉也"。郭注,"蠠没,犹黾勉"。郑注本此而今本改作"汲汲也"为谬矣。

严元照《后序》复举上述"屯如、亶如"条,认为卢文弨校本"尚有一二未尽,藉此书以正之"[②]。段玉裁《跋》亦言:"吕成公《古周易音训》所引《经典释文》胜于今通志堂,抱经堂所刻者,吾友宋子德辉,既胪举示学者矣,抑予牖读之,疑晁以道所据又胜成公所据。"[③]

12."徵忿窒欲",(《损·大象》)吕引云"徵,蜀才作澄";晁则云"蜀才作登"。吕引云"欲,孟作浴";晁则云"孟作谷"。皆古文假借字。《老子》"谷神",河上作"浴神"其证也。

13."苋",(《夬·九五》)陆、吕引云"虞云,苋,蕢也;陆,商也"。

---

①《广雅》"蔚"字则作"[illegible]",见(魏)张揖撰,(隋)曹宪音《广雅》,《丛书集成初编》第1160册影印《小学汇函》本,上海:商务印书馆1935年版,第37页。唐释玄应《一切经音义》卷七之《持世经》第三卷条下出"蔚有"二字,言:"于谓反,文章也;《广雅》,蔚,数也,纹彩繁数也。"《丛书集成初编》第740册影印《海山仙馆丛书本》,上海:商务印书馆1935年版,第334页。

②〔宋〕吕祖谦撰,〔清〕宋咸熙辑《古易音训》,第51页。

③〔宋〕吕祖谦撰,〔清〕宋咸熙辑《古易音训》,第52页。

晁则云“虞云，莞说也；虞、蜀作睦，和也”。以李鼎祚所引虞说订之，则晁与之相合。

吴承仕于《读易提要》评论宋氏、段玉裁所举，“以订正今本之《释文》，俱为精审”[①]，且再举数例：

14.《大有》“匪其彭”，姚云，“彭旁俗音同”。卢文弨改俗为徐，失之。

15.《贲》“白马翰如”，郑云“白也”，唐写残本《释文》及王应麟辑郑注本皆然；卢从雅雨堂本改白为幹，说义近之而实非《释文》之本真。

16.《复》“无祇悔”，王肃、陆绩作禔；卢校本无陆绩字，此佚义之可贵者。

17.《无妄》“不菑畬”,《说文》云“三岁治田也”,唐写本同,是也；卢校改三为二，失之。

18.《坎》“险且枕”，古文作沈，直林反，薛同，谓薛、虞与古文同也；卢校本无“薛同”字，应据补。

19.《晋》“昼日三接”，徐，息暂反，唐写本同，谓去声读也；卢校本作息憋反，则如字读矣，又何烦作音乎？

20. 丰（《丰》），郑云，丰之言倎，充满意也，倎虽不见《说文》，或汉人自有作倎者，唐写本亦然；卢校本改倎为腆，近于专辄。

21.《系辞下传》“则居可知矣”，郑、王肃作其辞。唐写本作郑、王肃音基，云辞，足证《音训》所引“作基”二字乃“音基”二字之讹；而卢校本仅云音基，视二本为最下。

① 吴承仕《检斋读易提要》一卷，张善文校理《尚氏易学存稿校理》第三册“附录”，第25页。

（二）辑存古字

严元照《后序》有言："晁氏书亦久佚，藉此以存梗概。晁所引有阴宏道说，考《唐书·艺文志》，阴宏道《周易新传疏》十卷。阴，唐初人，晁犹及见其书，故得引之，此亦在东告我云尔。"盖臧庸所经心留意者，不仅在《释文》的文字校正，更在《音训》所录晁氏之说。可由晁氏所引阴宏道语，考索古小学字书的佚文。《拜经堂日记》所录两条，臧氏主要用以辑佚，以补充任大椿《字林考逸》与孙星衍《苍颉篇》两书之未备。现具引如下：

古易音训

《古易音训》《豫》"朋盍簪"，晁氏曰："簪，（笔者按：原文无簪字，以下括号则为臧氏案语）旧读作'撍'作'宗'。（《释文》云，京作撍，荀作宗）阴弘道案：张揖《古今字诂》，'寁'作'撍'；《埤苍》云'撍，疾也'，撍与簪同。陆希声云'撍今捷字'。说之案：撍、簪同音一字，王元叔谓"《诗》'不寁'，字祖感反'"；又《姤》"系于金柅"，晁氏曰："阴云，《苍颉篇》柅作檷，柎檷也。许氏《说文》、吕氏《字林》曰檷，（《释文》引作"络丝趺也"前脱"络"字，今《说文》亦有络）丝趺也；字或作鑈，（《释文》云，子夏作鑈）吕女指反。案：络丝之器，今关西谓之络垛，音堕；梁益之间谓之丝，登其下柎即柅也。（以上皆阴语）说之案：尼古文（《释文》云，蜀才作尼，止也）。"

案：《唐书·艺文志》，阴弘道《周易新传疏》十卷，颗子临涣令又作陆希声《周易传》二卷。阴氏系唐初人，故得见《苍颉》篇、张辑《古今字诂》、《埤苍》及吕忱《字林》等。至唐末而诸书并亡矣。晁以道止宋人，于阴氏《易》疏，盖犹见遗文逸说，故著《古周易》征引之后。晁氏书之藉吕伯恭《音训》以存晁说，今吕书又亡，所藉本晁说以考阴疏者，又赖元董真卿《周易会通》矣。古籍展转消亡，反恃末流以存梗概，而世或未之贵重，不深可慨欤！任主事幼植著《字林考逸》，孙观察渊如辑《苍颉篇》于阴氏所引，皆未及采入，故特为著之。[①]

盖当时各易家，如阴氏者，喜引所见古小学字书以辅证己说。这些字书今多已亡佚，其吉光片羽亦弥足珍视。

吴承仕《提要》录臧庸《拜经堂日记》“仅有‘朋盍簪’、‘系于金柅’两事”，余嘉锡眉批《音训提要》曰：“案《拜经日记》有《为羊》一条，亦据《音训》所引郑注，以校《释文》‘虞作羔’之误。嘉锡。”[②]

“为羊”一条录于“《古易音训》”此条之前，臧庸有考辨，《拜经堂日记》云：

《易·说卦传》“兑为妾，为羊”；《释文》“为羊，虞作羔”；李鼎祚《集解》经注皆作羔。案：虞翻云：“兑为羊，已见上，此为再出，非孔子意也”。若作羔，为小羊，亦无殊异。考虞解为妾，云三少女位贱，故为妾；又注为羔，云羔，女使。皆取位贱，故为羔。又“为羔”，郑康成本作“为阳”，注云：“此阳为（笔者按：底本作谓）养，无家女行赁炊爨，今时有之，贱于妾也。”（见《古易音训》引晁氏）然则羔字并当作养。故仲翔云“女使皆取位贱”，与康成正合。《史记·张耳陈余列传》“有厮养卒”，裴骃《集解》：“如醇曰，‘厮贱者也’。《公羊传》曰‘厮役扈养’，

---

① 臧庸《拜经堂日记》，《续修四库全书》子部杂家类第1158册据武进臧氏拜经堂刻本影印，上海：上海古籍出版社1995年版，第129页。另参见阮元《清经解》，上海：上海书店1988年影印《学海堂》本，第6册，第731页。两相对校，发现《经解》本删去他家的序跋及臧氏的自序，不过《古易音训》部分内容则相同。

② 吴承仕《检斋读易提要》一卷，张善文校理《尚氏易学存稿校理》第三册“附录”，第25页。

韦昭曰‘析薪为厮；炊烹为养’”，此其证矣！作羊，作阳皆养字声近相乱之，今《释文》、《集解》作羔，乃养字误脱其半耳。①

郑玄注兼考订异文，其注所引作养字，可作一条重要内证。可见臧氏考证《释文》“羔”字乃“养”字之讹，晁氏所引郑注之文无疑起到关键的作用。钱大昕《十驾斋养新录》亦出《兑为妾为养》一条，钱氏从臧氏之说，只是所引郑注“作阳”一条转引自《汉上易传》。②

晁氏所辑众说不仅有裨于《易传》文句的考订，而且还可用于考订《说文》、《字林》等字书的用字。比如：

突（《离·九四》）：晁氏曰：《说文》作𠫓、作㐬，云“不顺，忽出也，从倒（从到）子，《易》‘突如其来如。’不孝子突出，不容于内也”，“或从倒（从到）古文㐬”。京、郑皆作㐬，云不孝也。（笔者按：晁氏原文为从倒，改说文古字，今在括号内注出原字）

据《续修四库全书》收录的《周易郑注》所裒辑晁氏辑引的郑玄易说，丁小疋还据此考辨段氏《说文注》之误。丁小疋云：“《说文》𠫓部𠫓、㐬二字注应依《系传》本，鼎臣妄移其次序，朱笥河翻刻毛本，于𠫓字注改两突字为𠫓，惠宋厓校定《周易集解》亦改‘突’为𠫓字，段懋堂驳之是矣③。然段亦不知郑氏《易》实作㐬，不作

① 臧庸《拜经堂日记》，《续修四库全书》子部杂家类第1158册据武进臧氏拜经堂刻本影印，第129页。另参见阮元《清经解》，第730页。

② 陈文和主编《嘉定钱大昕全集》第七册，南京：江苏古籍出版社1997年版，第10页。

③ 段玉裁驳正惠氏改字之处，详见“𧶠”字条下。段氏言《说文》引《易》，“皆偁《周易》以说字形之意。学者不憭，往往误会”，乃随文取义以解说字形的分合关系，所取之字，不一定是《易》经文的本字，因此，不可据《说文》改经文常用字。（清）段玉裁《说文解字注》，扬州：江苏广陵古籍刻印社据经韵楼原刻本影印，第315页。

突也。”①

段玉裁补订大徐本删去“𠫓即“易”突字也”六字，删去的“突”字条下的“安即易突”四字，指出𠫓、突两字之差异，考辨甚详，具体见《说文解字注》十四卷𠫓部②。然段氏引郑玄《易》仍为“突”字，故丁杰据《音训》晁氏之文以订正其失。

胏（《噬嗑·九四》）：底本作“《字林》云含，食所遗也”；通志堂本《周易会通》同；《金华》本《音训》则作“《字林》作𩚁，食所遗也”。（《释文》）

通志堂本《释文》“含”字作“食”。卢文弨本“云含”作“作𩚁”，卢氏《考证》曰：“旧本𩚁讹作含，今从神庙本正。”然据《汇校》言：“写本（即唐写本）止作‘食所遗也’，无含字。宋本、叶钞含作食。卢改作𩚁。今谓卢改未碻。案，《说文》𩚁、胏一字。此引《字林》而覆述本文，《释文》中罕见此例。盖由宋本误重食字，校者漫改作含，卢遂缘《说文》重加改定，实则应依唐写本为正耳。”③

今《音训》后复出晁氏引“《说文》作𩚁，食所遗也”，则吕氏所见《字林》当无𩚁字，否则前后重出“𩚁”字。可证《汇校》之说为是。今底本“云含”亦讹，当从唐写本。以上足见晁说补订字书用字的价值。

（三）汇集易说

《音训》详录晁说之《易说》，而晁书又广引孟喜、京房、郑玄、刘表、荀爽、何妥、阴弘道、僧一行、陆希声，张弧、王昭素等易说，可补《释文》《周易集解》《周易正义》等书的不足。上述各家易著

① 〔宋〕王应麟辑，〔清〕丁杰订，〔清〕张惠言订正《周易郑注》，十二卷，《续修四库全书》经部第一册，上海：上海古籍出版社 1995 年版，第 89 页。

② 〔清〕段玉裁《说文解字注》，第 744 页。

③ 黄焯《经典释文汇校》，北京：中华书局 1980 年版，第 13 页。

今多亡佚，马国翰《玉函山房辑佚书》与黄奭《汉学堂丛书》皆有辑晁说以补证[①]，故《音训》亦可谓搜辑汉魏易家佚书的渊薮。现试举几例如下：

1. 考祥（《履·上九》）：晁氏曰：荀作详，审也；郑作详，云“履道之终考，考正详备”。

按：《释文》仅曰“本亦作详”，晁氏可补荀、郑之说。

2. 曰（《大畜·九三》）：晁氏曰：虞云离为日，陆希声谓当作日。

按：据《新唐书·艺文志》列陆希声《易传》二卷，已佚。

3. 枕（《坎·六三》）：晁氏曰：王弼云，枕枝而不安之谓也；干宝作桉，安也；虞云，枕，止也，闲碍险害之貌。

4. 纳（《坎·六四》）：晁氏曰：京、一行作内，云内自约束。

5. 振（《恒·上六》）：晁氏曰：虞、张作震动也。《说文》作榰，“砥古用木，今以石；《易》‘榰恒凶’”，音支。陆希声谓“作振”本“作寘”。说之：不知陆所据何本。

6. 薰（《艮·九三》）：晁氏曰：虞作阍，云艮为阍，坎为门，故厉阍心。古阍作熏字，马因言熏灼其心。未闻易道以坎水熏灼人心也。荀氏以熏为动，或误作勲，皆非。

7. 随时之义（《随·彖》）：陆氏曰，王肃本作随之时义。晁氏曰：案，王肃得之。

8. 顺（《升·大象》）晁氏曰：史证云，何妥作慎。说之案：顺古文作慎，与慎多相乱。

① 笔者按：马国翰编《京房易章句》《费直易》即辑引《音训》之文，不知为何《孟喜章句》及《蜀才注》二书反而遗漏《音训》之文。此外，《京房易章句》辑引《音训》中晁氏之说，题为晁说之《易诂训传》。然《易诂训传》乃晁公武所撰，具体见《直斋书录解题》卷一及《经义考》卷二十五。实则引文出自晁说之《古周易》一书。

以上八条，涉及十几家易说。晁说之以《释文》为本，兼采各家之说。此外，晁氏还引北宋初王昭素《易论》十四条，藉此可窥见当时思潮，以及义理改经的风气，比如：

离者丽也（《序卦》）：晁氏曰：王昭素云，诸本更有三句：云丽必有所感，故受之以咸，咸者感也。

潘雨廷《读易提要》直斥之曰："如依王氏说，则两篇大义毁焉。盖汉易古本犹可考见，何来此三句。宋人之妄改经文，不亦甚乎。今王氏之三十三卷《易论》已佚，其窜乱经文之失，亦由此而存。"①

晁说之还鸠集各家易说底本的异同，详列异文于各字条目下，颇似一篇《校勘记》，集当时所见本异字于一处。因此，《音训》也便于后学考索各家异文，以复各易著之本真。

郑玄异文居晁氏辑引之首，下文归纳析出如下，略附《释文》引郑氏异文，以备参考：

1. 班如（《屯·六四》）：陆氏曰：如字，郑本作般。

2. 如苞（《蒙·九二》）：《释文》云：郑云，苞当作彪；彪，文也。晁氏曰：京房、郑、陆绩、一行皆作彪，文也。

3. 击（《蒙·上九》）：《释文》云：马、郑作系；晁氏曰：马融、郑、荀爽、一行作系。

4. 褫（《讼·上九》）：陆氏曰：郑本作拕。

5. 三驱（《比》·九五》）：陆氏曰：郑作敺（驱）。

6. 考祥（《屡·上九》）：晁氏曰：荀作详，审也；郑作详，云"屡

① 具体见潘雨廷《读易提要》，（上海：上海古籍出版社2006年版，第173页。然而王昭素之说并非全无版本根据，如"而天下随时"，（《随·彖》）晁氏曰："王昭素云，旧本无此时字，乃有之字。说之案：王肃、陆绩作天下随之，意自可见也。"又如"与地"，（《下系·二章》）晁氏曰："王昭素云，印本'地上'脱一'天'字，诸本多有。"因此，王氏之说还是值得参考的。

道之终考，考正详备”。

7. 辨（《剥·六二》）：晁氏曰：案，古文作分，今文作辨。郑作辨，云：“足上称辨，谓近膝之下，屈则相近，申则相违，故谓之辨，辨，分也。”崔憬（原书讹为爆）云：“辨，牀桯也。”

8. 频（《复·六三》）：陆氏曰：郑作卑。

9. 牿（《大畜·六四》）：（《说文》作告）晁氏曰：《说文》“牿”字云：“牛马牢也。《周书》：‘今为牿牛马’。”说之案：篆是二字（即告、牿二字）。虞、侯果皆以为楅衡，则亦告字也；郑作角。

10. 华（《大过·九五》）：晁氏曰：郑作荂。

11. 突（《离·九四》）：晁氏曰：京、郑皆作㐬，云不孝也。

12. 失（《晋·九五》）：陆氏曰：孟、马、郑、虞、王皆作矢。虞云矢，古誓字。

13. 嗃嗃（《家人·九三》）：（荀作确确；刘作熇熇）晁氏曰：侯云“嗃嗃，严也”，郑作“熇熇，苦热之意。”案：确古文。

14. 羸（《姤·初六》）：晁氏曰：郑作虆。说之案：与《大壮》“羸”字同训。

15. 夤（《艮·九三》）：晁氏曰：孟、京、一行作𦙍，郑作䏰，今文也。徐音胤，皆夹脊肉也。

16. 配（《丰·初九》）：陆氏曰：郑作妃。

17. 蔀（《丰·六二》）：陆氏曰：马云蔀，小也；郑、薛作菩，小席。

18. 诰（《姤·大象》）：陆氏曰“郑作诘，起一反，止也”。[①]

① 据《汇校》：“宋本止作正，十行本、闽监本同。卢氏依宋本改。案作止不误。惠（即惠栋）云，鲁恭王云，君以夏至之日施命令止四方行者，明诰本作诘，郑、王是也。”（黄焯《经典释文汇校》，第13页）笔者按：《释文》卷八《周礼音义·天官冢宰第一》即训“诘”字“起一反，禁也；干云，弹正纠察也。”此注为《周礼》郑注之文，两相比较，则当为止而与禁相应。作“正”字似亦可通，姑两存之。

19. 弗（《贲·初九小象》）：晁氏曰：郑、王作不。

20. 详（《大壮·上六小象》）：陆氏曰：郑、王肃作祥。

21. 翔（《丰·上六小象》）：陆氏曰：郑、王肃作祥。晁氏曰：孟亦作祥，云天降恶祥。

22. 藏（《上系·五章》）：陆氏曰：郑作臧，云善也。

23. 德（《上系·八章》）：陆氏曰郑、陆绩、蜀才作置；郑云置当为德。

24. 存其诚（《乾文言》）：晁氏曰：郑作以存其诚。

25. 欲及时也（《乾文言》）：晁氏曰：郑无“欲、也”二字。

26. 之（《乾文言》）：晁氏曰：郑作志。

27. 性情（《乾文言》）：晁氏曰：郑作情性。

28. 能以（《乾文言》）：晁氏曰：郑作而以。

29. 工（《说卦》）：晁氏曰：郑作墨。

30. 指（《说卦》）：晁氏曰：郑作为小指。

31. 羊（《说卦》）：晁氏曰：虞作羔，云羔女使皆取位贱，作羊非。郑作阳，云此阳谓养，无家女行赁炊爨，今时有之，贱于妾也。

32. 履而泰（《序卦》）：晁氏曰：郑无“而泰”二字。

33. 有大者（《序卦》）：晁氏曰：郑作有大有。

34. 然后可畜（《序卦》）：晁氏曰：郑作“物然后可畜”。

35. 物不可以久居其所（《序卦》）：晁氏曰：郑作，物不可以终久于其所。

36. 见（《杂卦》）：晁氏曰：郑作说。

37. 忧（《杂卦》）：晁氏曰：郑作消。

以上仅就郑玄《易注》异文方面的统计，就已发现，郑玄《易注》的底本与王弼本（即通行本）的差异不小。郑玄“易”与王弼“易”

的关系究竟如何？最重要的是，两者的底本有无直接延承关系，前人认为王弼承郑玄重编古本《易》的观点是否还能够成立？这些问题都有很多探讨的空间。

《音训》一书也有不足之处，古书辗转钞录，常有讹误，《音训》亦在所难免。《音训》一书行世不久，南宋王柏就质疑晁氏所录古字未必尽合古貌，王柏曰：

况籀、篆既更；隶、正益异，转相传写之讹，岂能尽合于古哉？晁氏既不见古文易，今所按古文，不知其何所据也。①

王柏即以为晁氏所录古字，不详所据，且也存在传钞讹舛的问题。因此，晁氏所引古字及其案断，未必尽确，学者还须旁求他据以定本字。比如：

衹（《复·初九》）：晁氏曰：京、刘、一行作衹，安也。《广雅》作𤿎，多也。说之案，衹古文用多，字其作衹者尤非。《说文》："衹裯，短衣，音低。"

据《汇校》曰："写本、宋本作无衹，写本《周易》亦作衹。案氏、是古通用，王肃作禔，证知衹从氏，非从氐也。"②清钱大昕曾考辨二字，详见《十驾斋养新录》③；王引之《经义述闻》更有详细考释④。二氏皆以为当从"衹"字。

尚秉和《周易尚氏学》也曰：

严元照云：衹从氐，非，此当从氏。氏、是同用，故王肃作

① 此外，王柏还举五个例子质疑晁氏所定的古字，具体参见王柏《鲁斋集·古易音训》卷之九，《丛书集成初编》，上海：商务印书馆1935年排印《金华丛书》本，第172页。

② 黄焯《经典释文汇校》，第 14 页。

③ 陈文和主编《嘉定钱大昕全集》第七册，第4页。

④（清）王引之《经义述闻》，具体见卷一"无衹悔"条目，南京：江苏古籍出版社1985 年影印道光七年本。

禔。坎祇既平，京房亦作禔。王陶庐云：《唐石经》即作衹。氏、是古同部，故得同用。若氏则另为一部，不同部者不相假，古之例也。然则今作祇者误也。[①]

此处衹字误，当作祇。晁文作衹，又复举证之，可见晁氏当时所见古本已误。

文字音训其义虽小，却关涉全句的大义。异文的诠解，往往是各易家争鸣的焦点。近人潘雨廷《读易提要》即总结为："程子曰：'得其辞不达其意者有矣，未有不得于辞而能通其意者也。'今可进而言曰：得于文字之音训，不达其辞者有矣；未有不得于文字之音训，而能通其辞者也。故《释文》与此书，其可忽乎哉。"[②]

正因《音训》保存《周易》异文、音训独多，清儒考索汉魏易说多取资此书，比如黄奭、马国翰辑佚书时，即广辑此书所引各家佚文。

三、陈批本考论

《古易音训》该书尚有清陈鳣批注本。《中国古籍善本书目·经部》有录，藏于上海图书馆[③]，多年来无人问津。笔者遂赴该馆，将该书的批注内容悉录如下，以飨学林。

《古易音训》二卷，清宋咸熙辑，清嘉庆七年刻本。该馆著录作：清陈其荣录清陈鳣校，一册。上图藏，线善822046。

一、该书卷末有题识：

岁在柔兆敦牂涂月，偶见吴贾携来陈鳣批本，暂留案头，烦一昼夜手此过录，校勘以正讹字。槜李攷经子并识。

---

① 张善文校理《周易尚氏学》,《尚氏易学存稿校理》第三卷，北京：中国大百科全书出版社2005年版，第108页。

② 潘雨廷《读易提要》，第173页。

③ 中国古籍善本书目编辑委员会《中国古籍善本书目·经部》，上海：上海古籍出版社1989年版，第95页。

按：攷经子，陈桂青孝广自号也。孝广名其荣，同治癸酉举于乡大桃教谕。

陈鳝于卷前有两条甚长的批注，详论惠栋《周易本义辨证》与李鼎祚《周易集解》两书，盖前者惠书于汉易多有创获，后者李书又为汉易象之鸿宝，皆可与《音训》一书互参，故陈鳝详论如下：

闻攷国朝长洲松崖惠定宇栋撰（《周易本义辨证》），乾隆壬子常熟蒋少逸光弼刊，无叙文目录，有《例言》一卷，第一则言古文十翼篇次，康成辅嗣变乱经文，及明嘉靖间取朱子《本义》割附程子《易》颠末。第二则言取东莱《吕氏音训》附刻《本义》意。第四则言作书本旨，谓《本义》未备，以《语类》及《程传》补之。其与《程传》异者，略著其说，概宗攷亭学，引他说以申明《本义》，非吹毛索瘢，好为辨证，若毛西河辈然也。

又考《李氏易传》十七卷，唐秘书省著作郎、资州李鼎祚著。乾隆丙子江淮盐运始，德州卢见曾所刊《雅雨堂十种》之一也。有李氏《自序》，宋庆历甲寅计用章《后序》，《传》中所引自汉迄唐凡三十二家，而于荀慈明、虞仲翔两家，采取为多。《自序》云："刊辅嗣之野文；补康成之逸象"，盖斥王氏而宗郑学者也。按:《隋书经籍志》易类六十九部，今于子夏、焦赣、京房三家外，余不槩见，兹编采集诸家之说，时可见其大旨，第《崇文书目》、《中兴书目》、《晁氏读书志》、《邯郸国志》、《经义考》诸书多作十卷。用章《后序》云："唐录称鼎祚书十七卷，今所有止十卷，盖失其七。"（笔者按：以上乃晁公武语，陈氏误作计用章）明宗室朱睦㮮《序》亦曰："《唐艺文志》称李鼎祚注《周易》十七卷，据鼎祚《自序》云：'十卷而首尾俱全，初无亡失'，不知唐何故而云十七卷，唐史何所据云今本卷数正与《唐志》合。"岂诸家所据，别有一本耶？然今本《自序》乃作凡成一十八卷，又与《唐志》异，盖字讹也。

二、陈鳣于书内的批注甄录如下：

1.《履》卦九二“履道坦坦”条：坦，著也。竝见《释文》，又见《履》卦。

2.《豫》卦六三“盱豫”条：盱，《字林》火孤反。鳣按：火孤或火狐之讹，孤作狐，相近于音也。狐与孤相似而误。

3.《豫》卦九四“朋盍簪”条：速也。鳣案：速或连字之误，盖形相似而其义皆从竝。⺮、既是连之象也。

4.《井》卦“汔”条：汔：几也。《易·井》象辞曰：“汔至亦未繘井。”未漏。《彖辞》曰：“小狐汔诸濡其尾。”郑、虞注竝曰：“汔，几也。”《诗·民劳》曰：“民亦劳止，汔可小康。”《笺》亦曰：“汔，几也。”又云：汔，其也。昭公二十年孔子引前诗云，杜注“汔，其也。”于义亦通。此盖出三家诗，或是《左传》旧注如此，《后汉书·班超传》超妹昭上书引前诗云云，李贤注亦曰：“汔，其也。”（笔者按：出自王引之《经传释词》卷四，汔字条①）

5.《鼎》卦“其行塞”条：行，颜师古注《汉书·杨雄传》曰：“行，且也。”按：李善注《文选·洞萧赋》《魏文帝与吴质书》竝云“行犹且也”。盖旧有此训。《诗·十亩之间》曰“行与子还兮”，又曰“行与子逝兮”。言且与子归，且与子往也。（笔者按：出自王引之《经传释词》卷四，行字条②）

6.《渐》卦“于”字条：于，《尔雅》曰：于，於也，常语也。亦

①〔清〕王引之《经传释词》卷四，《续修四库全书》第195册影印清嘉庆二十四年刻本，上海：上海古籍出版社1995年版，第567页。

②〔清〕王引之撰《经传释词》卷四，第566页。

有於句中倒用者。《诗·崧高》曰“四国於蕃，四方於宣”，言蕃於四国，宣於四方也。又曰：“谢於诚归”亦言诚归於谢也，见《笺》。又考《尔雅》曰：于曰，也曰。古读若聿字，本作欥，或作曰，或作聿。（说见欥字下）聿、于一声之转。“黄鸟于飞”（《诗·葛覃》），黄鸟聿飞也。“于以采蘩”，聿以采蘩也。又考于犹乎也。其在句中者，常语也。亦有在句末者，《管子·山国轨》篇曰：“不籍而赡国为之有道于。”（宋本如是，今本于讹作予）于，犹乎也。《吕氏春秋·审应篇》曰：“然则先生圣于。”高注曰：“于，乎也。”《列子·黄帝篇》曰：“今女之鄙至此乎。”《释文》曰：“乎，本又作于。”《庄子·人间世》篇曰：“不为社者且几有剪乎。”《释文》曰：“乎，崔本作于”是也。又为叹美之词，《论语·为政篇》“孝乎惟孝”，《释文》及汉石经，“乎”并作“于”，是也。（按：节录自王引之《经传释词》卷一，於字条[①]）

以上三条，陈鳝征引王氏之说却未注出处，盖此批注是其读书时随手所录，乃为疏通文义而录，故忽略出处。

三、《系辞》篇还有陈鳝大段论说，今各家书目题跋皆未刊载，兹具录如下，以备参考：

鳝考《上系辞》之八章，引爻辞而释之者八。《下系辞》之五章，引爻辞而释之者十有一。圣人“拟之而后言；议之而后动”，固有深意存于其中，岂漫为援引而已哉。其始于“中孚”者，“中孚”即《复》卦之气，七日来复所始也。“枢机之发”，实根诸心而以言行主之，所以杜空谈性心之弊而见几善恶者，必存乎诚也。

“同人之心，其利断金”，“大有尚贤，吉自天祐”二卦，反对者也。君子交友而臭味同出则同寅协恭，为禹、皋之昌言；为旦、奭之训诰。处则朋友讲习，为孔、颜之授受；为曾、孟之私

① 〔清〕王引之撰《经传释词》卷一，第540页。

淑。王者尚贤而天人助，大顺而为天下国家之肥，至信而致鸟兽艸木之若，维世道朝与野，尽之矣，而其心则不可恶、不可乱而已。故藉茅以明慎；劳谦以明厚。不出户庭以藏密，戒亢龙之悔而警负乘之寇，皆惧以终始之旨而深察荣辱之机，解小人之拇而全君子之道也。

下经首《咸》，《下系辞》亦首《咸》，人伦之始，万物之原，无心之感，天地万物莫遁其情。圣人于九四一爻，发明微奥，见有心之感，徒胶于朋从无心之感，妙通乎思虑，然利用必归之崇德精义，寔期于政用，则仍济世之学，非瞑坐观心之学也。以下十爻悉以《咸》之一爻为主。《困》六三与《解》上六相反也，戒其非据，而勗其藏器利用之旨也。《噬嗑》之初九与上九相反也。小惩而大诫则为福；恶积而罪大则灭身。《否》之初九与《鼎》之九四相反也。心不忘危则为苞桑之系；力不胜任则占覆餗之凶，皆阐安身之旨也。《损》之六三与《益》之上九相反也，致一则虚而物归之，损而得友也。妄求则不全而或伤之，莫益而凶也。明屈伸之义理也。此八爻皆以相反而相证。惟《复》之初九与《豫》之六二则非相反而相似，以发明精义之学为尤著。盖雷在地中为《复》，至日闭关至静之地也。雷出地奋为《豫》，作乐殷荐，至动之象也。于至静之中而取一阳之复，曰“不善未尝不知，知之未尝复行”，所谓复以自知。非至，不能为克己之学。静则贵于慎独，刚则以自治也。于至动之中而取六二纯阴，曰：“见几而作，不俟终日。”盖《豫》自二至四互艮，于象为石。当甫动之时而先存知止之念，此定静安虑所以由此基之，而为大学之道、入圣之功也。故曰：“知几，其神乎。”

彼谄于上，渎于下者皆昧于求进，贪于求益而不知艮止之义者也。《书》曰:“安汝止，惟几惟康。”不知止，不能知几也。“介如石焉，宁用终日”，石者，至静之体也。六二至柔之爻也。处极动之时而含至静之体，此柔道所以含宏也。然必勗之以贞而曰:“知柔知刚。”盖既审其几而知微;验其几而知彰。要所以应此几者，刚柔惟其所用，或雷厉而奋发，或艮止而石隐，固非徒全身远害而已。美之曰“万夫之望”,则非隐沦之士也。呜呼！此十九爻者，皆忧患之辞也，外内使知惧，惟贞夫一心而已。绝憧扰之原，顺往来之正，静则可以观其复，动则可以见其几。闲邪存诚，鹤鸣子和，以慎枢机之发，而终以立心勿恒之戒，圣人之情见乎辞矣。

此段乃陈鳝读《系辞》所释十九条爻辞的心得。陈鳝剖析入微，以正心诚意串通之，比如处事上，陈氏引申出立诚、慎独、知几等原则。以为易道不离日常行用,故反对“瞑坐观心”之说。其所论十九爻，一爻统摄他爻，八对十六爻取反对义，一对二爻取相似义之说，不拘泥于卦象、卦例的反对错综，而是以义理内在关联来融通各爻。特别是从《复》卦中引申出“静则贵于慎独，刚则以自治”，可谓深得易道刚柔相济之妙趣。总之，陈氏分析各爻的内在逻辑，虽未必尽合其编纂者古意，然亦通达合理，可谓论《系辞》的一篇精辟通论。

《古易音训》幸赖董氏《周易会通》一书以流传至今，清儒宋咸熙从中辑得此书，此书流传遂广。该书可与《释文》相为表里，既可考订《释文》的讹舛，所录古字也可作古字书辑佚之用，所集易说更荟萃各易著之精蕴。《音训》也有不足之处，所录古字不明所据，亦有讹舛而未必尽符原貌。然小疵不掩其大醇,《音训》一书审音训、裒众说，是为后学研习汉魏古易不可或缺之书。清儒考索汉魏古易，多取资此书，陈鳝详批此书，推阐《系辞传》的微言大义，更让此书增色不少。

论吕祖谦《古易音训》校勘《经典释文》的价值

内容摘要：吕祖谦本着兼收并蓄的治学思想，融裁《经典释文》及晁说之《古周易》相应内容而成《古易音训》一书。因晁、吕二氏所见《释文》版本较早，故《音训》有校勘的价值。其价值体现在：一方面，吕氏引文可补订《释文》的脱讹；另一方面，晁氏引文及论断，除了多录前代古字易说，还可核订《释文》的讹舛，以及增广其注释。因此，《古易音训》一书可与《释文》相为表里。

关键词：吕氏引文；补脱订讹；晁氏引论；留存古字；考校讹舛　增广释文

吕祖谦（1137–1181），字伯恭，南宋婺州人（今浙江金华人）。初荫补入官，后举进士，复中博学宏词科。官至著作郎兼国史院编修官。卒，年四十五，谥曰成。《宋史》称："祖谦之学本之家庭，有中原文献之传。"与朱熹、张拭齐名，称"东南三贤"，学者称"东莱先生"。

其治学特点，全祖望《宋元学案·东莱学案·同谷三先生书院记》即曰："宋乾、淳以后，学派分而为三：朱学也，吕学也，陆学也。三家同时，皆不甚合。朱学以格物致知，陆学以明心，吕学则兼取其长，而复以中原文献之统润色之。"[①]因此，吕学特点即可概括为：博采众长，兼收并蓄。

---

① （清）黄宗羲著，全祖望补修，陈金生，梁运华点校《宋元学案》，北京：中华书局1986年版，第1653页。

吕祖谦生平易学著述不多，但其著述却重在收辑当时传世各家易说、古字异文等，有珍贵的文献价值。《古易音训》就是其中的代表之一。

《古易音训》，又名《周易音训》(以下简称《音训》)，编成于淳熙八年。是由吕祖谦门人金华王莘叟笔受辑次而成，因王莘叟并未据己意补苴之，故可认定此书是吕祖谦编撰的。然元董真卿后该书已无单行本，今存传者乃后人从董真卿《周易会通》(后简称《会通》)中辑出。但因《会通》此书历经辗转传钞，不断重编，故今存《音训》一书或有所遗脱。然笔者审核清宋咸熙辑本，大抵仍存留《音训》一书之全体，散佚者盖仅为零星个别训释，故称今存本为《音训》全书亦无不可。

《古易音训》这一书名，也有不妥之处，吴承仕《音训》提要即言："晁氏所称古文作某；或称古文作某，篆文作某者，犹通称古字云尔；如以为费氏古文本之异于施、孟、梁丘、京者如此，则失之矣。"故吴承仕认为"当正名为古本易，不得泛称古易，或古文易。"[①]诚然,《音训》多涉古本异文；因而审慎的说法应为"古本《易》音训"。

《音训》一书，乃吕氏本述而不作的原则编纂而成。一方面，吕氏辑录《经典释文》(后简称《释文》)经文。删裁一些无关微旨的引文、注文。[②]又抽绎《释文》中《彖》《象》《文言》三传的相关条目，条陈于经文之后，以合古本《易》经传别行的篇次。另一方面，吕氏

① 吴承仕根据式训堂本，而该本即为影印宋咸熙辑本。参见《检斋读易提要》。尚秉和遗稿、张善文校理《尚氏易学存稿校理》第三册［附录］，北京：中国大百科全书出版社2005年版，第25页。

② 潘雨廷《读易提要》已举数则吕氏删引文之例："如《谦》卦中，'㧑谦'之'㧑'，《释文》尚引'《书》云，右秉白旄以麾是也'，以证㧑即麾;《旅》卦之"旅"字，则引《序卦》'旅而无所容'、《杂卦》'亲寡旅'以证羁旅之义；《杂卦》之'杂'字，《释文》尚有'孟（原文讹作直）云，杂乱也'。凡此等，（转下页）

又辑录晁说之所著《古周易》引《释文》的相关条目及其论断。据《释文》次第，甄录排纂，去两者枝辞，遂使晁说与《释文》注文前后衔接，浑成一体，收融会贯通之效。因此，《音训》一书，即以《释文》条目为经，以注文及晁说为纬，经纬分明，条例清晰。

因晁、吕二氏所见《释文》版本较早，故《音训》自有其校勘价值，吴承仕称此书引《释文》、晁说多精善。①潘雨廷也认为“学《易》者于《释文》外固宜参阅之”②。

本文取《续修四库全书》收录的清嘉庆七年刊刻的《古易音训》为底本（简称“底本”）用以校勘《释文·周易音义》，胪列两者异文，再广采各家相关校勘成果，主要以黄焯《经典释文汇校》为主，冀可补《释文》与《汇校》之未备。③

（接上页）吕氏皆删焉。”（潘雨廷《读易提要》，上海：上海古籍出版社 2006 年版，第 173 页）笔者再补几则吕氏削注文、备注之例：如《音训》的《噬嗑·象》与《贲·象》皆出“上”字，训“时掌反”，《释文》于前者则出“上行”，后面还有“注同”二字；后者则出“刚上”，后面还有“注刚上皆同”五字。又如《剥·象》，出“长”字，注作“丁丈反”，而《释文》则出“人长”二字，后面还有“下注皆同”四字。再如《遯·象》出“长”，注“陆丁丈反，或如字”，而《释文》则出“而长”，注作“并丁丈反，内同，或如字”。

① 尚秉和遗稿、张善文校理《尚氏易学存稿校理》第三册“附录”《检斋读易提要》一卷，北京：中国大百科全书出版社 2005 年版，第 25 页。

② 潘雨廷《读易提要》上海：上海古籍出版社 2006 年版，第 173 页。

③ 本书所用主校本：宋元递修本《经典释文》，上海古籍出版社 1984 年影印北京图书馆馆藏宋刻本，简称“宋本”。徐乾学通志堂本《经典释文》，黄焯断句，中华书局 1983 年版，简称“徐本”。

参校本：唐写本《周易经典释文》一卷，(《续修四库全书》本，第一册）简称“写本”。卢文弨抱经堂本《经典释文》，(《丛书集成初编》影印抱经堂本）简称“卢本”。凡《音训》引《释文》之文，则校之宋本、徐本、卢本《释文》以及《汇校》收录版本，若以上版本皆无异文，则简称诸本《释文》。

此外，本《校勘记》还吸收以下校勘成果：黄焯《经典释文汇校》一书的相关校勘成果，(中华书局，1980 年版）并简称“《汇校》”。卢文弨抱经堂本《经典释文考证》一书，简称“《考证》”。阮元《十三经校勘记》简称 （转下页）

因诸家于《音训》的《前言》《后序》以及相关的提要中，已出校勘记数则，故本文考订字句，先引诸家考订的相关校记，以不掠前人之美，再附笔者按语，诸家未及的条目及相应的考证。

本文从以下两方面探讨《音训》一书校勘《释文》价值：一方面是《音训》中吕氏引文的价值；另一方面是晁氏引文的价值。下举诸书皆取简称。

一、吕氏引文价值

《音训》吕氏引文的价值，笔者将其概括为两方面：一是补现存《释文》之脱；二是订《释文》之讹。

（一）补《释文》之脱

1. 祇（《复·初九》）：底本“郑云病也，音䟡”，诸本《释文》皆阙，当据底本补。

2. 枕（《坎·六三》）：底本“直林反”下有“薛同”二字。诸本《释文》皆脱，当据底本补。（按：此条吴承仕《音训》提要有出）

3. 凶（《离·九三》）：底本“郑薛无凶字”。诸本《释文》皆脱“薛”字，当据补。

4. 辅（《咸·上六》）：底本“耳目之间”下有“称䩉颊”三字，诸本《释文》皆省去，当补足。

5. 恒（《恒·初六》）：底本“陆氏曰”前多“胡登反”三字。诸本《释文》皆无。

6. 狩（《明夷·九三》）：底本作“又作守，音同”，诸本《释文》

（接上页）“《校勘记》”。宋咸熙《刻吕氏古易音训序》一文，简称“《音训序》”。段玉裁《说文解字注》，简称“段《注》”。本《校记》还吸纳吴承仕、柯邵忞、潘雨廷的《古易音训》提要，参考黄寿祺唐写本《周易释文》提要的相关校记。此外，《校勘记》中偶引他书，亦各举其称。

皆无“音”字。

按:据《康熙字典》,守有多音,一为“书九切”(见《说文》)读上声;一为舒救切，音兽。[①]则诸本当补“音”字，当从底本。

7. 掣(《睽·六三》):底本作“荀作觭音绮”，诸本《释文》皆脱“音绮”二字，当据补。

8. 亨(《益·六二》):底本作“王廙作亨，许庚反”，诸本《释文》皆脱“亨”字。

按:当有“亨”字，以补王廙之说。

9. 大观(《观·彖》):底本“陆官唤反”。诸本皆作“王肃音官”。

按:陆氏此处盖音“官唤反”，诸本省去，原注当为:“陆官唤反，王肃音官。”

10. 当(《噬嗑·彖》):底本作“陆氏曰:都浪反《易》内皆同，有异者别出。”今诸本《释文》皆脱此条，当据补。

11. 是故夫象(《系辞上·十四章》):底本作“此四字衍文”。

按:诸本《释文》皆无出此条目及下注，不知此为吕氏自注，抑或是《释文》脱文，姑两存之。

12. 盛衰(《杂卦》):底本“陆氏曰郑、虞作衰盛”;诸本皆缺此条目及注，当据补。

13. 簪(《豫·九四》):底本作“蜀才本依京，京义从郑”。

按:诸本《释文》亦仅存一“京”字,然郑本京氏学,若仅有一“京”字,则京、郑之说有别,陆氏当有所说明。此处恐有重文符号,诸本《释文》涉重文而脱。

---

① 《康熙字典》引《唐韵》《广韵》《集韵》《韵会》《正韵》之文。(清)张玉书等编撰，王引之等校订《康熙字典》，上海:上海古籍出版社 1996 年版，第 233 页。

（二）订《释文》之讹

1. 需（《需》）：底本作“字从雨重而者非”，卢本同；他本“雨”字皆作“两”。

按：卢氏《考证》认为两重实不成语，改为“雨”字，后《汇校》从之。笔者按：底本可作其据。

2. 沙（《需·九二》）：底本为“郑作𣲡”。

按：徐本作“沚”、卢本作沘（当与𣲡同）。《考证》曰：“沘，旧本作沚，从惠氏改沘，与沙同。”《汇校》又曰：“宋本、叶钞本、十行本、闽监本同。卢从惠氏改‘沚’为‘𣲡’，‘𣲡’与‘沚’同。”笔者按：底本可补其据。

3. 苞（《泰·九二》）：底本作“苞，今本作包”，宋本、卢本同；徐本《释文》则“苞”、“包”二字互易。

按：卢氏《考证》言，其本乃依钱本改。《汇校》则言，雅雨本则同徐本，十行本、闽监本、汲古本同宋本。据宋咸熙《音训序》认为《蒙》“苞蒙”与此条是：“与叶钞本及唐石经、《六经正误》合，知今本作包，或苞包倒置之为窜改也。”因此，当从底本。

4. 匪其彭（《大有·九四》）：底本作“姚云，彭旁俗音同”，宋本同；徐本“俗”字作“徐”，卢本同。

按：据卢氏《考证》：“宋本、钱本‘徐音同’皆作‘俗音同’。”吴承仕《音训提要》认为当从俗字，以为“卢文弨改俗为徐，失之”。（笔者按：卢氏底本即是徐，并无改字，见《考证》）而潘雨廷《读易提要》却认为当从“徐”）字。

又按：首先，此处若为徐字，徐若为人名，据《释文·序录》，即是“徐邈”，此处所引姚云，即姚信之言。姚信为三国时人，而徐邈则是东晋时人，姚信不可能引徐邈之语。其次，若此处徐字为徐爰，徐爰生于南朝，更晚于徐邈。再次，若此处徐取“徐缓”之义，则依当时注疏体例，当作“彭，徐音旁”，如《诗经·大雅·板》郑笺“翰，胡旦反；徐音寒。[①]因此，此处作徐字当有误，当从底本作“俗”字。

4. 翰（《贲·六四》）：底本作“郑云，白也”，徐本同；卢本“白”字作“幹”。

按：据《考证》云“本作白也，依雅雨本正，亦见《礼记正义》。”《周易郑注》丁杰有言：

> 雅雨堂本《释文》有翰，郑云幹也，他本皆作白也。王本见《玉海》者，此条末有“翰，白也”三字，盖宋时《释文》已误，惠始校正郑注，删此三字。雅雨本《释文》当亦惠所定。[②]

黄氏《汇校》也言：“白，写本、宋本、十行本、闽监本同。卢从雅雨本改作幹，阮云，作幹是也。”

然而，吴承仕《音训提要》认为当从白字，云：“唐写残本《释文》及王应麟辑郑注本皆然。”

笔者按：当作“白”字。

一、郑注《檀弓》“戎事乘翰”即曰：“翰，白色马也，《易》曰‘白马翰如’；翰字又写作‘鶾’，胡旦反，又音寒。”[③]又据《说文》，“鶾”即“马毛长也；从马，倝声”。因此，郑玄注此“翰”有两义：一为白色马，并引《贲·六四》之文以证（同《释文》）；二是，毛长马。显然，郑引《易》取“白色马”义。

---

① 具体参见阮元校《十三经注疏》北京：中华书局1980年版，第550页；“徐”字，《礼记·檀弓》“戎事乘翰”条下，郑注“翰”字曰“胡旦反；又音寒”，见第1276页。

② 《续修四库全书》经部第一册，宋王应麟辑，清丁杰订，清张惠言订正之《周易郑注》第85页。

③ 阮元校《十三经注疏》北京：中华书局1980年版，第1276页。

二、孔颖达《檀弓正义》引郑玄《周易注》之文有“翰犹幹也”，但此翰本训不可训为幹。此处乃是郑玄以己创的“爻辰、爻体说”来解“易”,乃象数解“易”之说,而《释文》是不以象数定字的古音义的。孔氏也看到此训与上面郑注相违，故补充曰“故以翰为幹，望经为义，以此不同”。

三、幹与翰也不相通。[①]幹可与翰连用，但义不同，如《诗经·大雅·板》中“大宗维翰”一句，毛传作“翰，幹也”，孔氏疏曰：“幹，犹施法之称。”而两字合用即“施政为之桢幹”[②]。

四、《释文》此处所引诸家皆不离马训“翰”之义，马、荀作“高也”，实则是承前省略马字，因前文已引董、黄“马举头高仰也”，此处陆氏仅择“高也”,其义自见。郑注亦当承前省“马”字,全称即“白马也”。

5. 束帛（《贲·六五》）：底本《释文》引《子夏传》作“二玄三纁象阴阳”；宋本作“二玄二纁”；徐本作“三玄二纁”，写本同。

按：据《周礼》之《冬官·考工记·钟氏》有“三入为纁，五入为緅，七入为缁”，郑注云：“染纁者三入而成，又再染以黑则为緅。緅，今《礼》俗作爵，言如爵头色也。又复再染以黑，乃成缁矣。……凡玄色者，在緅、缁之间。其六入者与？”

据此，则染布三次成纁，六次成玄，又因三乃阳数，故配纁。二、六皆阴数，故配玄。若取生数则为二，成数则为六，故以玄配二。如此则“二玄三纁”配阴阳,取两者生数,文通义顺。此句《汇校》无校，诸辑本亦无考，似当从底本。

6. 频（《复·六三》）：底本作“郑作卑，音同”，宋本同；徐本“卑”

① 宗福邦等主编《故训汇纂》北京：商务印书馆2003年版，第686页。
②（清）阮元校《十三经注疏》北京：中华书局1980年版，第550页。

字作“鞞”。

按：底本与宋本合，宋咸熙《音训序》曰：“案：《说文》鞞字从频，卑声；然则古经鞞字借作卑，而今本作鞞之为妄加也。”又据阮元《校勘记》于“频”下曰：“石经、岳本、闽、毛监本同，《释文》本又作嚬，郑作鞞。（阮元）按：郑作鞞，吕东莱引作郑作卑是也。”

按：宋、阮二氏之说是也，若作鞞，郑玄下又何须注“音同”二字，并且《音训》后引晁氏说，亦作卑。当从底本。

7. 畬（《无妄·六二》）：底本作“马云，田三岁也”，“《说文》云，三岁治田也”；唐写本无“马云”二字；徐本作“马曰”，“二岁治田也”，宋本同；卢本作“马云”。

按：据《汇校》言：“曰，当依卢本作云，二岁当依写本作三岁，《诗·采芑》传，（即《诗经》中《采芑》篇的《毛传》）《说文》并作三岁。”

又按：当从底本，并且后引晁氏之说，亦作三岁。此条吴承仕《音训提要》认为“卢改三为二，失之。”但经查，卢氏底本作二，卢改作三，《考证》曰“今《说文》亦是三岁”，卢氏不误。

8. 朵（《颐·初九》）：底本“引京作揣”，徐本则作“椯”。

按：《考证》改椯为揣，《汇校》曰：“写本椯作揣，宋本亦作揣。惠云，朵揣同音，毛居正《正误》曰：‘京作揣，揣作瑞，误。’吴（吴承仕）云：‘《尔雅》、《广雅》“揣”并训动，（黄案：《尔疋》无揣训动之文。吴说误）然则京作揣者，音义并与朵同，唯形异耳’。黄云，揣训动者，乃为朵之假借。”

又按：《考证》《汇校》之说恐非，据《音训》下引晁氏之说，则其当时所见京房、刘表本均为揣。又据《康熙字典》释“揣”曰：“《广韵》丁果切《集韵》都果切，音朵，动也。”一曰垂貌，《易》‘观我揣颐’，京房读。按：《易·颐卦》今作朶。《字汇补》作朶字古文。”而《康熙字典》于“朵”字条下又言“朵，古文作𡋯”，“朵，《集韵》本作朶”[①]。因此，𡋯即是朶的古文，京、刘即取朶的古字也，当取“𡋯”为是。盖“𡋯”之“土”旁易讹作“木”与“手”旁，故成“椯”“揣”二字，又因土上多一横，又成瑞字。

9. 𦮼（《离·六五》）：底本出𦮼，作“𦮼，古文若皆如此”；卢本出“𦱶”；他本皆作若。

按：据卢氏《考证》：“旧本正文仍作若字，与注不相应，雅雨本作𦬁，或又作𦮼，皆譌，今案：古文当为𦱶。”

然据《汇校》曰：“惠云，吕氏《音训》作𦬁，云古文若。”宋咸熙《音训序》也言“出涕沱𦮼，与《集韵》所载古字合，今本作若，则与陆氏自云，古文若皆如此者不相应矣。”

《集韵》卷十有“若，古作𦮼、𦬁”[②]。按：据惠、宋二氏之说，则底本与《集韵》二古字同，（𦮼当即𦬁字）且与雅雨本同。卢氏所改，则不详所据，故当从底本作𦮼。

10. 晋（《晋》）：底本作“息暂反”；徐本、卢本皆作“息慙反”。

按：卢氏《考证》曰：“疑是息暂反。”《汇校》也曰：

> 十行本、闽监本同（徐本）；写本、宋本、叶钞、朱砂慙作暂，卢疑当作息暂反，是也。阮谓慙字不误，非也。

又吴承仕《音训提要》言：

> 徐，息暂反，唐写本同，谓去声读也；卢校本作息慙反，则

---

① 参见《康熙字典》引《唐韵》《广韵》《集韵》《韵会》《正韵》之文。（清）张玉书等编撰，王引之等校订《康熙字典》，上海：上海古籍出版社1996年版，第179页、第484页。

② （宋）丁度等编《集韵》，上海：上海古籍出版社影印述古堂影抄南宋明州本1983年版，第725页。

如字读矣，又何烦作音乎？

按：吴说是也，当从底本。

11. 睽（《睽》）：底本作“目不相听也”；徐本作“目不相视也”。

按：《汇校》言：“写本、宋本、叶钞视作听，卢本同”，“阮云，作听是也”。又据宋咸熙《音训序》言底本与“叶钞本及今《说文》、《集韵》合，卢学士云‘听者顺从之意’，今作视乃妄人所改，或又据《玉篇》改为‘耳不相听’则益失其真矣！”笔者按：据此，当从底本。

12. 蒺藜（《困·六三》）：底本作“茨草”，宋本、卢本、写本均同；徐本作“刺草”。

按：当从底本，如《诗·鄘风·墙有茨》，郑注：“蒺藜也”。《尔雅·释草》“茨，蒺藜”，郭注：“布地蔓生，细叶，子有三角，刺人。”[①]可见，从“茨”字更确。

13. 勿（《井·上六》）：底本作“干本‘勿’作‘罔’”；“罔”字，诸本《释文》皆作“网”。

按：据《汇校》引惠栋之说，云“勿犹罔也，罔犹无也，无与勿同”，则惠栋以“罔”为确，底本可补其据。

14. 艮（《艮》）：底本作“郑云艮之言限也”，“限”字，诸本《释文》皆作“很”。

按：当以“限”为是，“限”含“止”义，据《彖》、《序卦》、《杂卦》皆称“艮，止也”。若言“很”，则义难通，此涉形近而讹，当从底本。

15. 丰（《丰》）：底本作“郑云，丰之言倎，充满意也”，徐本同。

按：据《汇校》：“倎，写本、宋本同，卢改作腆。”吴承仕《古易音训》提要言：“倎虽不见《说文》，或汉人自有作倎者，唐写本亦然；卢校本改倎为腆，近于专辄。”当从底本。

① （清）阮元校《十三经注疏》，北京：中华书局1980年版，第213、2627页。

16. 沛（《丰·九三》）底本作“郑、干作芾”；徐本作“作韦”。

按：据宋咸熙《音训序》言：“与叶钞本及钱求赤影宋本注疏本合。今本作郑作韦，以区别乎《子夏传》，而不知沛、旆、芾同一市声，作韦为失其义矣！”又据《汇校》言：“宋本韦作芾，卢本同。《考证》云，韦字乃后人所臆改。焯案：写本芾作茀，或作第。展转迻写，遂误作韦。”据此，当从底本。

17. 靡（《中孚·九二》）：底本作“本又作縻”，宋本同；徐本《释文》作“縻”。

按：据《考证》曰“下《坤仓》作縻，则此不作縻”，当作“縻”，又据《汇校》“写本、宋本、叶钞并作縻”。当从底本。

18. 袽（《既济·六四》）：底本作“《说文》作絮”，“《广雅》云絮”；两絮字，卢本同；徐本、宋本皆作“絮”。

按：宋咸熙《音训序》有考证此条：

> 《说文》：“絮，敝緜也。从糸如声”，“絮，絜縕也。一曰敝絮（原文误作絮），从糸奴声，《易》‘需有衣絮’。”今作絮，则为敝緜字，而非敝絮字。

段玉裁注絮字条下“敝絮”，言“前说谓麻，此谓丝”，则宋氏盖取“絮”字“麻”之意。卢氏《考证》从《说文》，改为“絮”，黄氏《汇校》补言“袽，盖絮之后出”。笔者按：底本可佐证卢说。

19. 宴（《需·大象》）：底本作“徐乌殄反，安也。干同”，宋本同；徐本、卢本作“下同”。

按：《汇校》认为宋本、叶钞本作“干”字误。笔者按：下文《随·大象》出宴字，又引徐说作“徐乌练反”。可见此处作“下同”有误。当从底本。

20. 蔚（《革·九五小象》）：底本作“《广雅》云数也”，宋本同；

徐本作“敷”也。

按:《汇校》曰:“敷，监本、雅雨本同；写本、宋本敷作数，是也。阮云，蔚训繁数之数，见《广雅·三》。”宋咸熙《音训序》也曰:

案:《广雅·三·释诂》“蔚、缛、㔓、骤，数也”。《一切经音义》卷七云:“《广雅》，蔚，数也，纹彩繁数也。”①

按: 据此，当从底本。

21. 辞(《系辞上》):底本作“亦作䛐”,徐本、卢本同。宋本作“本亦作辞”。

按: 宋本两辞相同，显误。据《汇校》:“写本䛐作辤，是也。(按:此误，唐写本作“辤本作辞”)段云，辞，说也。《说文》如是，有“广韵七”之可证。(按:此乃段氏认为此处旧本作“讼”乃讹字,故有此语。参见《说文解字注》,卷十四篇下)此陆分别辞与词不同,而俗人改之。吕氏《音训》引同,则其误久矣。上文云本亦作辤,故分别辞、辤之用,而又兼辨词不同辞。当作《说文》云辞说也词者云云，浅人乱之耳。”

据黄氏之说,此处当从宋本,且“说文云”三字误倒,应置“说也”前，又脱“辞”一字。

注文全文为:“本亦作辤,依字应作词。《说文》云,辞;说也;词者,意内而言外也;辤，不受也，受辛者辤，辝籀文辤字也。”

笔者按: 首先，段氏据《广韵七》(全称即《广韵·上平声卷一·之

① 《广雅》“蔚”字则作“蔚”，见(魏)张揖撰,(隋)曹宪音《广雅》,《丛书集成初编》影印《小学汇函》本第1160册，北京:商务印书馆1935年版，第37页。(唐)释玄应《一切经音义》卷七之《持世经》第三卷条下出“蔚有”二字，言:“于谓反，文章也;《广雅》，蔚，数也，纹彩繁数也。”参见《丛书集成初编》影印《海山仙馆丛书本》，第740册，第334页。此外，王念孙《广雅疏证》于“蔚”字条下也有详注,参见王念孙《广雅疏证》,北京:中华书局1983年版，第103页。

第七》）改《说文》之字，只可作为旁证，本是一家之言。然据《广韵七》辞字条下，本有讼与说两义，且《说文》下有言“犹理辜也”（治理罪过），作讼也可。清孙诒让、孙星衍、王聘珍也引《说文》“辞，讼也”此训，并不据段氏之说改字。①

其次，“词，说也”此训，虽不见于《说文》，却见于《广韵七》，其条下词有三义，即“请也，说也，告也”。因此，原文“说也”此训不纳归《说文》也可。古有此训，故后文不须改动。

最后，朱骏声《说文通训定声》即认为辞、辤二字皆词之假借字，此说与陆氏合。又据《说文》，“辞”的籀文为“𤔲”；辤的籀文为辝。因此，此当可存两说：

一是如唐写本，前出辤字，则注文为“本亦作辝”；

一是如底本及徐本、卢本，前出辞字，则注文为“本亦作𤔲”。

22. 观（《系辞下·一章》）：底本作“官唤反”；徐本作“官换反”；宋本作“官焕反”。

按：据卢《考证》云：“唤，旧本作换，讹。今依前例作唤。宋本钱本作焕。”则底本可补卢氏之据。

23. 耒（《系辞下·二章》）：底本作“本或作揉木”；徐本无作字，宋本同。

按：唐写本也无“作”字，卢《考证》据钱本补“作”字。当从底本。

24. 蛇（《系辞下·三章》）：底本作“本又作虵”，宋本同；徐本作“蛇”、“虵”二字互异，唐写本同。

按：据卢氏《考证》，此当从底本两字之序。

25. 亹亹（《系辞下·十一章》）底本作“没没”，宋本同；徐本作“汲汲”。

① 宗福邦等主编《故训汇纂》北京：商务印书馆 2003 年版，第 2271 页。

按：宋咸熙《音训序》言：

> 案：《尔雅·释诂》，“亹亹，蠠没”，“勉也”。郭注，“蠠没，犹黾勉”。郑注本此而今本改作“汲汲也”为谬矣。

《汇校》云：“宋本、叶钞、朱钞作‘没没’，十行本、闽监本同。阮云，作‘没没’是也。”据此，徐本似形似而讹，当从底本。

以上仅择《音训》可据补订《释文》之处，至于其他用字异同，则不罗列细目。然仅以上三十八则材料，已足以见《音训》吕说引文之善。

二、晁氏引文价值

晁氏引《释文》的校勘价值，大抵可细分为以下三点：一、留存《释文》古字；二、考校《释文》讹舛；三、增补《释文》注释。

（一）留存古字

段玉裁已于《古易音训跋》中谓晁说之所据《释文》又胜吕氏所据，并引晁氏之说三则以证之：

1. 征（《损·大象》）：（陆氏曰蜀才作澄）晁氏曰：蜀作登。案：登，古文澄字。

2. 欲（《损·大象》）：（陆氏曰如字，孟作浴）晁氏曰：孟作谷。案：谷，古文欲字。

晁氏引以上两说与吕氏有异，马国翰《玉函山房辑佚书》无辑晁说[①]，而黄奭《黄氏逸书考》（又名《汉学堂丛书》）引两说，却也无考辨，

---

① 笔者按：马国翰编《京房易章句》、《费直易》即辑引《音训》之文，不知为何，《孟喜章句》及《蜀才注》二书反而遗漏《音训》之文。此外，《京房易章句》辑引《音训》中晁氏之说，题为晁说之《易诂训传》。然《易诂训传》乃晁公武所撰，具体参见《直斋书录解题》卷一及《经义考》卷二十五。因此，引文实乃出自晁说之《古周易》一书。

仅于《孟喜易章句》中有“仅案:《隶释》‘《老子铭》古字亦作浴’”。段玉裁认定晁氏引文即源其所见《释文》，并曰:“皆古假借字，《老子》‘谷神’,《河上》作浴神可证也。”

3. 苋(《夬·九五》):晁氏曰:虞云，莞说也。陆(《夬·九五》):晁氏曰:虞、蜀作睦，和也。荀爽云，苋陆皆叶弱根坚，苋根小陆根大。(陆氏曰:如字。马、郑云，苋陆，商陆也。宋衷云，苋，苋菜也;陆，当陆也。虞云，苋，蕢也。陆，商也。蜀才作睦，亲也，通也。)

按:晁氏引虞文与《释文》不合。黄奭辑《虞氏易注》详案:

> 案:苋，古莞字，见《论语释文》(即《经典释文》之《论语》篇)，今本依《唐石经》作莞。《广雅》云，苋，笑也。字又疑艸从儿。陆，古睦字，见《隶释》。赵氏《辑闻》(即南宋赵汝梅《周易辑闻》)引儿，云苋蕢。史氏《学斋占毕》(即史绳祖)又引作苋，蕒也;陆，商也。俱非。是今《释文》亦有误者。晁氏改陆作睦，云和也，亦非。①

据黄奭说，苋乃古莞字，则晁氏所引正合，可补订《释文》之说。陆为睦古字，晁氏所引不合。然而，笔者以为，并非晁氏改《释文》陆字，而是晁氏所引虞、蜀之说即为睦字。段玉裁《跋》此处也言“以李鼎祚所引虞说订之，则晁与相合。”且晁氏引虞说，并不言“陆”字本字即“睦”字。

(二)考校讹舛

晁氏引文与《释文》关系密切，且常附以按断，以考订《释文》用字。如:

① 黄奭辑《虞氏易注》、黄奭辑《黄氏逸书考》,《续修四库全书》1206册影印道光黄氏刻民国二十三江都朱长圻补刊本。上海:上海古籍出版社1995年版，第519页。

1. 荒（《泰・九二》）：（陆氏曰，本亦作巟；郑读为康，云虚也）晁氏曰：虞云，巟，大川也。《说文》作"巟"，"包巟用冯河"。《字书》又作"㠩"。郑读为："康，大也。"说之案：象数无田秽之荒，近人犹有水巟之语，其失自王弼始，象辞"巟""河"是一事。

据宋咸熙《音训序》曰："《泰》'苞荒'，晁氏曰：'郑读为康，大也。'案《尔雅》某氏本及《诗・召旻》笺皆云'荒虚也'。《易・晋》'康侯'，郑云'康，尊也、广也'，广大义同。《尔雅・释器》'康瓠谓之甈'。李巡曰'康谓大瓠，瓢也'，知康有大义，荒即训虚。不必读康，而今本读为康，训为荒者，误也。"

按：据晁氏、宋氏之考证，今本《释文》此处有衍文，《释文》此处当作："郑读为康，大也"；而郑注中"虚也"二字乃衍文。另据《汇校》也引惠栋曰："郑注不必引，又云，康虚同训。"

2. 承（《明夷・六二》）：（今本作拯）晁氏曰：后人便作拯字误也。《九家》亦作承，云升也。

按：宋咸熙《刻吕氏古易音训序》曰："'用承'，音'拯救之拯'；与《艮》'不承其随'音'拯救之拯'正同。今《明夷》'承'改'拯'，与《艮》卦异，且陆氏之音为赘矣。"因此晁氏之说可订《释文》之讹。

（三）增广释文

晁氏引文后多附带各家之说，以补《释文》之未备，比如，或补各家底本用字差异，或增诸家训诂异同。

1. 苞（《蒙・九二》）：（陆氏曰，今本作包）晁氏曰：京房、郑、陆绩、一行皆作彪文也。

按：《释文》仅云："郑云苞当作彪，彪文也。"

2. 击（《蒙・上九》）：晁氏曰：马融、郑、荀爽、一行作系。

按：《释文》仅云："马郑作系"。

3. 贞丈人(《师》):晁氏曰:崔憬、李鼎祚皆云《子夏传》作大人。说之按:扬雄作丈人。

按:此当本《太玄经》卷三《众》卦次三,即“军或纍车,丈人摧孥,内蹈之瑕。”宋司马光注曰:“丈人,家之长也。孥,妻子也。谋之不臧,如丈人而自摧毁其家也。夫败岂外来哉?由在内之时已践瑕衅,故敌人得而乘之。”此即言备战犹如治家,当“未战而谋于内者也”[①]。

4. 考祥(《履·上九》):晁氏曰:荀作详,审也;郑作详,云“履道之终考,考正详备”。

按:《释文》于此条目下仅有“本亦作详”四字,晁氏增以荀、郑之说。

5. 旉(《说卦》):(陆氏曰,本又作専)晁氏曰:虞作専,《乾》“静也専”。延叔坚说以“专为旉,大布也”,非也。

按:延叔坚即后汉延笃,《后汉书》有《延笃传》[②],但《传》无记延笃有撰易著传世。据《隋书·经籍志》所载,仅有“后汉京兆尹《延笃集》一卷,梁二卷,录一卷”。[③]据此,晁氏所引或许本自《延笃集》。(按:此书今亡佚)

以上仅择晁氏引文有裨于《释文》的精要部分,至于晁氏其他考辨《释文》用字异同及相关案语,此则不再详举。不过以上十则材料,足证段玉裁所言的晁说之所据《释文》,又胜吕氏所据。

小结:吕祖谦深得《经典释文》与晁说之《古周易》两书精蕴,萃其精警识解以化裁成《古易音训》一书。全书博考旁通,又秩然

---

① 按:不过此“丈”字有异文,宋、陆本作“大”字,具体参见(宋)司马光《太玄集注》,北京:中华书局1998年版,第66页。

② 即《吴、延、史、卢、赵列传第五十四》,详见(宋)范晔撰《后汉书》第八册,北京:中华书局1965年版,第2103页。

③(唐)魏征等撰《隋书》第四册,北京:中华书局1973年版,第1058页。

有序而臻于归一，故该书足可与《释文》相为表里，既可补订《释文》之阙讹，也可备考索各家易说及古字同异之用，进而推隐其旨趣或流变。以此可见，吕祖谦裒异文，审音训，俨然开汉学笃慎学风之先声。

《古周易》相关问题之探讨

内容摘要：今传世本题作吕祖谦所撰的《古周易》一书内容复杂。经考证，今本《古周易》乃后人取吴仁杰刊刻李焘书所撰的《后记》及吴氏《集古易》一书汇编而成。吴氏《集古易》仅节录吕大防、晁说之，吕祖谦等诸易家考订《古易》的《后记》而略其正文。因诸《后记》已涵盖吕祖谦订《古易》的主旨，故该书撰者可题作吕祖谦等撰。吕大防书与吕祖谦书无暗合现象，两书不仅篇次不同，正文亦异。吕大防书正文全从王弼本，而吕祖谦书则本晁说之《古周易》，晁书多取古字，兼考音训，与王弼本不同。朱子《本义》即取吕氏《古周易》作底本，清初御纂《周易折中》及《周易述义》也从朱子《本义》原本的编次。

关键词：版本考；二吕无暗合；影响

吕祖谦（1137–1181），字伯恭，婺州人。隆兴元年（1163）进士，与朱熹、张拭齐名，称“东南三贤”，学者称“东莱先生”。吕祖谦曾重编“古易”而成《古周易》一书，因其内容及编次与其他订《古易》诸家兼有同异，在后来刊刻流传过程中，各书内容不免参合难分。以致今存题作吕祖谦所撰的《古周易》一书存在内容难考和版刻流传复杂的问题。前人在此方面的研究尚不足，很多问题还未解决，因此，本文对该书的内容作详细的考辨。

一、《古周易》版本考

笔者首先重点分析吕祖谦《古周易》及与其密切相关的其他“古易”类著述版本情况。《古周易》卷数，多作一卷，然亦有例外，清光绪孙葆田《孙氏山渊阁丛刊》则题作《周易古本十二篇》，《中国丛书综录》又未注明卷数。经查原书，实为十二卷。据孙葆田书后《跋》言："原本今不可见，予尝得一明刻本为武昌朱廷立校刊，其篇章分析如右，今辄为缮刻以贻学者，又附刻《音训》于后以符朱子之旧云。"一卷本仅录吕氏分篇章的依据，即只有篇章分析结论而无刊正文。今孙氏本悉录正文且仅言"其篇章分析如右"，则其正文当非明刻本原有，恐是孙氏增益而成。经比对，此十二卷本与今康熙《通志堂经解》一卷本并无区别。此外，孙氏又言："内府仿宋椠《周易本义》校正，亦间与新刻《音训》不符。"[①]其附刻《音训》，经比对，也全本清宋咸熙辑本，然无"宋咸熙辑"之名。

作一卷本的版本有：一、康熙十九年（1680）刊刻的《通志堂经解》本（康熙十九年纳兰性德刊《通志堂经解》本）；二、乾隆四十一年（1776）四库馆臣纂修的《四库全书》本（台湾商务印书馆影印文渊阁本，以下简称四库本）；三、同治八年（1869）胡凤丹刊刻的《金华丛书》本（民国补刊本，又名《金华文萃》）。

这三个版本，胡凤丹《重刻〈古周易〉序》有言，《金华》本乃是"从《通志堂经解》中录出重梓"，然仅取《经解》中题《东莱吕氏古易》的部分。《经解》本与四库本的内容完全一致。

因《金华》本乃节选本，不利于研究。四库本与《经解》本内容全同，唯增卷前四库馆臣的考证。《四库》本已集中上述两本的主要问题，故本文选《四库》本作为研究的对象。

① 参见《周易古本十二篇》，（清）孙葆田《孙氏山渊阁丛刊》本，今上海图书馆有藏，每半页十行，行十九字，黑口，四周单边，单鱼尾。

（一）撰者考

《四库》本的《古周易》共收录八段文字，撰者及各段标题[①]如下：

序号	撰者	标题
1	吴仁杰[②]（？）	"古周易"[③]的"自序"
2	吕大防（1027–1097）	《吕氏周易古经》的《后记》
3	晁说之（1059–1129）	《晁氏古周易》的《后记》
4	李焘（1115–1184）	《周易古经》的《后记》
5	吴仁杰	刻李书的"后记"[④]
6	王洙（997–1057）（出其家[⑤]）	《睢阳王氏古易》的"后记"[⑥]并附石林先生（即叶梦得1077–1148）的一段评论。

① 按：凡书内已有标题则用书名号，无标题者，因内容待下文考辨，故暂拟标题而以双引号别之。

② 按：吴仁杰，《宋史》无传。《四库全书总目提要》亦未叙其生平事迹。据李裕民《四库提要订误》一书考证：吴仁杰，一字南英，号蠹隐，又号蠹豪。洛阳人，寓居昆山。博洽经史，讲学于朱熹之门。乾道六年，（1170）携所解《古周易》候见周必大（《文忠集》卷一七〇《奏事录》）。淳熙五年（1178）进士（淳祐《玉峰志》卷中）。八月，撰《乐庵先生语录后序》。官罗田县令，自刊《两汉刊误补遗》十卷。庆元二年（1196）正月二十五日，时任主管户部架阁文字点检试卷（《宋会要》选举二二之一三）。三年四月初五日，国子录吴仁杰作《释褐记》（咸淳《临安志》卷一一）。四月二十五日，"国子录吴仁杰与签判差遣，坐浮躁嗜进"（《宋会要》职官七三之二三）。六年，嘱方灿刊其《离骚草木疏》四卷。李裕民《四库提要订误》，北京：中华书局2005年版，第3页。

③ 按：据笔者考证，也并非其《古周易》的全部内容，只是《自序》，此处暂拟标题以便行文，下同。具体参见下面考证。

④ 按：吴仁杰"后记"有言"并二氏篇第颠末三君子后记刻寘诸校宫"，故以上三书皆标《后记》。

⑤ 后附叶梦得言"王原叔家得古易本"，《直斋书录解题》言"出翰林学士睢阳王洙原叔家"，《宋史·艺文志》言"出王洙家"。

⑥ 按：据叶氏之言，此书"本自《乾》《坤》而下分《咸》、《恒》为二篇，但有六爻之文……皆别为卷正十二篇"，是此段仅是王书的"后记"。

序号	撰者	标题
7	周燔（？ ）	《九江周氏易》的《自序》
8	吕祖谦（1137–1181）	《东莱吕氏古易》[①]的《后记》，附朱子《跋》

《四库全书总目提要》称：

> 《古周易》一卷，宋吕祖谦编。“古易”上下经及十翼，本十二篇。自费直、郑玄以至王弼，递有移缀。孔颖达因弼本作《正义》，行于唐代，“古易”遂不复存。宋吕大防始考验旧文，作《周易古经》二卷，晁说之作《录古周易》八卷，薛季宣作《古文周易》十二卷，程回作《古周易考》一卷，李焘作《周易古经》八篇，吴仁杰作《古周易》十二卷，大致互相出入。祖谦此书与仁杰书最晚出，而较仁杰为有据。[②]

据四库馆臣之言，则此书是吕祖谦辑各家之说而成，然而金华本为何仅录吕氏部分？近人多疑四库馆臣之言，只是也缺乏实据，释而不能明。[③]经笔者研究，《四库》本的《古周易》确非吕氏编撰，因为书中有一条重要内证：前录吴仁杰“古周易”言他从绍兴辛巳（1161）起博求深考，又二十八年而后定，则吴氏此段成文时间至少得在淳熙

---

① 经笔者研究，此段非吕氏《古周易》的全书，乃吴仁杰录吕书的《后记》，但文字也有删裁，此处暂拟用其《古周易》的《后记》标之。

② 据王伯祥断句《四库全书总目提要》，北京：中华书局1965年影印浙本，第49页。

③ 许维萍于《吕祖谦与‘复古《易》运动’——兼谈《古周易》版本衍生之相关问题》（林庆彰主编《经学研究论丛》第八辑，台北：台湾学生书局2000年版）认为吕祖谦部分甚少，其他部分盖书贾受《周易本义》的影响而扩充之，并认为此书“属于‘《集古易》’的可能性大于属于‘《古周易》’”；杨新勋《宋代疑经研究》一书则据《东莱吕氏古易》的《系辞》部分无分章，认为吕氏《古周易》已佚（北京：中华书局，2007年版）。潘雨廷《读易提要》（上海：上海古籍出版社2006年版）则认为此书乃吴仁杰的《集古易》。笔者按：以上各说皆无实据，又不考各说具体内容，忽略此书内容的复杂性。

十五年（1188）后，后录吴氏刻李焘书的《后记》又署“淳熙十六年七月九日”；然而吕祖谦于淳熙八年辛丑即已卒，不可能编此书。因此，此书非吕氏编撰无疑。

（二）内容考

那么，此书是否就是吴仁杰的《集古易》或《古周易》呢？经笔者研究，此书已经后人重编，内容复杂，又因吕、吴二氏之说与他家关系密切；因此，本文下面详考此书的内容及所录诸家的著述情况。

据王应麟《玉海》“古易五家”条下言：

> 元丰五年，汲郡吕大防始定《周易古经》，分《上经》、《下经》、《上彖》、《下彖》、《上象》、《下象》、《系辞》上下各二篇、《文言》、《说卦》、《序卦》、《杂卦》各一篇，凡十二篇。靖国中嵩山晁说之亦注古文《易》，并十二为八，以《卦》、《爻》、《彖》、《象》、《文言》、《系辞》、《说卦》、《序卦》各为一篇。睢阳王氏、东莱吕氏亦各定为十二篇。其后九江周燔又自改更次序，与诸家之说不类。故言《古易》者为五家，吴仁杰集为一卷。仁杰亦分为十二篇。[①]

据此，可知吴仁杰《集古易》一书包括吕大防、晁说之、王洙、吕祖谦、周燔五家及吴氏己说，将上述之言与四库本相比较，两者除次序不一外，四库本还多了李焘之说与吴氏的“后记”。又据南宋俞琰曰：

> 河南吴仁杰撰《易图说》三卷，又集《古周易》、费直《易》、郑康成《易》、王弼《易》萃为一书，后有吕大防《古易》、晁说之《古易》、王洙《古易》、吕祖谦《古易》、周燔《古易》。端平丙申（1236）吴人何元寿刊于湖广饷所。[②]

上文即使就吴氏《集古易》而言，与今本对比，《四库》本还是

① 参见（南宋）王应麟《（合璧本）玉海》第二册，京都：中文出版社影印各宋元善本1977年版，第730页。

②（宋）俞琰《读易举要》，影印文渊阁《四库全书》本。

多了李焘之说与吴氏的“后记”。这里不免产生一个疑问，今《四库》本为何会多出此两段文字,《集古易》一书既非吴氏自刻，那么书中的“后记”，又如何解释?

这个问题，须详考李焘之说与吴氏“后记”的具体内容才能解答。据《四库》本李焘言：

> 右《周易古经》八篇并吕氏、晁氏《后记》各一篇……今八篇次第实从晁氏,总名《周易古经》则从吕氏,若晁氏但名《古周易》也。

据此，李焘刊己书时，附及吕氏、晁氏二氏的《后记》。又据吴仁杰“后记”曰：

> 李仁甫侍郎尝合二氏之说刋焉，今复出此编，世遂有三书矣。后进坐眠前脩,无能为役,何敢妄出意见,而《易》则古《易》也,亡一字加损……并二氏篇第颠末，三君子《后记》，刻寘诸校官。

据此又知吴氏曾刻李焘《周易古经》全文及吕、晁、李三氏的《后记》，且吴氏言“何敢妄出意见”与“亡一字加损”，则又知吴氏并未将自己著述附入刊行。

显然，以上两段文字乃后人编入，非《集古易》之文；因此，除却此两段文字,此书当是《集古易》全文。[①]然而,吴氏《集古易》与《古

① 这里还是有一个问题，那就是吴氏《易图说》是否附入此书而行？如潘雨廷《读易提要》认为《通志堂经解》将两书分置两处有误，“《易图说》实附刊于《集古易》”。吴说有言《集古易》有附图，但只说“今侧注初上之文以见覆卦之象，并变卦、对卦、覆卦各为之图”，可知吴氏此书只及四幅图。今《易图说》三卷，卷一五图、卷二八图、卷三三图，此外各卷图后皆附文字解说，完全独立成书。所录内容也逾出《集古易》所言的范围。此外,刻者何元寿也只言两书一并刊刻，不言图附入《集古易》刊行。因此，笔者以为两书当分行。只是不知是后人无意刊落附图，还是吴氏本意即让人将此书与《易图说》互相参看。此书《宋志》作二卷，俞琰则言《易图说》三卷,《通志堂经解》本同，然《经解》本后附刊刻者何元寿的《跋》,（亦见于《经义考》）并不言此书卷数。因此,《易图说》也可能仅是二卷，或因附入《集古易》的图而成三卷。

周易》两书的关系如何？所录吴说是否是《集古易》的《自序》呢[①]？详考吴说，并不言重编诸说的原委，则此段当仅是《古周易》的《自序》，并非《集古易》的《序》。这就又产生一个疑问，为何《古周易》之《序》会窜入《集古易》呢？其实，此《序》并非由后人窜入，而是吴氏《集古易》不仅只取己书之《序》，他书也仅录其《序》或《后记》，也就是说吴氏《集古易》所录诸文，并非各家“古易”著述的全文，而仅是其《序》或《后记》。何以见得？

最重要一条证据即是所录诸书皆言正文，而今本皆无。吴仁杰《古周易》的《自序》言：“凡经传之文，去其后儒所加《彖》曰、《象》曰、《文言》曰及卦名”，“五卦（即《同人》、《履》、《否》、《艮》、《坎》）凡省六字，传不附经，则此五卦在《系辞传》独无卦名矣，于文宜复，今但注逐卦下，弗敢传，盖谨阙文也”。吴氏自言己书有考订正文并附有下注。[②]吕大防于此书中也言“予因案古文而正之”。晁说之《古周易》也曰：“今有所稽考者，具列其异同舛讹于字下，亦庶几乎同复于古也。”[③]

---

① 按：许维萍《吕祖谦与‘复古《易》运动’——兼谈《古周易》版本衍生之相关问题》一文即认为此段乃是《集古易》及《集古易》的《自序》。

② 按：《直斋书录解题》卷一录吴仁杰《古周易》十二卷，陈氏提要称：“以爻为《系辞》，今之《系辞》为《说卦》。其言《十翼》，谓《彖传》，《象传》、《系辞传》上、下，《说卦》上、中、下，《文言》、《序卦》、《杂卦》，并上、下《经》为十二篇。”（宋）陈振孙著、徐小蛮、顾美华点校《直斋书录解题》，上海：上海古籍出版社1987年版，第3页。大抵一篇一卷。《宋史·艺文志》也作十二卷，朱彝尊《经义考》同，但云“未见”，据《四库全书总目提要》之《易图说》言：“《古周易》世罕传本，仅《永乐大典》尚有全文。”即为此书有考订正文之明证。可惜四库馆臣无辑出佚文。

③ 王应麟言：昭素谓：“《序卦》云‘《离》者丽也’。丽必有所感，故受之以《咸》。《咸》者感也。”凡十四字，晁以道《古易》取此三句增入正文，谓后人妄有上下经之辩。吴仁杰亦从王晁之论。（宋王应麟著，清翁元圻等注，栾保群等校点《困学纪闻》第一册，上海：上海古籍出版社 2008 年版，第 102 页）笔者按：细考《读书志》，十二卷本《古周易》也引诸说校订文字。然晁氏《古周易》，《直斋书录解题》作八卷，又据李焘书从晁氏篇次，作八篇，则大抵一卷一篇；（转下页）

王洙《古易》虽家藏，据叶梦得之说，也有具体正文，如“本自《乾》《坤》而下分《咸》、《恒》为二篇，但有六爻之文”。周潘《九江周氏易》言“今将《易传》，凡‘彖’、‘象’、‘文言’曰等比经皆低一字”，“若为之注解，则将经传连文而疏注解于其下”。即言己书有正文及注解文字。[①]吕祖谦《后记》（即所录的《东莱吕氏古易》）也言：“祖谦谨因晁氏书，参考传记，复定为十二篇，篇目卷帙一以古为断。”吕祖谦用晁书，则吕书也有正文则无疑矣。[②]至于李焘的《古周易》有具体文字，已见上文。

这里仍存一个问题，那就是既然以上诸书仅存《序》或《后记》，为何有些书在《经义考》却云“存”？如李焘的《古周易》。其实，朱彝尊亦未见诸书的全本，其所录也不出今《四库》本《古周易》的内容。现将《经义考》所录各书的卷数及存佚情况条陈如下，并附各书提要所录的内容。[③]

编号	作者	著述	书日著录	存佚
1	吴仁杰（p.169）	《古周易》	《宋志》作十二卷[④]	未见
		《周易图说》	《宋志》作二卷	存
		《集古易》	《宋志》作一卷	存
按：《经义考》后附吴氏《自序》与《四库》本同。				

（接上页）据晁说之《自序》及吕祖谦《古周易》的《后记》,可知晁书有上下经之分；晁氏引王昭素之说又见吕祖谦《古易音训》，因此王应麟所言不误。盖晁公武所录十二卷本为晁氏《古周易》的初稿，而他人所录八卷本才是《古周易》的定本。此又可辅证晁、吴二氏之书有正文。

① 按：此书可能曾附吴仁杰《古周易》篇末，《直斋书录解题》于吴仁杰《古周易》条下言：“附见吴氏篇末，今古文参用，视诸本为无据。”

② 后来朱子《周易本义》取吕氏《古周易》本作底本，又参见吕书有正文。

③ 参见（清）朱彝尊《经义考》，中华书局1998年影印《四部备要》本。

④《宋志》作《古易》十二卷。

编号	作者	著述	书目著录	存佚
2	吕大防（p.118）	《周易古经》	《通考》作二卷，《直斋书录解题》作十二卷。[①]	存
按：《经义考》后附吕氏《后记》与《四库》本同。				
3	晁说之（p.123）	《录古周易》（即《古周易》）	《宋志》作八卷，《通考》作十二卷	存
按：《经义考》后附晁氏《后记》与《四库》本同。				
4	李焘（p.167）	《周易古经》	八篇	存
按：《经义考》后附李焘《后记》与《四库》本同，吴氏刊刻《后记》也著录。				
5	王洙（p.108）	《古易》	《宋志》作十二卷	存
按：《经义考》后引叶石林之言乃《四库》本所录的一小段。				
6	周燔（p.168）	《九江易传》（当即《九江周氏易》）九卷		佚
按：《经义考》后附周氏《自序》与《四库》本同。				
7	吕祖谦（p.171）	《古周易》	《宋志》作一卷，《通考》作十二卷	存
按：《经义考》后引吕氏《自序》及朱子《跋》与《四库》本同。				

以上诸书，《经义考》仅言周燔之书和吴仁杰之书亡佚或未见，而提其他五家之说皆存。《四库全书》的编纂时间距朱氏不远，岂有在如此短的时间内，上述五家之书皆亡的巧合？显然，朱氏并未见此五家的全本，所见本即使不是《通志堂经解》本的《古周易》，也当与此本同源，故所录内容也不出《经解》本的范围。盖朱氏以《经解》

① 按：朱氏《经义考》原引作十卷，但朱氏后又引陈振孙《直斋书录解题》之言，一篇即一卷，明作十二卷。《经义考》著录有误。

本《古周易》（或同源本）为诸说的合编本[①]，故离析众说分附相应的条目下，并误以各书的《序》或《后记》为全书。[②]

此外，还应注意到一个问题：吕祖谦《古周易》,《宋志》才录一卷，而《通考》却录十二卷；吕大防《周易古经》,《通考》作二卷,《直斋书录解题》却作十二卷，两者卷数相差很大，如何解释这一问题呢？笔者以为吕氏《古周易》,《宋志》作一卷，仅录其《后记》，而《通考》所录当是全文。诸家所定《古周易》全文，大抵一篇一卷，如前引晁氏、李氏定“古易”经传为八篇，两书皆作八卷；又如周燔《九江易传》分经传为八篇，书亦作九卷。吕大防书,《书录解题》所录十二卷，据陈氏解题，一篇一卷，当是全文。至于《通考》二卷，盖去其全文，仅择《后记》，又因吕、晁氏二氏《后记》常合刻，故一并收录作两卷。

吴仁杰《集古易》乃集诸书的《序》或《后记》而成，然而吴氏收吕祖谦《古周易》之《后记》也非照录原文。吕氏《后记》又见录于税与权编撰的《易学启蒙小传·周易古经发题》一书中，两相比勘，可发现吴氏、税氏于吕书的《后记》皆有所删裁。[③]因属节录，所录《后

① 按：此书各《序》单篇别行时仅一两页，因此，朱氏所据本也当是合编本。

② 谨按：各家（除吴仁杰外）《序》《跋》前还有一些相关说明，如《九江周氏易》有“《系辞下第八》起八卦成列至失其守者其辞屈”，而《经义考》皆无录，这些附带说明可能是吴仁杰归纳各书主旨，不过这也可能是各家复各书细目起讫的相关说明。因此类说明无关宏旨且为下文行文方便，笔者将此类附录并作各家《序》或《后记》的一部分。

③ 税氏《周易古经象传》部分（即吴本的《彖象传》）有“唐孔氏曰：数十翼亦有多家，一家数十翼云：‘上彖一、下彖二、上象三、下象四、上系五、下系六、文言七、说卦八、序卦九、杂卦十。’郑康成之徒并同此说。”吴书无此句。吴书有“唐孔氏曰：卦辞文王所作”及后面“自大哉乾元以下,《彖》之传也，郑康成合《彖》《象》于经，故加《彖曰》、《象曰》以别之，诸卦皆然”两句，而税书皆无。其次，吴书“余卷亦”下注“阙”，又补“有”字，然据税书，此字作“为”，下无“有”字。吴书“始分经传为一尔”，而据税书，“分”字误，当作“合”。此外，两者文字也稍异，如吴书引“班固谓孔子晚而好易”，税书“好”作“学”。段落字句次序也小有变更，如吴书“司马谈”前有“经文王周公所作也；传 （转下页）

记》与其《古易音训》相比，(《古易音训》复出《古周易》相关内容）《系辞》部分无具体分章及说明，也就不难理解了。

二、二吕之书无暗合

后世学者如尤袤盖误将吕祖谦书《后记》作全书，以致认为吕祖谦书存在与吕大防书暗合的现象。尤袤（1124–1193）在《与吴斗南书》中言：

> 顷得吕东莱所定《古易》一篇，朱元晦为之《跋》。尝以板行，乃与左右所刊吕汲公《古经》，无毫发异，而东莱不及微仲尝编此书，岂偶然同邪？①

显然，尤袤盖误以《古周易》的《后记》一篇为全书，发现两吕定"古易"经传篇章"无毫发异"（两吕《后记》尚存微异），故有此疑惑。吴仁杰曾刊李焘《周易古经》，当知吕大防、晁说之书皆有全文，且二吕书具体文字尚有差异，可澄清此疑惑。可惜吴仁杰回信今不传。

后来魏了翁（1178–1237）门人税与权也持异议。税氏于《易学启蒙小传·周易古经发题》一书曰：

> 按吕汲公元丰壬戌（1082）昉刻《周易古经》十二篇于成都学官，景迂晁生（晁说之）建中靖国辛巳（1101）并为八篇，号《古

（接上页）孔子所作也"。税书将此句置于该段句首。至于其他部分，税书多删削引文，而吴书则多全引，此不一一细举。（参见《易学启蒙小传·周易古经发题》，康熙十九年《通志堂经解》本，第6页）然而，吴书所删，仅是些引文，故也可称吴书所引即是吕祖谦《古周易》的《后记》。

① 参见朱彝尊《经义考》卷十九，此文又见于《梁谿遗稿》，朱彝尊辑尤袤《梁谿集》佚文而成，只是"尝版以行"却作"当版以行"。见（清）朱彝尊辑，尤袤撰《梁谿遗稿诗钞》一卷，《文钞》一卷，北京图书馆古籍出版编辑组《北京图书馆古籍珍本丛刊》第86册影印清康熙三十九年尤侗刻本，书目文献出版社1998年版。

周易》,缮写而藏于家。巽严李文简公(李焘)绍兴辛未(1151)谓北学各有师授,《经》名从吕,篇第从晁,而重刻之。逮淳熙壬寅,(1182)新安朱文公表出东莱吕成公《古文周易经传》、《音训》,迺谓编古《易》自晁生始。岂二公或不见汲公蜀本欤?然成公则议晁生并上下《经》为非,而文公《易本义》则篇第与汲公吻合。[①]

税氏盖未见吕祖谦书的全文。他认为吕祖谦、朱熹曾见吕大防书,只是不知为何不曾提及。细考税氏所据,他认为晁书本吕大防书,仅重定吕书十二篇为八篇,并缮写藏于家,李焘曾重刻晁书。因此,吕祖谦既见晁本,当见吕大防本。

吕大防书与晁说之书不同,税说有误。据李焘《周易古经》(四库本《古周易》)曰:

右《周易古经》八篇,并吕氏、晁氏《后记》各一篇。谨案:元丰五年,(1082)正愍吕公微仲始厘析王辅嗣篇第,别定为十有二,如刘歆《六艺畧》首所列施、孟、梁丘三家者,刻板置成都学宫,于文字句读,初无增损。建中靖国元年(1101),景迂晁生以道又辑诸家异同,或断以己意,有增有损,篇第则倣费长翁未解辅嗣未注以前旧本,独并十二为八耳。吕、晁各出所见,初不相祖述,亦犹李敏仲与王子雍殊隔,而传《易》、《书》、《诗》、《礼》其指归则暗合,学者必贵自得。

据此,两书不仅篇章有别,内容亦异。吕本用王弼通行本,正文则“于文字句读,初无增损”;而晁书则广辑诸说异同,“或断以己意,

① 此文也见于《经义考》,然朱彝尊删去“然成公则议晁生并上下《经》为非,而文公《易本义》则篇第与汲公吻合”一句,以回护吕祖谦、朱熹,《四库全书总目提要》亦同朱氏所引。参见(宋)税与权《易学启蒙小传》之《周易古经发题》,康熙十九年《通志堂经解》本,第6页。

有增有损”。此外，两书也无承袭的关系，李焘此说也有旁证，如晁公武《郡斋读书志》于吕大防《周易古经》条下言：“凡十二篇，别无解释。”[①]陈振孙《直斋书录解题》于晁说之《古周易》条下言：“卷首列名氏二十余家，文字异同则散见于卦云。”[②]晁、陈二氏目见原书，所言足以辅证李焘之说。

不过，税氏言吕祖谦、朱熹当见吕大防本则不误。首先，吕大防书虽刻于成都，然而李焘又将吕书与晁书的《后记》合刻[③]，而晁书乃家藏手稿，经李氏刊刻而流传；故吕祖谦所见本当是合吕大防《后记》的合刻本。其次，晁氏《后记》中明言：“《说卦》第六、《序卦》第七、《杂卦》第八，以上三篇同吕氏。”若吕祖谦未见吕大防本，见此文，也当深考吕大防书。最后，据李焘《后记》，则李焘亲见吕大防书，吕祖谦与朱子与李焘的交情不浅，若两人不见吕大防书，也可向李焘借阅。[④]

既然两人曾见吕大防书，为何又不将始编“古易”者归之于吕大防呢？这就要涉及到吕祖谦如何界定重编“古易”的必要条件。据吕祖谦《古周易》的《后记》言：

汉兴，言《易》者六家，独费氏传古文《易》，而不立于学

① （宋）晁公武撰，孙猛校证《郡斋读书志校证》，上海：上海古籍出版社 1990 年版，第 38 页。

② （宋）陈振孙著，徐小蛮，顾美华点校《直斋书录解题》，上海：上海古籍出版社 1987 年版，第 2 页。

③ 据税氏之说，结合李焘《后记》，则李焘已书内容与晁说之书全同，仅取吕大防《周易古经》书名，李焘重刻乃晁书，非吕书。

④ 据《年谱》及《宋史·李焘传》，吕祖谦于淳熙三年（1176）十月，经李焘荐，重修《徽宗实录》。参见杜海军《吕祖谦年谱》，北京：中华书局 2007 年版，第 193 页；（元）脱脱等《宋史》，北京：中华书局 1977 年版，第 12873 页。朱子也与李焘有交往，如《答李焘翁》。见《晦庵先生朱文公文集》，《朱子全书》第廿一册，上海古籍出版社、安徽教育出版社 2002 年版，第 1652 页。

官。刘向以中古文《易经》校施、孟、梁丘《经》,或脱去“无咎”、“悔亡”，惟费氏《经》与古文同，然则真孔氏遗书也。东京马融、郑玄皆为费氏学，其书始盛行。今学官所立王弼《易》，虽宗庄、老，其书固郑氏书也。费氏《易》在汉诸家中最近古，最见排摈。千载之后，岿然独存，岂非天哉！自康成、辅嗣合《彖》、《象》、《文言》于《经》，学者遂不见古本。近世嵩山晁氏编《古周易》，将以复于其旧。而其刊补离合之际，览者或以为未安。某谨因晁氏书，参考传记，复定为十二篇。篇目卷帙，一以古为断。其说具于《音训》。①

据此，可知吕祖谦认定“古易”(实当作古本《易》))有两个必要条件：一是所定具体文字应与古本合，如“惟费氏《经》与古文同”；二是所定版本也要与古本合，如“篇目卷帙，一以古为断”。两者缺一不可。吕大防书仅重定篇次，具体文字则全同王弼本，故其书不合吕祖谦所设的标准。②以此标准衡量前贤（北宋），则始定“古易”者自然便是晁说之了。

《四库全书总目提要》取尤袤、税与权之说而不加考辨，即言：

其书（吕祖谦书）与吕大防书相同而不言本之大防，尤袤《与吴仁杰书》尝论之，然祖谦非穷据人书者，税与权《校正周易古

① 参见《书所定古周易十二篇后》，见《东莱吕太史文集》(《丛书集成续编》，台北：台湾新文丰出版社影印《续金华丛书》本，第128册，第529页。又见《四库》本《古周易》后，《经义考》卷三十，黄灵庚主编《吕祖谦全集》第一册，杭州：浙江古籍出版社2008年版，第121页。

②《郡斋读书志校证》引清沈严录何焯批校本，何焯曰：“《易》之复古，自微仲始。”参见（宋）晁公武撰，孙猛校证《郡斋读书志校证》，上海：上海古籍出版社1990年版，第38页。盖何焯以重定“古易”编次为订“古易”的标准。然仅据此标准，范谔昌《易证坠简》已重定“古易”编次，也不可谓吕大防为最早者。

经序》谓偶未见大防本，殆得其实矣。[①]

《提要》引税说有遗脱，已见前。《提要》失误在于所录题作吕祖谦撰的《古周易》即包括吕大防书及李焘《后记》对其书的解题。仅隔数页，便两相抵牾。

因此，吕大防书本王弼本，而吕祖谦书则据晁说之书，两者内容不同，不存在暗合现象。除两者正文差异外，吕大防书认为经传无别，故十翼去“传”字，从“上经第一”至“杂卦第十二”，按经传次第加以编次；吕祖谦书则认为经传有别，故十翼留“传”字，仅于十翼加次第，从“彖传第一”[②]至“杂卦传第十”。这反映两人在定“古易”观念上还存在不小差异。[③]

综上所述，今《四库》本《古周易》，并非吕祖谦所撰，此书乃后人取吴仁杰刊刻李焘书的《后记》及李书的《后记》，补入吴氏《集古易》一书而成。因吴氏《集古易》仅择各家的《后记》,后人误将各《后记》作全书，又不考各家之说，以致怀疑吕大防书与吕祖谦书存在暗合现象。吕大防书本王弼本，吕祖谦书则本晁说之书，而晁说之书引诸说而断以己意；因此二吕书不同。吕祖谦曾见吕大防书，然而他考订“古易”的标准涉及文字与版本两方面，因吕大防书无订正文，故吕祖谦将始订“古易”者归之于晁说之。

---

① 王伯祥断句《四库全书总目提要》，第 49 页。此外，《提要》又言：“《书录解题》又载《音训》二卷，乃祖谦门人王莘叟所笔受，又称朱子尝刻是书于临漳会稽，益以程氏是正文字及晁氏说。此本皆无之，殆传写者遗之欤？”按：既然此书乃吴氏《集古易》所录，则吕文乃吴氏有意择取，非传写遗脱。

② 按《古易音训》作“彖传第一”,(《续修四库全书》影印嘉庆七年刻本）而《东莱吕氏古易》则作“彖象传第一”。（文渊阁《四库全书》本）笔者取《古易音训》之说。

③ 除篇目外，《系辞》部分，两者也存在差异：如吕大防全本王弼本，沿孔颖达《周易正义》的分章；而吕祖谦则取孔颖达、程颐、晁说之、朱震四家之说。吕祖谦还有考订错简,《上系》第十一章从晁氏，章首天一以下二十字移别章。

现将四库本《古周易》用图表归纳如下：

<table>
<tr><td>吴仁杰《集古易》</td><td rowspan="2"></td><td>吴仁杰刻李焘书的《后记》</td></tr>
<tr><td>1. 吴仁杰《古周易》
的《自序》</td><td></td></tr>
<tr><td rowspan="2"></td><td>2. 吕大防（1027–1097）
《吕氏周易古经》的《后记》</td><td rowspan="2">共
有
部
分</td></tr>
<tr><td>3. 晁说之（1059–1129）
《晁氏古周易》的《后记》</td></tr>
<tr><td>4. 王洙（997–1057）（家藏）
《睢阳王氏古易》的《后记》
及叶梦得（1077–1148）
的一段评论。</td><td rowspan="3"></td><td>（一）李焘（1115–1184）
《周易古经》的
《后记》</td></tr>
<tr><td>5. 周燔《九江周氏易》的
《自序》</td><td rowspan="2">（二）吴仁杰刻
李焘书的《后记》</td></tr>
<tr><td>6. 吕祖谦（1137–1181）
《古周易》《后记》
（有删裁）
附朱子《跋》</td></tr>
</table>

三、吕氏《古周易》之影响

朱子《周易本义》即吕祖谦《古周易》作底本，《周易本义》的初稿，朱子大概在淳熙二年（1175）开始起草，当时还没有《周易本义》的名称，而称作《易传》，此书至于淳熙四年才成[①]。淳熙八年，

① 白寿彝认为《本义》淳熙四年成，其言："淳熙四年（1177），依《玉海》卷三六，《朱子年谱》王本卷二所记，'《周易本义》成'。但淳熙六年（1179），朱熹与皇甫斌（文仲）书，说'所喻《易》说，实未成书，非敢有所吝于贤者'。《玉海》和《年谱》所谓'《本义》成'，大概是指《本义》初稿说；用《本义》当时的名字，应该说是'《易传》成'。"参见白寿彝《周易本义考》，《白寿彝文集》第七卷《朱熹撰述丛考》，郑州：河南大学出版社 2008 年版，第 11–12 页。

吕祖谦《古周易》出来后，朱子复取此书作底本，并更名为《周易本义》。陈振孙《直斋书录解题》于吕氏《古周易》条下即言：

> 朱晦庵刻之于临漳、会稽，益以程氏是正文字及晁氏说。其所著《本义》，据此本也。[①]

陈氏《直斋书录解题》又于朱熹《易传》十一卷、《本义》十二卷条下言：

> 初为《易传》，用王弼本。复以吕氏《古易经》为《本义》，其大旨略同，而加详焉。[②]

据此解题，可知《周易本义》书名的来历。朱子撰《本义》也酝酿了一段时间，大概于淳熙十五年左右才选用《古周易》作底本。[③]

元代董真卿也有言：

> 朱子《本义》，以淳熙四年丁酉岁(1177)成。(按:此乃《易传》成书，非《本义》，吕祖谦《古周易》淳熙八年才出来，董氏误记)凡分《经》异《传》，尽从东莱吕氏所定。非旦取其章句之近古，至若正文，亦多从《古易》。《系辞》诸篇分章，亦不尽从吕氏也。详见《本义》。[④]

可见《本义》的编次及内容深受吕祖谦《古周易》影响。当然，朱子也对“古易”有自己的看法，因此，《本义》取吕本《古周易》

---

① （宋）陈振孙著，徐小蛮，顾美华点校《直斋书录解题》，上海：上海古籍出版社 1987 年版，第 3 页。

② （宋）陈振孙著，徐小蛮，顾美华点校《直斋书录解题》，第 21 页。

③ 白寿彝考《本义》之名，以发现于淳熙十五年（1188）朱熹答蔡元定书者为最早。并认为朱熹答元定这书，当在《易传》改题《本义》，别用《古周易》本、并修改本书内容不久以后的事。参见白寿彝《周易本义考》，《白寿彝文集》第七卷《朱熹撰述丛考》，郑州：河南大学出版社 2008 年版，第 13 页。

④ 参见（元）董真卿《周易会通》卷首，《周易经传历代因革》条下《朱子易》的案语。康熙十九年《通志堂经解》本，第 10 页。

作底本也并非一字不改。

《本义》以吕祖谦《古周易》作底本，而吕氏《古周易》又以晁说之《古周易》作底本。因此,《本义》原本可谓汇集三家考订的成果。其结论后为清儒所汲取。比如李光地《御纂〈周易折中〉》的《凡例》即言：

《易经》二篇,《传》十篇，在古元不相混，费直、王弼乃以《传》附《经》，而程子从之。至吕大防、晁说之、吕祖谦诸儒，以为应复其旧，朱子《本义》所据者，祖谦本也。明初，程《传》、朱《义》并用；而以世次，先程后朱，故修《大全书》，破析《本义》以从程《传》之序。今案:《易》学当以朱子为主，故列《本义》于先，而《经》《传》次第，则亦悉依《本义》原本，庶学者由是以复见古经，不至习近而忘本也。①

清傅恒《御纂〈周易述义〉·序》也言：

《诗义》既竣，爰从事于《周易》，举向所阐绎者，命词臣条次其说，日一二卦，一如《诗义》之例，仍从朱子《本义》用晁氏本，以应《十翼》之旧。编成，复为之《序》。②

清朝官方御纂《周易折中》及《周易述义》都认同古本《易》当经传分离，从十翼的编次，可见《本义》所主张的古本《易》编次，此时已内化为成清儒的共识。

综上所述,《四库》本《古周易》的撰者并非吕祖谦。此书乃后人择取吴仁杰刊刻李焘书的《后记》及吴仁杰《集古易》一书的相关内容编合而成。《四库》本《古周易》所录各书的内容并非全文，乃

① 参见（清）武英殿康熙五十四年刊本《御纂〈周易折中〉·凡例》。
②（清）傅恒《御纂周易述义》，台北：世界书局影印本《摛藻堂四库全书荟要》第 15 册，1985 年版，第 1 页。

择录各书《后记》而成。所收吕祖谦《古周易》的《后记》，也有相应的融裁删削。吕大防书与吕祖谦书无暗合现象，两书不仅篇次不同，正文亦异。吕大防书全从王弼本，吕祖谦书则本晁说之书；晁书多考订古字音训，与吕大防书不同。

朱子《周易本义》以吕祖谦《古周易》作底本，正文用字则续有考订。清朝官方御纂的《周易折中》和《周易述义》两书也采纳晁说之，吕祖谦、朱子考订“古易”的结论，即认为：古本《易》经传应分行，且宜从十翼传统篇次。

吕祖谦《周易系辞精义》研究

内容摘要：《周易系辞精义》一书是吕祖谦本以"理"释《易》的编纂原则广辑周敦颐、二程以及程门高弟等十三家论《易》著述及语录而成的。此书有重要的学术价值：一方面，此书彰显理学家以"理"释易的特色，涵盖两宋理学家论《易》的主要论说以及对相关问题的争鸣，从中可勾勒出理学发展的曲折轨迹。另一方面，此书又多存各家佚文，可备辑佚及校勘他书之用。此书因缺乏融裁删削，不免存在重复、歧义、晦涩等不足；但也因此保留诸家易说的原貌。

关键词：编撰流布；取舍原则；学术价值；不足之处

吕祖谦（1137–1181），字伯恭，婺州人。隆兴元年（1163）进士，与朱熹、张拭齐名，称"东南三贤"，学者称"东莱先生"。吕祖谦生平撰述甚多，然其编著的《周易系辞精义》一书，却备受争议。因此，本文对该书的编撰流布、取舍原则、学术价值以及不足之处作全面的研究。

一、编撰流布

《周易系辞精义》一书，陈振孙《直斋书录解题》及《宋史·艺文志》皆作二卷，今《古逸丛书》收录此书为一卷，又分上、下卷，实则相同。《古逸丛书》收录此书又名《晦庵先生校正周易系辞精义》，据《直斋书录解题》及《宋史·艺文志》皆无前面六字，杨守敬于《跋》中也说"《精义》题晦庵先生校正，恐皆是坊贾所为"，因此，当从《周易系辞精义》之名。据《朱子语录》卷第一百二十二，朱子与门人李德之的两则对话论及《系辞精义》（见下文分析），此书为吕氏所编无疑。[①]又据元董真卿之言[②],此书确为补程氏《易传》不解《系辞》以下之阙而纂，且此书可能曾与程氏《易传》合刻，朱子或有所校正，后人附加此六字，也非无据。

陈振孙《直斋书录解题》言“《馆阁书目》以为托祖谦之名”，然并无考辨，后来《四库全书总目提要》引此说又附言“以为是书为托祖谦之名，殆必有据也”，遂将此书收录存目。后人多袭此说，以致此书流传不广。后来，杨守敬于日本昌平学获见此书，认为此书“所载诸家之说剪截失当”，可能托吕祖谦之名，但此书有辑录佚文可资考证之用，故收录于《古逸丛书》中，后来《丛书集成初编》《续修四库全书》等丛书皆收录此书,流传遂广。[③]本文即以《续修四库全书》影印《古逸丛书》本作底本，以下则简称《系辞精义》。

后人疑此书非吕氏亲撰，上已辨其误；然而笔者细审此书，发现吕氏门人弟子也可能参与编修，吕氏盖汇集各说而未及删削。最直接的证据便是此书存有称谓不一的问题，如底本第十八页引胡宏之言，

---

① 笔者按：《东莱太史别集》卷第十六有收录《答朱侍讲所问》一书札，就其两人问答内容而言,可知吕祖谦熟知程颐及其高弟(如杨时、吕大临、游酢)论《中庸》及《易传》异同之处。此与《精义》所引相应，可资参考。吕祖谦《吕祖谦全集》第一册《东莱太史别集》，杭州：浙江古籍出版社 2008 年版，第 593–597 页。

② (元)董真卿曰：“《程传》正文只据王弼本，亦只有六十四卦，《系》、《序》有及爻卦者，掇入《传》中，故无《系辞》以后。至东莱吕氏始集周子、二程、张子诸家经说、语录及二程门人共十四家之说为《精义》以补之。”(具体见朱彝尊撰《经义考》卷二十，《程氏易传》条下，但此语不见于《周易会通》)董真卿曾刊刻《古易音训》一书，其说当有据。

③ 北京大学图书馆藏有此书清抄本一册，题作《周易系辞精义》二卷(存下卷)。另据严绍璗《日藏汉籍善本书录》，尊经阁文库有藏本，乃原江户时代加贺藩主前田纪等旧藏。核对《书录》所载的版本年代、题记与行款，与《古逸丛书》本完全相同,该藏本可能即是杨守敬在日所见本。严绍璗《日藏汉籍善本书录》，北京：中华书局 2007 年版，第 10 页。

称“五峰胡氏”，以区别于后文的安定胡氏（即胡瑗），然而第八页却仅曰胡氏，不知此是胡宏还是胡瑗，考核引文，才知此文出自胡宏《知言》一书，然前略去书名，易让人误为其《语录》。还有如全书引尹焞之语称尹氏，唯独第七页称尹先生，尹焞为程门高弟，吕氏称先生也可；然全书诸家皆称姓氏，此处反称先生，则此条当是出于吕氏门人之手。此外，全书引文有小失，第五页“胡氏知言”四字，依全书引文体例，后引《知言》之文，当阴文著黑；然而此处却仍为阳文，易让人误解为以下引文皆出自尹焞《语录》。此不知是当时遗漏还是后来版刻之误所致。

《周易系辞精义》该书不仅包括今本《系辞》上下，还涵纳《说卦》《序卦》《杂卦》三部分。全书共引范仲淹、胡瑗、周敦颐、程颢、程颐、张载以及程门高弟吕大临、谢良佐、杨时、侯仲良、尹焞、游酢、胡宏十三家之说。[①]校勘记则随文附入，以阴文着黑示出。全书编排大体以二程之说居首，其次是张载，再次是程门高弟，再次是其他诸家之说，最后附以音训，偶以周子《太极图说》《通书》冠于二程前。全书程颐之说所占的比重最大，吕氏不仅广择二程《遗书》《语录》《易传》（主要为《序卦传》），而且旁及二程日常书信札记的相关内容，如《明道行状》《又答与叔》《与师说》等，可谓网罗齐备。因程颐《易传》本王弼注《易》，不注《系辞》以下部分，故本书从内容上看，似吕祖谦为续程颐《易传》而撰，正如潘雨廷《读易提要》所言“若《程传》之阙宜有所补，吕氏此书即此意也”。[②]

但须注意的是此书《系辞传》的分章较为无序，若以吕祖谦《古

① 潘雨廷《读易提要》定为十二家，遗漏胡宏一家；董真卿定为十四家，盖将《序卦》条下《程氏遗书》引“韩康伯注”（为阴文）四字定为一家，然而《精义》无引韩氏之文。此外，吕祖谦注音之文不算，实则仅十三家。

② 潘雨廷《读易提要》，上海：上海古籍出版社 2006 年版，第 176 页。

易音训》确立的分章标准，《上系》前七章同于《音训》，然第八章至第十章，则长短不一，大体根据资料的多寡和内容需要来裁定，第十章后则全同于孔颖达《正义》本的分章。《下系》的分章几乎全以《正义》本为依据，除了其中大的章节根据解说需要分成若干小节。如何解释其分章的依据呢？笔者以为吕祖谦编撰《周易系辞精义》所用的底本显然与其《古易音训》不同，当是以《正义》本为底本，如书中“大衍之数”此段的篇章位置，同于《正义》本。又因《精义》文字训诂的需要复取他书，也有参考他书分章异同之处。潘雨廷则认为“或编成时尚在定古《易》之前，迨成《音训》旋卒，故未及改正欤”，(《读易提要》）因此本文也不排除这种情况，即《周易系辞精义》并未取鉴他书分章，分章体例尚处草拟阶段。

二、取舍原则

从总体上，《周易系辞精义》还是有其取舍原则和标准的。诸家“精义”之间还是可融会贯通的。一方面，吕祖谦所辑诸说多不离“天理与性命”、“仁义”与“诚敬”、“气质”与“涵养”等理学范畴，更确切地说，诸说皆就理学体系某一方面的问题进行深入探讨与阐发，共同维系着理学体系。具体而言，诸家援他经以解《易》，实乃纳诸经以析“理”，如第六页程颐言：

> 老子亦言：“三生万物。”此是“生生之谓易”，理自然如此。“维天之命，于穆不已”，自是理自相续不已，非是人为之。如使可为，虽使百万般安排，也须有息时。只为无为，故不息。《中庸》言：“不见而彰，不动而变，无为而成，天地之道可一言而尽也。”[①]

程颐以上之说可谓援“六经”以注“理”，《精义》取择指导原则，

---

① 参见（宋）程颢、程颐《二程集》，北京：中华书局 1981 年版，第 225–226 页。

可用其言概之："命之曰易便是理。"

另一方面，吕祖谦广辑诸家有意、无意间辟释老之言，杨墨之论，以维护儒家学说的独特性与纯粹性。[①]如第十三页，程颢言："佛氏不识阴阳、昼夜、死生、古今，安得谓之形而上者，与圣人同乎！"[②]此辟释氏之言。如第十七页，张子言："世人取释氏销碍入空，学者舍恶趋善，以为化此直可为始学，遣累者薄乎云耳。岂天地神化所可同语也哉。"[③]此辟释氏之言。如第六页，张子曰："老子言'天地不仁，以万物为刍狗'，此是也；'圣人不仁，以百姓为刍狗'此则异矣，圣人岂有不仁。"[④]此辟老子之言。又如第十二页，杨龟山曰："释氏之徒，未能穷理尽性，而欲至于命，此所谓荒唐而失其指归。"此辟释氏之言。再如第十页杨龟山曰："六经不言无心，惟佛氏言之；亦不言修性，杨墨言之。心不可无，性不假修，故《易》止言'洗心尽性'；《中庸》止言'尊德性'；《孟子》止言'存心养性'。"此连辟释氏、杨墨之论。再如第五页，胡宏《知言》曰："一阴一阳之谓道，有一则有三，自三而无穷矣！老氏谓一生二、二生三，非知太极之所以为道也。"此处又辟老子之言。

因此，吕祖谦《周易系辞精义》的编纂原则似可概括为：释《易》

---

① 笔者按：诸家也有援佛老释《易》的倾向，只是浑化无迹，很难察觉。以朱子《杂学辨》中批评吕本中《大学解》"彼以阳离阴合"、暗用"释氏'一闻千悟'、'一超直入'的虚谈"等的标准来看，所辑诸高弟言论亦多有之，如第13页，游酢即言"非思非虑，非视非听，孑然遗照而独存者"等等。然而，虽各说互异，但殊途同归，那就是有意保持儒家思想的独特性。其次，吕祖谦择取诸家言论的侧重点还是为申说儒家义理的。朱熹《朱子全书》，上海：上海古籍出版社2002年版，第廿四册，第3493页。

② 另参见（宋）程颢，程颐著，王孝鱼注《二程集》，北京：中华书局1981年版，第141页。

③（宋）张载著，章锡琛注《张载集》，北京：中华书局1978年版，第16页。

④ 同上书，第188–189页。

以理学为指归，辟释老之言；尊思孟性善之说，辟杨墨之论。

三、学术价值

《周易系辞精义》的学术价值大体可分为两方面：一是学术思想史方面，该书既涵盖理学[①]的基本学说，又彰显理学家解易的各自特点，是以"理"解易的代表作之一。二是文献资料方面，此书多存诸家佚文，虽只言片语亦弥足珍贵。就诸家尚存著述而言，此书仍不失为一种重要参校本。

该书延续程颐《易传》的基本思想，荟萃北宋理学家以理释《易》的精华，从中我们不仅可以看到易学与理学密不可分的关系，而且了解到诸家一方面对一些基本观点还存在分歧，以下具体分析诸家歧义部分；另一方面，他们又存在基本共识，不断把理学基本学说向缜密与精微方向推衍，可以大致勾勒出一道理学基本观点从萌芽、成熟至五峰胡宏期间的嬗变的轨迹。下面，笔者将从所引诸家精辟卓识中摘录几段，以窥诸家释《易》析"理"的各自特点。

周敦颐《太极图说》《通书》的重要性自不待言，周子之说可谓理学大厦的一块重要奠基石，但周子之论，非为释《易》而作，乃援《易》以证己说，若论该书释《易》特色，似有舍本逐末之嫌，故下列仅从二程之说开始谈起。二程释《系辞》的特点见《精义》第十三页《程氏遗书》所引程颢的一段问答：

① 按：诸说或者也可称"道学"，然而"道学"这一说法又失之宽泛。因为"道学"这一词可以容纳两宋时与吕、朱二氏观点不同的学说，如张九成。此外，从《精义》一书看，首先，吕祖谦编纂的原则与朱子编辑《伊洛渊源录》的思想还是大体一致的，即认为北宋五子为他们所认为"道学"的创始人。其次，各高弟论易所占的比重相差很大，如胡宏之说，才三条。因此吕氏按传承谱系辑各说，据一定标准的，且这标准与朱子辑《伊洛渊源录》的标准相差不大。最后，诸说多不离理论易。所以本文决定还是用范围较小的"理学"这一词。

或问:《系辞》自天道言,《中庸》自人事言,似不同。曰:同。《系辞》虽始从天理、阴阳、鬼神言之,然卒曰:“默而成之,不言而信,存乎德行。”《中庸》亦曰:“鬼神之为德,其盛矣乎!视之而不见,听之而不闻,体物而不可遗,使天下之人齐明盛服以承祭祀。洋洋乎如在其上,如在其左右。《诗》曰:‘神之格思,不可度思,矧可射思。’夫微之显,诚之不可揜,如此夫!”是岂不同?①

此段体现程颢释《易》的立足点,也涉及到理学最重要命题之一,即将内在的道德律(也称为“性命”)与天理联系起来,天道与性命相通。易理与人“性命”之理不可分离,因为两者皆本天理而来,用朱子之语即可概括为“理一分殊”。人要认识天道,不待外求,而当反躬内省,通过“涵养”与“持敬”来达到。因此,程颢说两者相同,不是说两者毫无差别,而是两者内在的根据是一样的。程颢释《易》表面上关注人事伦理的现世意义,实则更重视儒家伦理观与易理的相契合点,从而为伦理道德与社会秩序,也即仁与礼,寻找更深层次的依据,这恐怕才是二程释《易》的初衷。

再如张子释《易》的特点,见第七页:

何以致不息?成性则不息。诚,成也,诚为能成性也,如仁人孝子所以成其身。柳下惠,不息其和也;伯夷,不息其清也;于清和以成其性,亦得为圣人也。然清和犹是性之一端,不得全正,不若知礼以成性,成性即道义从此出。②

此文出自张子《易说》。张子主张“知礼成性”说,为儒家的心性论确立成圣的理想人格境界,以及达到此境界相应的修养方法。学者内遵仁义之道,外循礼教之路,即可仿效生生不息之“易道”,达

① 另参见(宋)程颢、程颐《二程集》,第14页。
② (宋)张载著,章锡琛注《张载集》,第192页。

到一种“与天同德、无勉无思，从容中道”（《易说》）的圣人境界。此说既有形而上之易理依据，又极具可操作性与现世意义，故“知礼成性”影响深远，这也是张子易论的一个重要特点。

尽管程门其他高弟亦不乏精辟之语，《周易系辞精义》辑引最多的是杨时的论说，或许是因其论易最具特色。下面摘录杨时语录两则，以窥其论易之一斑，因所辑其他高弟之言不多，故从略。

杨龟山《语录》多有自得之见，下面摘引两则，如第七页：

> 杨氏曰：象言萃之时可以盈，礼也。故用大牲吉。先王观其会通而行其典礼则盈杀皆须天命也。故孟子曰：“礼之于宾，主命也。”《象》言“载鬼一车之类，近乎恢诡谲怪，疑若可乱矣，而圣人因之以行典礼，故不可乱也。”拟象而后言，议爻而后动，则言动斯与天地同流矣，其成变化也何有。

此段今《龟山集》无收[1]，盖是《语录》之佚文。杨子因《萃》之象而言及典礼，连类而及，触类旁通。《萃》卦之义与礼仪相通，全因两者皆本于天命，而天命即天地变化之秩序，即天理。杨子又择《睽·上九》小象，以说明纵此诡怪之辞亦有礼之义。整段因象见礼，又由礼言理，水到渠成，自然贴切。

又如第十二页：

> 杨氏曰：易有太极，是生两仪，一人之身其备乎？君子所止，必至其极而后已，极如屋极之极，中而不失其高者也。为人臣止于仁；为人子止于孝；为人臣止于敬；为人父止于慈；与国人交止于信，五者之道极于此而已。外是而求之，非遇则不及，非所以为极也。故曰：“君子无所不用其极”。

① 按：《杨龟山集》今常见本有《丛书集成初编》排印《正谊堂全书》本以及《四库》本。

此段亦不见今本《龟山集》，恐亦为其《语录》佚文，“君子无所不用其极”出自《礼记·大学》，郑注：“极犹尽也，君子日新其德，常尽心力不有余也。”①朱子也注曰：“自新新民，皆欲止于至善也。”②《大学》所言之“极”，主要从德行上立论，而《易》之“太极”则从宇宙生成论上立说，两者有别。但杨龟山确独出心裁，将两者统一起来，将宇宙变化原理之“太极”巧妙转化为仁义礼智信之“太极”，外在的“极”即内化为伦理律令对人品行要求的“极”。这样，天道与人伦规范之间便产生必然的联系，天道是普遍与合理的，与之相应，人伦亦是天然的与合理的，应须臾恪守不移的。

杨时上承程颐的易学思想，于易理与人伦之间建立起必然的联系，并且阐释得更加融通与绵密。这也是其释《易》的特点之一。

值得注意的是，《精义》还辑引尹焞的一则疑问，在第十八页：

> 尹氏曰：横渠论“穷神知化”，不知到化后如何？

尹焞问“化后”如何，显然乃是一个抽象的哲学思辨问题。张载不去探求“化后”如何，只是教人从日常行用入手，似也是在回避对此类行而上问题探讨。尹氏敢于提出自己的疑惑，不满足于已有成说，以图丰富和完善整个理学理论体系。

显然，其他高弟也必有类似的疑问，因此，尹焞之问，亦是其他高弟之问，更是《精义》全书之问。有问必有答，《精义》辑引的正是诸家对此类问题的回答，汇集的正是诸家研习中的自得创见。通过这些见解，我们即可勾勒出理学理论体系不断深化完善的曲折轨迹。

此书虽广辑易说又缺乏删裁而不免芜杂，但也因此保留诸说的原貌，具有难得的文献价值。而就尚存著述而言，因《精义》转引多是

---

①（清）阮元《十三经注疏》，北京：中华书局1980年版，第1672页。

②（宋）朱熹《四书章句》，北京：中华书局1983年版，第5页。

诸说原文，故此书可作为一种重要参校本，比如书中辑引横渠之语，现虽有《张子全书》传世，但仍有不少残阙讹舛之文，可取此书对勘《全书》，补订阙讹。章锡琛点校《张载集》即取《周易系辞精义》一书作为重要的参校本[①]，补佚及订正讹脱达几十条，足见此书的参考价值。

四、不足之处

朱子曾论此书编得杂，后人也多因此而疑此书非吕氏自撰。今综观全书，全书在资料的收集方面，可谓巨细无遗，诸家之说，哪怕只言片语，只要偶涉《系辞》义理皆收入不遗。但这些资料还缺乏抉择与裁剪，确切地说，诸家之说还须要缕析以避抵牾，学说之间的异同还要略加区分与评论。可惜吕祖谦未完成后续工作，故潘雨廷《读易提要》叹言："若天假之年，定有进益焉"。今笔者不揣寡陋，试缕析此书芜杂之处。全书资料编纂上大体存在内容的重复、歧义、晦涩三方面的问题。

首先，内容存在重复问题，可分为两种情况，一是简单的资料重复，全书尚存极少数资料重复编次的情况。凡一家之说可诠释两处者，吕氏在编辑资料时采用"互见法"，即此章之说当参看某章，而省略其语，如第二十二页有"见'天尊地卑'篇""见'大衍'篇"等。但也有遗漏处，如第四页倒数第十四行，二程曰"学不能纯"至"道义"一整段与第七页倒数第十七行所引全同。但此种情况非常少见，更主要的是另一种情况，即文义上的重复，较明显的是二程之说，每节皆有相同或相似的语意，如第十页，整页全为二程之说，上引二程《语

① 章锡琛曰：本书以明万历四十八年沈自彰凤翔府《张子全书》官刻本清初翻刻本为底本，用郿县本、朱轼刻本、《正谊堂丛书》本及《张子抄释》等互校，同时以《周易系辞精义》（古逸丛书本）参校，书中各篇互见的文字也作了内校。（宋）张载著，章锡琛点校《张载集》，北京：中华书局1978年版。

录》之语论“寂然不动”，下引《遗书》又三次论及“寂然不动”，后文虽有所引申，但文义仍不免重复，又因分置两处，颇显零乱。其他诸家之言亦存在此问题，如第二页文中引杨时《易稿》“行其所无事，不亦易乎，一以贯之，不亦简乎？云云”，主要论述得“理”即可与天地参，下两行的《语录》又引此文以解说，文义仅稍异，《精义》保留其一处即可。由于材料缺乏删削，文义重复，若以类相从，随之而来的问题便是上下文义缺乏连贯性。朱子即有言：“若用本经文一二句看得亦自通，只要成片看，便上不接得前，下不带得后。如程先生说《孟子》‘勿忘，勿助长’只把几句来说敬。后人便将来说此一章，都前后不相通，接前不得，接后不得。若知得这般处是假借来说敬，只恁地看，也自见得程先生所以说之意，自与《孟子》不相背驰。若此等处，最不可不知。”[①]朱子指出《精义》上下文义不相属，并提醒此等处不可拘泥文句，当以己意弥缝贯通之。上述问题也可归为文义重复而衍生的问题。窃以为各章节征引二程之言还须加以删削归纳，以使文义更加凝练，重点突出。需要指出的是，诸家之说，特别是《语录》，所言的“语境”不同，纵使相同或相似的文义，亦可并存一处。只是此书不是资料汇编，无须兼收并蓄，而是要突显各家学说的独特精妙处，故全书还须删繁就简，方可使诸家学说脉络分明，言简意赅。

其次，学说之间存在歧义。诸家之说因时宜不同而所论亦异，汇聚一处则学说彼此之间无法兼容，甚至互相矛盾。朱子曾论曰：“编得亦杂，是前辈说话有一二句与《系辞》相杂者皆载。只如‘触类而长之’前辈曾说此便载入，更不暇问是与不是。”[②]具体而言，歧义可

① （宋）黎靖德撰，王星贤点校《朱子语类》，北京：中华书局1986年版，第2950页。

② 同上书，第2950页。

分为两种情况：一是诸家学说之间存在分歧；二是一家之说内部亦存在分歧。

诸说之间的分歧，如第七页尹先生（尹焞）曰："天地设位，而易行乎其中，易者人也。"而此说即与同页二程《遗书》之说相抵牾，程颢明确反对此"易"为人之说，程颢曰："天地设位，而易行乎其中。何不言人行乎其中？盖人亦物也，若言人物行乎其中，则人只于鬼神上求矣，若言理、言诚亦可也，而特言易者使人默识而自得之也。"[①]尹焞为程颐高弟，其说即与程颢相左，盖尹焞之说全为因材施教，便于学生理解而言，而程颢则就易理广大悉备此方面立论，两者侧重点有别。第二十五页《序卦》部分，前引二程《遗书》言"《序卦》非"易"之蕴，此不合适"[②]，而下再引张子之说则曰"《序卦》相受，圣人作易，须有次序"[③]，此处立见两说分歧。又如第五页，前引张载论性命之说，稍后又引杨龟山《庭问稿录》曰"横渠谓性未成则善恶混，是杨子说也"，"性非有二也，善恶混则性终不能一矣。虽曰修其善则为善人，而性之所有乌乎去之，是所谓恶者，果不能离也"。杨时之说直接反驳张载论性之言。又如第二十二页，引《遗书》言：

> 二程解"穷理尽性以至于命"：（二程解）"只穷理便是至于命。"子厚（张载）谓："亦是失于大快，此义尽有次序。须是穷理，便能尽得己之性，则推类又尽人之性；既尽得人之性，须是并万物之性一齐尽得，如此然后至于天道也。其间煞有事，岂有当下理会了？学者须是穷理为先，如此则方有觉有合（一本作有学）。（一本有今）言知命与至于命，尽有远近（一本作近远），岂可以

① （宋）程颢、程颐著，王孝鱼注《二程集》，第118页。
② 同上书，第89页。
③ （宋）张载著，章锡琛注《张载集》，第238页。

知便谓之至也？”[①]

稍后又引《遗书》程颐曰：“穷理尽性以至于命，三事一时并了，元无次序，不可将穷理作知之事，若实穷得理即性命亦可了。”前引张载之言谓穷理尽性以至于命有次序，后录二程之言谓此三者无次序。盖前者侧重修养穷理的途径，而后者则侧重于结果。两说置于一书，不免让人疑惑。朱子就曾指出《精义》中引伊川与横渠之说“都有一时意见如此”[②]。

其次，一家之说内部也存在歧义。如第十七页，张载言：“德盛者，穷神则智不足道，知化则义不足云，天之化也。”[③]而在下面又引张子之说曰：“明庶物，察人伦，然后能精义入神，因性其仁而行。”[④]前言精义入神皆非人力所能企及，后言精义入神可通过明察人伦庶物以达。盖前者所言之德是先天的，后者则为后天的，张载似乎于此两处探讨同一个问题的不同层面。又如第十七页，前引张子之言“此君子所以立多凶多惧之地，乾乾进德不少懈于趋时也”[⑤]，稍后又引“知几者，为能以屈为信。君子无所争，彼伸则我屈，知也；彼屈则吾不伸而信矣，又何争”[⑥]。此两处君子的处事态度迥然不同，前者奋发激扬；后者退隐无求。

总之，研习《精义》，应区别诸说的前提、条件、侧重点以及彼此间不同的思想倾向。

最后，文义还存在晦涩难懂处。有些论说虽引《系辞》之文，然多与《系辞》本义无多大关涉，系于《系辞》之下，笔者实不知引此

① （宋）程颢、程颐著，王孝鱼注《二程集》，第 115 页。
② （宋）黎靖德撰，王星贤点校《朱子语类》，第 2950 页。
③ （宋）张载著，章锡琛注《张载集》，第 16 页。
④ 同上书，第 38 页。
⑤ 同上书，第 36 页。
⑥ （宋）张载著，章锡琛注《张载集》，第 36 页。

说的主旨何在，与《系辞》有何关联。

比如第十五页，杨龟山语录中有：

问：邵尧夫云“谁信画前元有易，便知删后更无诗。”画前有易，何以见。曰：画前有易，其理甚微，然则周孔子之已发明者，言之未有画前，盖可见也。如云神农氏之耒耜，盖取诸《益》；日中为市，盖取诸《噬嗑》；黄帝尧舜之舟楫，盖取诸《涣》；服牛乘马，盖取诸《随》；《益》、《噬嗑》、《涣》、《随》重卦也。当神农、黄帝、尧、舜之时，重卦未画，此理真圣人有以见天下之赜，故通变以宜民而易之道得矣！然则非画前元有易乎？

此段虽引《系辞》之文，但大义是论卦画前是否有易理的问题，与《系辞》此段无多大关系，《系辞》之义反而愈说愈晦。又如第四页，张载曰：“天惟运动一气，鼓万物而生，无心以恤物。圣人则有忧患，不得似天。天地设位，圣人成能，圣人主天地之物，又智周乎万物而道济天下，必也为之经营，不可以有忧付之无忧。”①《系辞》此节之文不难理解，此处引张子《易说》之文以释之反而晦涩难懂，在于《系辞》此文似言人当“乐天知命”且“不忧”，而张子则反言圣人乐天但还应有忧，似与《系辞》之义有别。又如第四页引杨氏《易稿》曰：“形而上者谓之道，形而下者谓之器。阴阳亦形而下者，而亦谓之道，通上下言之也。‘夫通天下一气尔’，‘谁能出不由户’，则所谓道者，即此而已。”杨子此处论“阴阳”亦“形而下”者，似本之二程，但与《系辞》之义有别，后面有引《庄子·知北游》与《论语·雍也篇》来释“道”，但阴阳若为“形而下”者，即为“器”，“器”与“器”如何交感？道不言而喻，不落言筌，则阴阳如何通道？且为何唯有阴阳此“器”可通而他“器”不可呢？此外，又如第二十页，杨时曰：“盖言易之在我也，

①（宋）张载著，章锡琛注《张载集》，第185页。

人人有易不知自求，只于文字上用功，要作何用。”此恐是杨子借《易》以阐发修养体悟之道，已是一家之说，与《系辞》本义相隔甚远。

不过，以上问题只是微瑕，特别是单列文义晦涩这一问题，亦有笔者学识尚浅的缘故。

综上所述：吕祖谦类萃周敦颐、二程以及程门高弟等十三名前贤言思辙迹之精诣以成《周易系辞精义》一书，以推阐互济《系辞》之隐奥。诸理学家深讨本体心性，畅论慎独修养，各家情识气质之分殊，皎然可见，于隐现中勾勒出理学发展的曲折轨迹。因各家旨趣有别，故此书还存在内容重复、歧义、晦涩等不足，然而也由此保留诸说原貌，故此书尚存诸家佚文，吉光片羽，洵足珍视，仅就各家尚存著述而言，也不失为一种重要的参校本。

《周易本义》之札记三则

朱子于《周易本义》一书研治殊深，此书不仅为后代士子举业必读之书，也是学者研治易学的必读书。然笔者研习《周易本义》一书，于其从古本经传编次，正文用字及其影响等方面尚有疑惑，故撰札记三则以论之。

朱子《周易本义》原本经传独自分行，后复淆乱，《四库全书总目提要》已详辨之，然而朱子此观点如何形成，又受何人影响，则语焉未详。其次，朱子《周易本义》以吕祖谦《古周易》为底本，前人虽无异说，也宜详考之。最后，胡凤丹《金华丛书》本刊吕祖谦《古周易》后附《周易本义考》一文，对《周易本义》所涉古本《易》问题有较全面的归纳和总结，前人不详何人所撰，本文亦考订该篇各条文出处，及其所撰者。

一、"经传分行"观点嬗变考

两宋易学史上，有一个值得关注的复"古易"学术现象。当时不少易学家认为所见通行王弼本乃经后人重编，欲重编之以还"古易"旧貌。古易家还从事《易》版本校勘的工作，可以说，复"古易"现象是两宋易学发展中一个重要的环节。南宋王应麟择其中五位代表性人物，称之为"古易五家"。①"五家"即吕大防、晁说之、王洙、吕祖谦、周燔五位易学家。各家复古本《易》的依据以及观点，集结于康熙十九年刊的《通志堂经解》题作吕祖谦所编的《古周易》一

① （宋）王应麟《（合璧本）玉海》第二册，京都：中文出版社影印各宋元善本1977年版，第730页。

书中。[①]该书还录吴仁杰对以上五家的“观点”的评论及相关问题的看法。因此,就此问题,当时有代表性的易家当是“六家”,而非“五家”。

上述“古易”家(除周燔外)多认为先秦两汉时《易》经传分行,今经传相合本乃经后人重编。诸家所据不一,然皆有此共识。古易家得出的“古本《易》经传当分行”结论,以今出土的东汉熹平石经所录的今文《易》核之,[②]则此论可确定不移,这当属各家考订“古易”最重要的结论之一。

该观点为清代学者所肯定与继承。比如《四库全书总目提要》言:“‘古易’上下经及十翼,本十二篇。自费直、郑玄以至王弼,递有移缀。孔颖达因弼本作《正义》,行于唐代,‘古易’遂不复存。”[③]清官修的《御纂〈周易折中〉》的《凡例》也言:“《易经》二篇,《传》十篇,在古元不相混。”[④]且该书即依朱子《本义》原本经传分行的次第。

朱子经传分行的观点即受晁说之、吕祖谦《古周易》的影响(按:晁氏书不存,其说见于吕祖谦《古周易》和《古易音训》中)。淳熙八年,吕祖谦《古周易》完成后,朱子撰《〈古周易〉跋》于其后:

> 熹尝以谓《易经》本为卜筮而作,皆因吉凶以示训戒,故其言虽约,而所包甚广。夫子作传,亦畧举其一端,以见凡例而已。然自诸儒分《经》合《传》之后,学者便文取义,往往未及玩心全经,而遽执《传》之一端以为定说。于是一卦一爻,仅为一事,而《易》之为用,反有所局,而无以通乎天下之故。若是者,熹

① 按:今还有江苏广陵古籍刻印社影印同治十二年富文斋刊本。

② 屈万里:《汉石经周易残字集证》卷一《汉石经周易之篇第》,《屈万里全集》第11册,台北:联经出版事业公司1984年版,第18–25页。

③(清)永瑢等撰,王伯祥断句《四库全书总目》,北京:中华书局1965年版,第49页。

④(清)武英殿康熙五十四年刊本《御纂〈周易折中〉·凡例》。

盖病之。是以三复伯恭父之书而有发焉，非特为其章句之近古而已也。①

可见，朱熹认为《古周易》区分经传，即可辨经传思想的不同，可有力支持“《易》本为卜筮而作”这一观点。即经传分行有利于区分伏羲、文王和孔子各自的易学思想。不过，以上只是朱子的初步看法，尚未触及《古周易》的一些具体问题。朱子对相关问题的深入思考，则见于税与权《易学启蒙小传》收录朱子《晁吕二氏古易得失辨》一文中：

熹按：晁氏此说（晁氏《古周易·后记》）与吕氏《音训》（《音训》亦收录吕氏《古周易》的《跋》文）大同小异，盖互有得失也。先儒虽言费氏以《彖》、《象》、《文言》参解《易》爻，然初不言其分《传》以附《经》也。至谓郑康成始合《彖》、《象》于《经》，则《魏志》之言甚明。而《诗》疏（即孔颖达《毛诗正义》）亦云汉初为传、训者皆与《经》别行，《三传》之文不与《经》连，故石经书《公羊传》皆无《经》文，而《艺文志》所载《毛诗故训传》亦与《经》文别。及马融为《周礼注》，乃云欲省学者两读，故具载本文而就《经》为注。②马、郑相去未远，盖倣其意

① 参见《书临漳所刊四经后》一文，后又注明此《跋》文的时间即“淳熙九年夏六月庚子朔旦”。然而，其他《书》《诗》《春秋》三经的《跋》文则作“绍煕庚戌冬十月壬辰”。（《晦庵先生朱文公文集》第五册卷八十二，《朱子全书》第廿四册，上海：上海古籍出版社 2010 年版，第 3889-3890 页）《周易会通》本、《四库》本、《金华丛书》本皆收录此文，后附刊刻时间亦同。

② 引文参见《毛诗正义》卷一之《周南关雎诂训传第一》之“郑玄笺”条目下。朱子引此文也有所删裁，全文则为：“汉初为《传》、《训》者皆与《经》别行，《三传》之文不与《经》连，故石经书《公羊传》皆无《经》文，《艺文志》云‘《毛诗经》二十九卷，《毛诗故训传》三十卷’，是毛为诂训，亦与经别行也，及马融为《周礼》之《注》乃云‘欲省学者两读，故具载本文’，然则后汉以来始就《经》为注，未审此《诗》引经附传是谁为之。”（清）阮元校《十三经注疏》，北京：中华书局 1980 年版，第 269 页。

而为之尔。故吕氏于此义为得之，而晁氏不能无失。至晁谓初乱古制时，犹若今之《乾》卦，《彖》、《象》并系卦末，而卒大乱于王弼，则其说原于孔《疏》，而吕氏不取也。盖孔《疏》之言曰："夫子所作《象辞》，元在六爻《经辞》之后，以自卑退不敢干乱先圣正经之辞。及至辅嗣之意，以为《象》者，本释《经》文，宜相附近，其义易了，故分爻之《象辞》，各附其当爻下言之。此其以为夫子所作，元在《经辞》之后，为夫子所自定，虽未免于有失，而谓辅嗣分爻之象，以附当爻，则为得之。故晁氏舍其半而取其半也。其实今所定，复为十二篇者，古经之旧也。《乾》卦盖存郑氏所附之例也，《坤》以下六十三卦，又弼之所自分也。吕氏于《跋》语虽言康成辅嗣合《传》于《经》，然于《音训》乃独归之郑氏而不及王弼，则未知其何以为二家之别，而于王本《经》、《传》次第两体之不同，亦不知其所以为说矣。岂非阙哉？[1]

此篇是朱子后来刊刻吕祖谦《古易音训》一书的附录[2]，因《音训》一书悉录《古周易》一书各篇前的说明，(无录吕氏《后记》)因此，朱子此文也可视作对吕氏《古周易》一书所持依据的评析，当完成于《本义》成书前。[3]《朱文公文集》卷六十六收录《记嵩山晁氏卦爻象

---

① 参见（宋）税与权《易学启蒙小传》之《周易古经发题》，康熙十九年《通志堂经解》本，第六页。此文又见于元董真卿《周易会通》，同治八年胡凤丹刊刻的《金华丛书》附录据《周易会通》本也收录此文，题作《朱子书嵩山古易跋》。民国补刊本《金华文萃》则无录。

② 朱鉴言："至于《嵩山古易跋语》，先公尝折衷晁吕之说于其后。"（朱鉴《跋》见载于董真卿《周易会通》之《古易朱子后序》，康熙十九年《通志堂经解》本，第1页；此外《经义考》复引此条，见《古易音训》条下，卷三十）。

③《周易本义》正式成书大概于庆元四年左右。（1198年）参见白寿彝《周易本义考》，《白寿彝文集》第七卷《朱熹撰述丛考》，郑州：河南大学出版社2008年版，第14页。

象说》一文，与上篇相似[①]，但《文集》所录该篇只是札记（后简称札记），随文附注于晁说下。两相比较，《文集》所录当是初稿，而税与权所辑才是全文。笔者发现全文与札记相比，更深入阐述朱子对“古易”问题的看法：

首先，札记引孔疏[②]后只言“似亦有所未尽”，而全文则详论到“虽未免于有失，而谓辅嗣分爻之象，以附当爻，则为得之”。

其次，札记只记晁说“似亦未可尽废”而全文则折衷晁吕之说，并指出吕氏无辨王弼本《乾》卦经传次第与他卦不同的问题。[③]

最后，全文中，朱子还将此问题归纳为：

（一）其实今所定，复为十二篇者，古经之旧也；

（二）《乾》卦盖存郑氏所附之例也，《坤》以下六十三卦，又弼

①《记嵩山晁氏卦爻彖象说》共有两段，前段引《诗》《疏》之文与税氏所录全文相同，后段引孔颖达《正义》之文也与全文相同。其他则有差异。前段还有“此晁氏所引以证王弼分合《经》《传》者。然其言夫子作《彖》辞元在六爻《经》辞之后，则孔氏亦初不见十二篇之《易》矣。又不于《彖》及《大象》发至，似亦有所未尽”几句，税氏辑文无。后段又引《魏志·高贵乡公》一段，税氏辑文略去。后段朱子案语：“晁氏所谓初乱古制时犹若今之《乾》卦，而卒大乱于王弼者，似亦未可尽废，税氏辑文则略去而增入朱子的观点“《乾》卦盖存郑氏所附之例也，《坤》以下六十三卦，又弼之所自分也”。（《朱子全书》第廿三册，《晦庵先生朱文公文集》第四册卷六十六，第3217–3218页）可见，《文集》所录与税氏辑文尚多差异。今《朱子全书》无复录税氏所引《晁吕二氏古易得失辨》一文，似当据补。

② 所引孔《疏》之文出自《周易正义》的《坤》卦初六《小象》疏文。

③ 朱子言“吕氏于《跋》语虽言康成辅嗣合《传》于《经》，然于《音训》乃独归之郑氏而不及王弼，则未知其何以为二家之别”。笔者按：吕祖谦《古易音训》有言：“汉上朱氏曰：‘王弼以《文言》附于《乾》、《坤》二卦’。案淳于俊谓郑康成合《彖》、《象》于经，不言合《彖》《象》《文言》于《经》，则朱氏之说是也。”吕氏认为《文言》传乃王弼附入。有辨两家之别，非阙。只是不解《乾》卦《彖》《象》次第与他卦不同的问题。朱子从孔《疏》，盖以为《文言》也是郑玄附入，故其亦无辨谁附《文言》于《乾》《坤》两卦的问题。

之所自分也。

朱子以上两个观点肯定吕本十二篇是古经之旧，进而又推断郑玄、王弼分经合传前的各自版本。因此，全文也可谓对“古周易”经传分合问题较全面的梳理与总结。

由上可知，朱子撰《本义》前，针对晁、吕两《古周易》的《后记》所阐释的观点，有深入的思考。朱子融裁晁、吕二家之说，肯定吕祖谦《古周易》所分十二篇乃“古经之旧”；因此，今本《本义》与吕祖谦《古周易》于“古易”问题上所持的基本观点相同。

二、《周易本义》正文考

吕祖谦《古周易》的影响，最重要的便是朱子《周易本义》以吕祖谦《古周易》作底本。《周易本义》的初稿，朱子大概在淳熙二年（1175）开始起草，当时还没有《周易本义》的名称，而称作《易传》，此书至于淳熙四年才成。[①]淳熙八年，吕祖谦《古周易》出来，朱子后复取此书作底本，并更名为《周易本义》。据陈振孙《直斋书录解题》卷一“朱熹《易传》十一卷、《本义》十二卷、《易学启蒙》一卷”条下言：

> 初为《易传》，用王弼本。复以吕氏《古易经》为《本义》，其大旨略同，而加详焉。[②]

此提要略言《周易本义》书名的由来，盖朱子《本义》也酝酿有

① 白寿彝以为《本义》淳熙四年成，“《玉海》和《年谱》所谓‘《本义》成’，大概是指《本义》初稿说；用《本义》当时的名字，应该说是‘《易传》成’。”参见白寿彝《周易本义考》，《白寿彝文集》第七卷《朱熹撰述丛考》，第11–12页。

②（宋）陈振孙著，徐小蛮，顾美华点校《直斋书录解题》，上海：上海古籍出版社1987年版，第21页。

一段时间，大概于淳熙十五年左右才用《古周易》作底本。[①]中间这段时间，当是朱子对《古周易》各观点的思考与取舍的过程。

吕祖谦《古周易》正文今虽已不得见。《四库全书总目》有言：“朱子尝刻是书于临漳、会稽，益以程氏是正文字及晁氏说，此本皆无之，殆传写者遗之欤。”[②]然吕祖谦《跋》文却留下一条线索，其《跋》言：“祖谦谨因晁氏书，参考传记，复定为十二篇，篇目卷帙一以古为断。”因此，吕祖谦《古周易》全取晁说之《古周易》的正文，另将晁书辑各家易说及其取字析出编入《古易音训》内，这也就可理解为何吕祖谦后又言“其说具于《音训》云”。不过，《音训》只辑录晁书的部分用字，仍无法断定晁氏《古周易》的全部用字。

至于《本义》的版本，据白寿彝《周易本义考》，《本义》成书后有朱鉴本，然刊期不明，版本无从考证。其次是刊于咸淳乙丑（1265）的吴革刊本，此书在《本义》版本流传中，占很重要的地位。后来刊刻“原本《周易本义》”的，差不多都拿吴本作底本。而吴本为藏书家所绝称的本子，和后来通行本的文字颇有不同。[③]今所见《本义》正文用字多经后人改易，清陈鳣《宋咸淳本周易本义跋》，对翻刻吴革本与今本正文的差异已有辨析[④]，现录如下：

① 白寿彝考《本义》之名，以发现于淳熙十五年（1188）朱熹答蔡元定书者，为最早。并认为朱熹答元定这书，当在《易传》改题《本义》，别用《古周易》本并修改本书内容不久以后的事。（参见白寿彝《周易本义考》，《白寿彝文集》第七卷《朱熹撰述丛考》，郑州：河南大学出版社，2008年版，第13页）笔者认为虽不能断定《本义》用吕氏《古周易》版本确是在淳熙十五年，但吕氏《古周易》一行世，朱熹并不立刻取作底本则可确定。

② （清）永瑢等撰，王伯祥断句《四库全书总目》，北京：中华书局1965年版，第15页。

③ 具体参见白寿彝《周易本义考》，《白寿彝文集》第七卷《朱熹撰述丛考》，第13页。白寿彝该文列八种版本，均以吴本作底本。

④ 福建人民出版社影印本《宋刊〈周易本义〉》一书，此书前署“宋咸淳元年吴革刻本影印”，然笔者发现此书《序卦》后的字体不同，不明何故。以 （转下页）

其经文如：

《比》初六“终未有它吉”，不作“有他”；

《否》九五“系于苞桑”，不作“包桑”；

《井》九五“井洌寒泉食”，不作“井冽”；

《坤·象传》“应地无疆”，不作“無疆”；

《颐·象传》“自求口实”，不作“口食”；

《系辞传》“失得之象也”，不作“得失”；

“其受命也如响”，不作“如向”；

“何以守位曰人”，不作“曰仁”；

“男女构精”，不作“搆精”；

“兼三材而两之，故六”，不作“三才”，下句同。

《序卦传》“伤于外者必反于家”，不作“其家”；

“决必有遇”，“有”下无“所”字；

《杂卦传》“丰多故”下，无“也”字；

俱与宋版相合，而可以证俗间通行本之误。至于《杂卦传》“遘，遇也”，不作“姤，遇”，则此本尤胜。考《说文》无“姤”字，徐铉新附乃有之。《尔雅·释诂》：“遘，遇也。”《易》“姤”《释文》薛（虞）云：“古文作‘遘’，郑同。”冯椅《易辑》云：“古文，姤作遘，遇也，亦婚媾也。”王注《易》，改为今文，为姤。《杂卦》以无王注，故未及改。唐石经及宋相台岳氏本皆作“遘”，流俗相承，尽改为“姤”，遂不复知《本义》原本矣。[①]

（接上页）上陈鳣所出之字，除《杂卦传》中“丰多故”下，《宋刊〈周易本义〉》仍有“也”字外，余则同。据《古易音训》吕氏言“今本有也字”，则古本当无“也”字。因此，陈氏所录当本吴革本《周易本义》的用字。

①（清）陈鳣《经籍跋文》参见《续修四库全书》本史部923册，上海：上海古籍出版社1995年版，第658页。

陈氏所引吴革本以上古字异文，与吕氏《音训》所录晁说之用字相同。今有吴革咸淳原本的影印本[①]，可复核之。可见，前人以为朱子《本义》取吕氏《古周易》作底本之说不为无据。陈振孙《直斋书录解题》于吕氏《古周易》条下即言：

> 朱晦庵刻之于临漳、会稽，益以程氏是正文字及晁氏说。其所著《本义》，据此本也。[②]

陈氏或亲见《古周易》原本，故论断如此确定。然而，元董真卿则指出：

> 朱子《本义》，以淳熙四年丁酉岁（1177）成。（笔者按：此乃《易传》成书，非《本义》，吕祖谦《古周易》淳熙八年才出来，董氏误记）凡分《经》异《传》，尽从东莱吕氏所定。非旦取其章句之近古，至若正文，亦多从《古易》。《系辞》诸篇分章，亦不尽从吕氏也。详见《本义》。[③]

《系辞》部分分章的不同，见于《本义》与《古易音训》二书此章的注文，本文不细论。[④]据此，则朱子对古本《易》用字也有自己

---

① 今福建人民出版社及《中华再造善本》均有影印吴革本，福建人民出版社影印本的书签题作《宋刊〈周易本义〉》。

②（宋）陈振孙著，徐小蛮，顾美华点校《直斋书录解题》，上海：上海古籍出版社 1987 年版，第 3 页。

③ 见（元）董真卿《周易会通》卷首，《周易经传历代因革》条下《朱子易》的案语。康熙十九年《通志堂经解》本，第 10 页。

④ 此外，朱子考订错简也与吕祖谦稍异。吕祖谦考订错简，据《音训》言“第十一章从晁氏，章首‘天一以下二十字移别章’”。至于何章，吕氏无明言。又考《音训》“天一地二”条下，有论《前汉·律历志》引《易》之文，吕氏案“程氏、张氏说并云自‘天一至地十合在天数五上’”，则知晁氏移此文入《上系》第九章“大衍之数”后。又据《音训》，《上系》第八、九、十章，晁、程二氏相同，而第十一章却仅言晁氏移“大衍之数”，是程颐并未移此段文字也。今《本义》于第九章又将“天一、地二”连同“行于鬼神也”一段置于“大衍之数”前，并下注“程子曰‘宜在此’”，然程子并未移，盖朱子据程子之说自移之。吕氏虽移却将“天一、地二”置于“大衍之数”后，因此吕、朱二氏考订错简处置的方式稍异。

的看法；因此，《本义》以吕本《古周易》作底本也并非一字不改。

吕祖谦既录晁说之《古周易》用字，复辑晁氏易说及用字入其《古易音训》一书。朱子曾刊吕氏《古易音训》，且撰有跋文，于此书甚为熟悉，其后刊《本义》，亦不复作音训。[①]朱子撰《本义》时也择录吕氏《音训》及晁氏易说，且增补程颐是正文字于各字条下。[②]至于《本义》究竟改订吕氏《古周易》哪些用字，限于材料缺乏，笔者只能付之阙如。

三、《周易本义考》辨

先秦两汉时《易》经传分行，今经传相合本乃经后人重编。这一结论，乃订古本《易》诸易家的重要学术发现。此外，晁氏《古周易》八篇多录古字，吕氏取其书正文复定十二篇，后朱子《本义》取吕书又附入晁说及程氏是正文字。因此，可以说无论是编次还是正文，《本义》都可以说是较完善的本子，也是复"古易"研究的一个成果。后人也可借《本义》及《音训》了解《易》经传分合的原委，各家底本的异同，因此后人对此三氏之说评价很高。这些评价也集中体现在《金华丛书》本所录的《周易本义考》一文中。

同治年间刊刻的《金华丛书》(民国补刊本)，最后附有十六段文字组成的《周易本义考》一文，然而却不提撰人。经笔者研究，此篇

① (宋)朱鉴言："先公著述，经传悉加音训，而于《易》独否者，以有东莱先生此书也。"具体见《经义考》卷三十"《古易音训》条"。今《经义考》于《周易本义》后复出《古易音训》此条，翁方纲《经义考补正》已有说明，此乃特据《宋书·艺文志》著录之旧，非别有一书。(清)朱彝尊撰，翁方纲撰，罗振玉撰《经义考·补正·校纪》卷八，北京：中国书店2009年版，第219页、第2038页。

② 朱子言"《音训》则妄意其或有所遗脱"，并非指《音训》各条目在当时有散佚。因吕、朱二氏曾亲校程子《易传》，朱子此处盖不明吕氏《音训》为何不引程说，且全取晁说而无辨证。

实乃刊刻者胡凤丹辑录各家评说而成，现将此文各段出处缕析如下①：

编号	出处	摘录	备注
1	李光地《御纂〈周易折中〉》	《凡例》开头句	首提编纂缘由。（见清武英殿康熙五十四年刊本的《凡例》）
2	傅恒《御纂〈周易述义〉》	《序》开头句	见《四库全书荟要》第15册。（世界书局1985年影印摛藻堂本）
3	班固《汉书·艺文志》	十二篇名目，取颜师古注	见班固《汉书》中华书局点校本，1964年版，第1704页。
4	孔颖达《周易正义》	十翼的篇次	取《论夫子十翼》。
5	陈寿《魏志·高贵乡公》	高贵乡公与淳于俊的问答	论郑玄合《彖》、《象》于《经》。
6	晁说之《古周易》的《后记》	全文	论己书编次的缘由及依据。
7	吕祖谦《古周易》的《跋》	全文	论己书编次的缘由及依据。
8	《朱子书嵩山古周易跋》	全文	比较晁、吕二说的异同，并提出自己的看法。（并注该文载自《周易会通》）
9	朱子《书临漳所刊易后》	全文	对吕氏《古周易》内容的评述。
10	朱鉴《吕氏音训跋》	全文	重刻《本义》附《音训》的原因，以及对《本义》各版本的简要说明。
11	薛瑄《读书录》	节录一篇	论《本义》当从古篇次。（按出自《续录》卷九，《经义考》卷三十一有录）
12	顾炎武《日知录》之《朱子周易本义》	节录正文两段及顾氏自注	对"古易"问题的看法。
13	陈延敬《午亭文编》	节录一篇	论后世《本义》各版本流传的情况。

① 按："御纂"的两段文字皆顶格。该文版心部分刻作"古周易考"。

编号	出处	摘录	备注
14	朱彝尊《经义考》	按语	论程颐《易传》与《本义》底本不同，不可混淆。（见《经义考》卷三十一《周易本义》条下）
15	王懋竑《朱子年谱考异》	一段	论当复《本义》十二篇次之旧。
16	佚名《易记疑》	几句	论《古易音训》当从《周易会通》中分出别行，并引朱鉴说。

以上各段文字，除最后一段无出处外，其他皆有来历。最重要的是开头两段文字。第一段出自李光地《御纂〈周易折中〉》的《凡例》开头：

《易经》二篇，《传》十篇，在古元不相混，费直、王弼乃以《传》附《经》，而程子从之。至吕大防、晁说之、吕祖谦诸儒，以为应复其旧，朱子《本义》所据者，祖谦本也。明初，程《传》、朱《义》并用；而以世次，先程后朱，故修《大全书》，破析《本义》以从程《传》之序。今案：《易》学当以朱子为主，故列《本义》于先，而《经》《传》次第，则亦悉依《本义》原本，庶学者由是以复见古经，不至习近而忘本也。①

第二段则出自傅恒《御纂〈周易述义〉·序》：

《诗义》既竣，爰从事于《周易》，举向所阐绎者，命词臣条次其说，日一二卦，一如《诗义》之例，仍从朱子《本义》用晁氏本，以应《十翼》之旧。编成，复为之《序》。②

前段是李光地叙述自己定《凡例》的依据，后段则是傅恒论编《述义》的缘起，非引他人之说，特别是后文提及的“《诗义》”实

① 参见清武英殿康熙五十四年刊本《御纂〈周易折中〉·凡例》。
②（清）傅恒《御纂周易述义》，《摛藻堂四库全书荟要》第 15 册，台北：台湾世界书局影印本 1985 年版，第 1 页。

是傅恒奉命编修的《御纂〈诗义折中〉》一书，此文出自傅恒。此外，以上辑引各家评述尚缺《四库全书总目提要》中吕祖谦《古周易》的提要，然而胡氏刊刻的《金华丛书书目提要》即已收录，故此处不重录此文。

编撰此篇者当生于所引各家卒年之后，当在清道光、光绪时。此正与胡凤丹（1828–1889）学术活动时间相符。《周易本义考》也无序跋，编者胡凤丹于前《重刻〈古周易〉序》也仅提及所刻《古周易》版本的来源，则此文当是胡氏自己编定，故不注撰者。

上述前两段及薛瑄以下各段文字即可见晁、吕、朱三家所定“古易”的影响。清朝官方御纂《周易折中》及《周易述义》都认同古本《易》当经传分离，从十翼的编次，《本义》本晁、吕书，可见“复古易”的成果，此时已内化为成清儒的共识。

四、结论

吕祖谦《古周易》之说影响朱子撰《本义》前对“古易”问题的看法。朱子折衷晁、吕二家之说，对“古易”的相关问题作了一番较全面的梳理与总结。《本义》又取吕书作底本，而吕书则本晁说之书的正文，并将晁书注文辑出析入其《古易音训》一书中。今晁、吕二书完本皆佚，而《本义》用字也多经后人更改，然据今存吴革本《本义》所录的古字，也多见录于《古易音训》一书中，可知朱子《本义》以吕书作底本之说有据。不过，《本义》虽取吕书作底本，也有改定字句。

今《金华丛书》本《古周易》后附有佚名《周易本义考》一文，经笔者考证，乃胡凤丹辑录汉儒至清儒对“古易”问题的看法和评述而成。其中值得注意的是开篇摘引的两段文字，从中可知清朝官方御纂的两本《易》书已充分汲取晁说之、吕祖谦和朱子考订“古易”的成果，即：认为古本《易》本经传分行，宜从十翼传统编次。

宋代“疑经”与“编古易”问题之辨证

——以《易经》为例

内容摘要：本文以为宋儒“疑经”思潮与重编“古易”之间存在复杂的关系，应注意到“疑经”问题的复杂性，重编“古易”者也可以“尊经”为宗旨。早在重编“古易”现象之前，宋儒就已对《周易》经传著者的各种说法有所修正，为后来达成共识奠定了充分的思想基础。笔者进而考辨“文王作爻辞”更近汉儒旧说。欧阳修怀疑《易》经传的合理性，受后人抵制，也存在忽略石刻史料、汉易学特点以及汉代文化背景等疏漏。传统经学家如吕祖谦，以维护传统经学思想为指归来重编“古易”，有其必然性及价值。

关键词：疑经与编“古易”；宋儒修正；文王作爻辞；问题之响应

本文探讨两宋学者复“古易”问题，不免涉及到两宋“疑经”这一复杂的学术现象。这是因为当代学者多认定宋儒乃因“疑经”而重编经传，乃至“改经”；遂将重编“古易”经传纳归为“疑经”思潮的一部分。然而，笔者追根溯源，以为“疑经”与重编“古易”，既有联系又有区别，不能简单将重编“古易”归因于“疑经”风气的寖馈。

一、“疑经而编古易”说辨正

屈万里《宋人疑经风气》一文，将宋代“疑经”之说，大致分为三类：一是怀疑经义的不合理；二是怀疑先儒所公认经书的著者；三是怀疑经文的脱简、错简、讹字等。[①]叶国良承其师屈氏之说，在其《宋人疑经改经考》一书中，将两宋疑《易》经问题分为三个方面：一、辨卦辞、爻辞非文王、周公作，十翼非孔子作；二是古《易》之复原；三是考订错简。[②]即以为重编“古易”乃是当时“疑经”思潮的产物。近人又多袭屈、叶二氏之说，认为重编“古易”经传是当时“疑经”风气的必然结果。[③]

笔者以为将“疑经”风气与重编“古易”问题联系起来，注意两者之间的关系，有其合理性的一面；然而，也在不经意间忽视两者的区别。

屈氏所举只是“疑经”的分类，而不是标准。[④]所举三条：第一项，即“怀疑经义的不合理”可作为判定先儒疑经的一条主要标准；[⑤]第二项，则应具体问题具体分析；第三项则不妥。

“怀疑先儒所公认经书的著者”一项，就涉及到先儒的具体时代断限的问题，究竟是秦汉的先儒，还是魏晋南北朝的先儒，抑或是隋唐以降的先儒。先秦的学者对经书，特别是《易》经，是否有公认的著者，现已难晓。两汉时，经书公认的著者当时即存争议。[⑥]自魏晋以下，汉儒公认的经书著者是否仍无异议呢？如梁武帝云“《文言》

① 屈万里《宋人疑经的风气——中华民国五十三年三月二十三日宋史座谈会第四次集会报告摘要》，见《屈万里全集》第14册《书佣论学集》，台北：台湾联经出版事业公司1984年版，第238页。

② 叶国良从其师之说，取疑经部分现象加以研究。见叶国良著《宋人疑经改经考》，台北：台湾大学文史哲丛刊，1980年版。

③ 比如：汪惠敏《宋代经学之研究》，台北：台湾师大书苑有限公司1989年版；王铁《宋代易学》，上海：上海古籍出版社2005年版；杨新勋《宋代疑经研究》，北京：中华书局2007年版。

④ 叶氏似乎有将疑经之说的分类当作判定疑经标准的倾向。

⑤ 然而也须综考其他因素，比如韩康伯以为“《序卦》之所明，非《易》之缊也”，(《周易正义》）不能据此认为韩康伯也疑经。

⑥ 按：今文派多认为六经乃孔子手定，而古文派则认为孔子述而非作，多将六经托之于周公等先圣人。

是文王所制”，（见《古易音训》）是否可将此定为疑经？笔者以为这些问题还有很大的探讨空间。依目前叶氏界定“疑《易》经”标准的情况来看，就《易》经而言，此观点更确切的表述应当是：“怀疑孔颖达《周易正义》中归纳出来先儒公认的经传著者。”

重编《易》经传与“考订错简”，不能作为判定“疑经”的标准。两汉时《易》经传别行，至郑玄时，经传始相合。①据《魏书·高贵乡公》淳于俊之言可知②，当时经传编次并不具有不可更易的权威性。唐李鼎祚《周易集解》也离析《序卦》之文于各卦之首，因此改动经传篇次，不可视为“疑经”的结果。此外，刘向、陆德明皆曾校定《易》经传，因此“考订错简”更不可定为疑经标准之一。

因此，笔者以为判定宋儒“疑经”之标准当是：

> 宋儒怀疑经传的义理不合理，或杂入后人的学说；怀疑经传的著者超出后世注疏家（指《十三经注疏》的注疏家）归纳的范围。③

---

① 西汉费直无合经传之事大抵可以确定。《汉书·儒林传·费直传》言：“亡章句，徒以《彖》、《象》、《系辞》十篇文言解说上下经。”费直若以传合经，则十翼篇数必少于十篇；否则，费直当离析传文，必有一传之文分置两处，又如何能无章句，且不附说明呢？刘向校书，凡遇卷数不同者则分书之，比如《汉书·志文志》列《尚书古文经》四十六卷，又列《经》（今文）经二十九卷。《汉志》不出费直条目，仅在小序中略提及而已，可见刘、班二氏认为费直并无重编经传之事。

② 帝问曰：“孔子作彖、象，郑玄作注，虽圣贤不同，其所释经义一也，今彖、象不与经文相连，而注连之，何也？”俊对曰：“郑玄合彖、象于经者，欲使学者寻省易了也。”见（晋）陈寿撰《三国志》，北京：中华书局1959年版，第136页。此段后人也有不同的解说，清李遇孙《日知录补证》认为此段下文“彖”“象”二字有误，李氏孙认为“《魏志》殊未明”，引此段言：“此时方论《彖》、《象》不与经连，何转云合之耶？方疑郑注与经文相连，何忽及《彖》、《象》之合不合耶？此史家承上文有‘彖’‘象’二字而误耳，所以帝又云‘圣人以不合为谦，郑玄何独不谦耶？’盖言孔子以不合《彖》、《象》为谦，郑玄何不谦而以注合之也。”故李氏以为：“是则康成合注于经，非合《彖》、《象》于经”。详见（清）顾炎武著、黄汝成集释、栾保群、吕宗力校点《日知录集释》，上海：上海古籍出版社2006年版，第8页。

③ 按：笔者界定这一标准乃据目前研究者对此的认识而定。据此标准，则疑经与辨伪似难别。

此外，还应注意到，即便宋儒“疑经”，他们仍受制于两股思潮：一是自身内部思想体系中传统经学思想的约束与影响[①]，比如宋儒多以“尊经”“尊孔”为出发点，疑经文中杂有非圣之言，欲去伪存真；二是外部尊经[②]宋儒对其学说的驳斥。正因有这两种力量的制衡，我们可以发现两个现象：一是宋儒怀疑所见《周易》经传合编本经后人编改，确可出于“尊经”的目的。比如晁说之论其编古本《易》即缘于：

> 刘牧云：“《小象》独《乾》不系乎爻辞，尊君也。”石守道亦曰：“孔子作《彖》、《象》于六爻之前，《小象》系逐爻之下，惟《乾》悉属之于后者，让也。”呜呼，他人尚何责哉！[③]

可见，刘牧、石介[④]虽是北宋硕儒，也难免失察而受到通行本王弼《易传》的误导。二是宋儒怀疑某部经书的同时，却又尊奉另一部经书。比如晁说之怀疑《诗序》《孟子》《周礼》的合理性，却不怀疑《周易》经传的义理及著者，仅改动《易》经传的编次及参校“古易”用字，而正如上文所提及的，重编《易》经传的编次并非疑经。总之，我们要看到宋儒“疑经”问题的复杂性，才能理解为何经书在当时没

---

① 按：即或多或少也受到孔颖达《正义》传统说法的影响。

② 笔者以为“疑经者”与非“疑经者”皆存有“尊经”“尊孔”与“复古”思想，区分两者的关键在于“疑经者”怀疑经义的合理性，而非“疑经”者或全从《正义》之说，或仅就经书编次、错简问题进行思考。本文拟用“尊经者”以称呼非“疑经者”。下文不加引号者皆同。

③（宋）吕祖谦《古周易》，康熙十九年《通志堂经解》本，第 29 页。

④ 晁氏引石介之言前人多质疑，据《文献通考》引上述之言，曰“家本不见此文，岂介后觉其误改之欤？”（按此又参见《昭德先生郡斋读书志》，题作《徂徕先生周易五卷》。此段《经义考》亦载，然引文有误）又曰：“陈氏曰：所解止六十四，解亦无大发明。晁景迂言守道曰云云。（此乃略引《直斋书录解题》之文）今观此《解义》，言王弼注《易》，欲人易见，使相附近，他卦皆然，惟《乾》不同者，欲存旧本而已。更无他说，不知景迂何以云尔也。按宋咸《补注》首章颇有此意，晁殆误记耳？”（此引文与陈氏《直斋书录解题》稍异，而（转下页）

有被改动得面目全非，且传统的学说并未因此而撼动。若综考以上因素，宋儒“疑经”学者恐非目前学界统计之数目。①

复原“古易”与“疑经”风气，既有联系也有区别：一方面，重编经传也可在尊经（即不怀疑经文合理性）的指导下展开，比如吕大防、晁说之②；另一方面，复原“古易”既包括校订讹字错简等，也包括审订古字、古音、古义，而这些却是“疑经”者不须考虑的问题。

区别“疑《易》经”风气与复“古易”之间的关系至关重要，比如，吕祖谦《古周易》一书可谓两宋“复古易”各书中的代表作，笔者以为吕祖谦编此书《古周易》是出于尊经的考虑，吕氏汇集“古易”

（接上页）《经义考》则全引此段之文）笔者按：晁公武、陈振孙均称在旧本中未见此文，陈氏还怀疑此乃宋咸之文。不知是晁说之误记还是石介后删改。（元马端临《文献通考》中华书局影印万有文库本1986年版，第1518页。宋咸之说亦见于该页）石介(1005–1045)，字守道。州奉符人，与孙复、胡瑗合称“宋初三先生”。（具体参见《宋史·列传第一百九十一·儒林传》，北京：中华书局1977年版，第37册，432卷，第12833页）据《儒林传》言，石介曾“以《易》传授于家，鲁人号介，徂徕先生。但《传》只言其有《徂徕集》传世，不载易著。考《宋史·艺文志》，易类有“石介《口义》十卷”，（见元脱脱等撰《宋史》，北京：中华书局1977年版，第5034页）然《文献通考》则云：“《石徂徕易解》五卷。”另查《经义考》，作《周易解》，云“宋《志》作《口义》，建本作《解义》”，并引“《绍兴书目》题曰：《易义》，《通考》作五卷。”显然，《通考》所载已非《宋志》原本。《经义考》载此书已佚，南宋李衡《周易义海撮要》、南宋朱震《汉上易传》、南宋冯椅《厚斋易学》等书尚存其多条佚文。关于石介的著作及行迹，清黄宗羲、全祖望补修《宋元学案》之《泰山学案》有详考及收录。（清黄宗羲撰，全祖望补修《宋元学案》，北京：中华书局1982年版，第103–112页）笔者又按：考察石介《解义》的版本源流，可知晁、陈二家所见之《解义》均为五卷本，已非完本，故其说也值得商榷。

① 叶国良《宋人疑经改经考》附录二所列有一百三十位学者；杨新勋《宋代疑经研究》附录则列一百六十五个学者。笔者以为所举的数量，有待商榷，比如笔者并不将吕祖谦纳入疑《易》经的学者。

② 笔者以为晁说之将卦爻辞合编为一，不能称之为“疑《易》经者”。古“易”有多种版本，即有不同编次，不能把版本问题与疑经问题等同起来，如（宋）王洙家藏一古本《易》，经传编次与今本不同，不可认为编撰此古本《易》者是“疑经者”。

文字音训，亦基于此。尽管吕氏可能也对“疑经”问题有相应的思考，但与其说是受“疑经”风气的产物，不如说是吕氏自觉抵制“疑经”风气的结果。吕祖谦既能区分经传之别，又能坚守十翼传统的篇次，可避免矫枉过正，尽改前人之说。故《四库全书总目提要》称吕祖谦的考据最为有据。[①]

二、宋儒的探讨与修订

若以吕祖谦编定《古周易》为例，则此书当是在宋儒抵制“疑《易》经”风气并逐渐获得共识的文化背景下开展的；否则，吕氏须首先回应“疑经”者提出的各种诘难。显然，在吕氏之时，前人已澄清关于《易》经的不少困惑，修正相关学说。因此，本文首先就吕氏之前的宋儒对《易》经的研究成果作一番归纳，择其具有代表性的观点进行重点分析，而不求面面俱到，次附笔者的思考。

“疑《易》”问题首关卦、爻辞、十翼作者的问题。叶国良归纳为：

> 至宋，异说滋繁，颇有谓《易》有非圣人所作者，然除少数学者疑及卦辞、爻辞，以为非文王、周公所作外，重考《易》之作者或著成时代者，皆在十翼。至于论画卦、重卦之人，虽有争议，不能出孔颖达所举四说，且皆以为圣王所作。[②]

因此，本文也侧重分析吕祖谦之前的宋儒有关十翼问题的探讨。另据叶氏的归纳[③]，北宋怀疑十翼有非圣人之言者，当推欧阳修。欧阳修之前，还有范谔昌、王昭素之说。宋儒于此问题也多袭范、欧之说。因此，本文重点介绍范谔昌、欧阳修之论，又因王昭素之说与范谔昌之说关系密切，故王氏之说也连带提及，以期能以点带面，对当

---

① 据王伯祥断句：《四库全书总目提要》，北京：中华书局1965年版，第49页。
② 叶国良《宋人疑经改经考》，台北：台湾大学文史哲丛刊1980年版，第3页。
③ 同上书，第11页。

时宋儒有关十翼的探讨有整体的把握。

北宋王昭素[①]，其学说，据元陈友文曰：

> 十翼先儒皆谓夫子作，独范谔昌、王昭素乃谓“彖”、“象”、“爻辞”、“小象”、“文言”并周公作，不知何据。[②]

但是据南宋朱震[③]《汉上易丛说》却曰：

> 《正义补阙》曰：“夫子因文王彖（卦辞）而有《彖》”，王昭素、胡瑗亦云。[④]

按朱震之说，王昭素以为“彖”乃孔子作，与陈氏征引其说似相矛盾。王氏《易论》今不传，无以核实。然两人时代相距不远，所录为何相左？笔者以为，此问题关键之处在于两人引王氏书中的“彖”，并不与今本《彖传》相对应。要解决这一问题，还要首先分析范谔昌之说。

范谔昌有《易证坠简》一书[⑤]，今已佚，但其说尚可见于朱震《汉上易丛说》中，现归结为三点如下：（因范氏所定十翼篇名与传世本名同实异，故以下不轻加书名号。）

（一）诸卦“彖”“象”“爻辞”“小象”“乾、坤文言”并周公作，

① （北宋）王昭素（894–982），《宋史》有本传，《续资治通鉴长编》及《朱子语类》有载其言行，著有《易论》一书，《宋志》作三十二卷，但《经义考》已言“未见”。

② 范、王二氏所谓“十翼”篇目的内容与《正义》本所举并不相对应，（见下考证）但据文意，陈氏盖误将两者等同，故笔者姑且以引号标之。参见（清）朱彝尊撰《经义考》，中华书局据1936年《四部备要》缩印，1998年版，卷十七。

③ （南宋）朱震（1072–1138）《宋史》有本传，黄宗羲、全祖望《宋元学案》有《汉上学案》，北京：中华书局，1986版。

④ 按：《正义补阙》乃唐邢璹所撰，据清王太岳等编的《钦定四库全书考证》卷四十六言：“邢氏《周易正义补阙》又《周易略例疏》案：《通考》及《宋志》并作《周易正义补阙畧例疏》，此分作二书，未知何据。”（商务印书馆《丛书集成初编》排印清内府聚珍本）

⑤ （北宋）范谔昌（？），生卒年未详。晁说之言其受易于种放，《东都事略》也有详述其学术渊源。晁公武言其《易证坠简》一书成于皇朝天禧（1017–1021）中。参见《经义考》卷十七《易证坠简》条下所集跋文。

自文言以下，孔子述也。

（二）乾“彖”释“元亨利贞”，“文言”又从而释之，疑其重复，谓非孔子之言，且引穆姜之言证之。

（三）周公作“爻辞”“彖”“象”“文言”，别次两卷，目曰“系辞”。孔子于卷末赞成其义，上卷明彖；下卷明爻，后儒附经，留“系辞”之目，以冠孔子之述。①

由以上范说第三点可知，范氏所论的“彖”并非今本《彖传》。因为范氏抽绎传世本《彖》《象》《文言》的内容，别次两卷，而称之为周公所撰之“系辞”；孔子又于“系辞”赞成其义。如此一来，范氏笔下的《彖》《象》《文言》已无法与今本一一对应，便出现范氏论“彖传”持两说的现象，即一者为周公，一者为孔子。王昭素既从范氏之说，故也持此论。因此，笔者以为朱、陈二氏之说并不矛盾。②

对于此三种说法，朱震也有相应的修正与续补。现也归纳如下：

（一）《明夷·彖》“以蒙大难”及“箕子以之”，则《彖》传非文王明矣，当从孔颖达之说；

（二）《文言》者，古有是言，孔子因其言而文之；因此孔子之言可与穆姜之言相合。至于《文言》以下的问答，盖缘于孔子作《文言》后，又有此言，赞《乾》《坤》六爻之义，故通谓之《文言》；

（三）大小《象》亦非周公作，《大象》如《复》卦“先王以至日闭关”，乃取夏制，非周制；《小象》如《左传》崔杼欲娶东郭偃之姊，筮之遇《困》之《大过》，陈文子释此卦时无引《小象》之文，则

---

①（南宋）朱震《汉上易丛说》，康熙十九年纳兰性德《通志堂经解》本，第十四至十六页。

② 范谔昌既质疑经传之名实，则对其篇幅当多有调整，只因其书多佚，今已难晓。因此，范谔昌所举之十翼不可与今本十翼简单对应。今人多以传世本十翼之名目标之，恐怕不妥。（如叶国良著《宋人疑经改经考》）

此时《小象》未作。[①]

后来，南宋郑刚中[②]《周易窥余》的《自序》也有驳正范氏之说，郑氏曰：

> 曾不知卦下之辞乃文王所系，其所系辞亦可谓之“彖”，夫子于上下《系》特赞序之。与夫子所谓《彖》、《系》自不相碍。范谔昌误疑乾《彖》与《文言》重复，而谓文王为《彖》者，亦此类也。[③]

郑氏以为范氏的失误之处在于不解《系辞》中的“彖”，实指卦辞，夫子所赞，实乃卦辞。在此须明确指出：郑氏并不言范氏持“《彖》为文王作”之说，而是说范氏与认定文王为《彖》者，皆属妄论之列。

除此之外，范书尚有考订文字异同之处，如王应麟言胡瑗、程颐曾引其说[④]，但王氏当时可能也未见全本，故只能转引。并且范书既曾校订文字，其书恐非《宋志》所称“一卷”可以容纳的，大概范书至王氏时仅存其纲要。

以上论范、王二氏之说，至于欧阳修之说虽晚于范氏[⑤]，但其影响却超过范说。现将欧阳修的观点及其依据归纳如下：

---

① 朱氏并未说明为何仅孔子可取夏制。此外，陈文子未引《小象》之文，不足以论证当时《小象》未作。

② 郑刚中（1088–1154）《周易窥余》一书清初已佚，后四库馆臣从《永乐大典》中辑出此书，收入《四库全书》中。

③（清）朱彝尊《经义考》二十四卷，北京：中华书局1998年版，第147页。

④ 参见（宋）王应麟著，（清）翁元圻等注，栾保群、田松青、吕宗力校点《困学纪闻》卷一，上海：上海古籍出版社2008年版，第75页。此又见于《经义考》卷十七。

⑤ 叶国良著《宋人疑经改经考》据《易童子问》，以为“欧公盖未见范书”。但杨世文博士论文《宋代经学怀疑思潮研究》则认为欧公与范氏弟子刘牧可能有交往，可能也知晓范说。（四川大学，中国古代史专业，2005年度博士论文）

欧阳修认为《系辞》《文言》以下，非皆是孔子之言。依据是：

（一）《乾》卦卦爻辞之义与《文言》《系辞》重复，其他卦也有此问题。

（二）《文言》之"四德"本自《左传》穆姜之词，后人误收入，非孔子之文。

（三）《系辞》中"子曰""何谓"乃讲师之言，《系辞》论《易》起源有包羲受"图书"与观物取象作八卦两说，《说卦》还有"立卦生蓍"之说，故内容自相乖戾。

（四）欧氏还认为《说卦》《杂卦》者，筮人之占书也。至于经文部分，欧氏也认为有亡佚及"臆出"之词，如《需》六四、《艮》九三，以及《睽》上九的爻辞。[①]

欧氏观点在易学史上有其卓识及影响；因为近代学者疑《易》著者多继欧氏之说而起，尽破前人之成说。然而本文认为近人对其说推赞有加，乃至以此作为评价宋儒经学成就的一个标准，不免有欠妥之处[②]，因此，本文下面试对欧氏提出的疑问稍加澄析。

三、"文王作爻辞"说考略

如何看待上述诸家提出的疑问呢？前述各易家于《易》经传著者虽已有各种修正的学说，但笔者以为诸家皆忽视"文王作爻辞"这一重要观点。

"文王作爻辞"这一观点，上述各家皆持异议，笔者以为还有值得探讨之处。陆德明《经典释文》"箕子"（《明夷·六四》）条下，陆

① 具体参见《欧阳文忠全集》中《易童子问》、《易或问》、《传易图序》、《系辞》说诸篇。（《四部丛刊》本）

② 比如杨新勋认为吕氏治经又维护传统经学，可能是其治经不如晁说之和朱熹等认识深刻的一个原因。《宋代疑经研究》，北京：中华书局 2007 年版，第 176 页。

氏曰:“蜀才箕作其,刘向云,今《易》箕子作荄滋。邹湛云,训箕为荄,诂子为滋,漫衍无经,不可致诘,以讥荀爽。”[1]又据吕祖谦《古易音训》引晁说之言:“其古文,箕今文。赵宾、荀爽荄滋之说见斥于刘向、班固、邹湛矣!”[2]

这里关键在于如何理解刘向之语,据《汉书·艺文志》言:“刘向以中《古文易经》校施、孟、梁丘经,或脱去‘无咎’、‘悔亡’,唯费氏经与古文同。”[3]余嘉锡《古书通例》言:“然今文别自名家,传习已久,向必不能以中古文校改,使之归于划一,盖惟各存其本文,而别著校勘之语。”并引上刘向之语,认为“此其校语之仅存者”。[4]余说是也,今文《易》在汉代立为官学,刘向不可轻改,当另出《校记》别行。刘向此条校记,当包含两层意义:一、今文《易》取“荄滋”,则古文《易》与之有别,乃取“箕子”;二、两者取词虽别,然文义则合,故刘向不加释文,即两者词异而义同。

晁说之盖误读刘向此文,盖解文中“今”字为当时“误字或俗字”,遂以为此句是刘向驳斥之言。此外,晁氏非别有他据,刘向校文,唐陆德明时已不得见,仅录此一条而已,晁氏又从何处另见刘向驳语?至于班固斥言,更是误解。据《汉书·孟喜传》曰:

> 又蜀人赵宾好小数书,后为《易》,饰《易》文,以为“箕子明夷,阴阳气亡箕子;箕子者,万物方荄滋也。”宾持论巧慧,《易》家不能难,皆曰“非古法也”云受孟喜,喜为名之。[5]

---

① 参见(唐)陆德明《经典释文》,中华书局1983年影印《通志堂经解》本,第25页。
② (宋)吕祖谦撰,清宋咸熙辑《古易音训》二卷,《续修思考全书》影印清嘉庆七年刻本,上海:上海古籍出版社1995年版,第37页。
③ (汉)班固撰《汉书》,北京:中华书局1964年版,第1704页。
④ 余嘉锡撰《古书通例》,北京:中华书局2007年版,第271页。
⑤ 班固撰《汉书》,北京:中华书局1964年版,第3599页。

诸家不服者，乃赵宾以方术法解《易》[①]，并非其训诂之文。否则，据刘向校语，今文《易》即用“荄滋”，赵宾训诂并不误；且汉经师多为小学家，若赵氏训诂有误，必见斥言。班固于此仅实录，并不驳斥。[②]因此，晁说有误，此句有斥言者仅是邹湛。[③]

据现存文献，训“箕子”为“殷父师”者，首推东汉“马融”。[④]然马融训此，并无旁证，可见前代易家并无此训。马融此训在当时也有争议，如前荀爽训释即不同。此外，郑玄也无此训。孔颖达《正义》即举“箕子”此条以驳郑玄之徒以“文王作爻辞”为非，但孔氏不辨各家底本之异同及古音古义，以王弼本即为郑玄本。[⑤]其实，郑玄若

---

① 惠栋取“其”字，并推其法曰：“五本《坤》也，《坤》终于亥，《乾》出于子，用晦而明，明不可息，故曰‘其子明夷。’《明夷》反《晋》，《晋》，昼也。《明夷》，晦也。以十二辰言之，七日来复则当子，以十日言之，自暗复明则当旦。故昭五年《春秋传》卜楚邱论此卦，以为《明夷》当旦，亦此义也。”（清）惠栋撰、郑万耕点校《周易述》，北京：中华书局2007年版，第102页。

② 然颜师古有斥语曰：“此箕子者，谓殷父师说《洪范》者也，而宾妄为说耳。”（见班固《汉书》，北京：中华书局1964年版，第3599页）惠栋则言“班固不通《易》，其作《喜传》亦用雠、贺之单词，皆非实录。”笔者以为惠栋恐牵连过甚。（清）惠栋撰、郑万耕点校《周易述》，北京：中华书局2007年版，第102页。

③ 邹湛之言，清儒惠栋也反驳，言“经学亡于晋，晋人不识字，且无师法，邹湛、袁准之辈是也。”参见黄焯《经典释文汇校》，北京：中华书局1980年版，第16页。

④ 参见（清）李道平撰、潘雨廷点校《周易集解纂疏》，北京：中华书局1994年版，第348页。

⑤《释文》仅出荀爽异文，则郑玄当取“箕子”，郑玄底本用字可能即取“箕子”。郑玄本与王弼本不同，可能今古文参用本。比如据《经典释文》与吕祖谦《古易音训》两书所引，郑玄本与传世王弼本差异甚大，比如苞（《蒙·九二》），《释文》云：郑云，苞当作彪；彪，文也。晁氏曰：京房、郑、陆绩、一行皆作彪，文也。又如嗃嗃（《家人·九三》）：（荀作确确；刘作熇熇）晁氏曰：侯云“嗃嗃，严也”，郑作“熇熇，苦热之意。”如此之类至少有36条之多。此外，郑玄易若为今文易，郑本与王本相同的用字也不少；若为古文易，郑氏也取不少今文易的用字，如上突（《离·九四》），郑同京作㐬。又如失（《晋·九五》），郑同孟取“矢”字。笔者据此推定，郑氏注《易》前已作校勘这项准备，如养字，郑作阳，云此阳谓养；又如苞字，郑云，苞当作彪，后引晁说可知郑氏即取彪字。此当是郑氏核校众本所附的案语。

从其师马融说训作“殷太师”，如此明显的反证，郑玄又岂不知；显然，郑玄不训此作“殷父师”。郑玄必广备众本，深考古义，也可参用今文《易》“荄滋”之说。至于孔氏所举其他反证，因不能确定郑玄底本用字及古音义，故孔氏所举并不足以定郑说为非。

“荄滋”二字之确诂，颜师古言：“荄兹，言其根荄方滋茂也。荄音该，又音皆。”[①]荄有两音，一音作皆，箕字《说文》作“居之切”；因此，“荄”与“箕”可相通。又因“滋”、“子”二字，音也相通，两词具备通假的条件。又据刘向校语，则“箕子”即通“荄滋”。故郑玄训“箕子”，可本“荄滋”之义。[②]此外，“箕子”也可作“其子”，此或本蜀才一家之言，故不再详辨。[③]

总之，《明夷》爻辞“箕子”，在两汉时当不训作“殷父师”之“箕子”大体可确定，而“文王作爻辞”的观点倒可能是汉儒的共识，比如，司马迁与班固皆不提周公作爻辞一事。[④]东汉末今文易学式微，马融

---

① 参见班固《汉书》，第3600页。

② 尚秉和《焦氏易诂》卷十也认为“岂知刘向云：今易箕子作荄兹（《释文》作滋）。与宾读同也。向所据皆中古文，非依宾读，可见宾读之为旧诂，非所自创”，更推言“岂知彖传所言之箕子，与六五所言之箕子，在当时字必不同。蜀才箕作其，是其证。即王弼亦读子为兹，与赵宾同。后人以其音近混同之耳”。后又据易象证之。尚氏之说可补本文所据。参见张善文校理《尚氏易学存稿校理》，第一卷《焦氏易诂》，北京：中国大百科全书出版社2005年版，第157页。

③ 惠栋言：“蜀才从古文作其子，今从之。其，古音亥，故读为亥。亦作萁。刘向曰：今《易》萁子作荄兹。（《释文》作滋）荀爽据以为说，盖读萁子为荄兹。古文作萁子，其与亥、子与兹，字异而音义同。《淮南子》曰：爨萁燧火。高诱注云：萁音“该备”之该。该、荄同物，故《三统历》曰：“该阂于亥，孳萌于子”是也。（清惠栋撰、郑万耕点校《周易述》，第102页）此外，徐灏《说文解字注笺》笺“古文𠀠𠥓皆象形，𠔀从𠬞，持之。其从丌声，因为语词所专，故加竹为箕”，也引《释文》“箕子”条为证，曰“是其、箕古今字也”。如其言，则蜀才之说亦同今文《易》。（清徐灏撰《说文解字注笺》十四卷，《续修四库全书》影印清光绪二十年徐氏刻民国三年补刻本，第225册，第506页）

④ 此外，《易纬·乾凿度》托孔子之名曰“《既济》九三：“高宗伐鬼方，（转下页）

乍见爻辞“箕子”此条无注，遂断以己意，然而当时荀爽与郑玄并不从此说。后因孔颖达从马融之说，古义转晦。实则古文《易》“箕子”倒是假借字，当从“荄滋”之古义。

宋儒认为费直《易》乃古《易》，用古字，而不知今文《易》也可存古字，古文《易》也可用通假字。费直《易》并非全取古字也，如上“箕子”一条即是。

四、“疑经”问题的回应

从理论预设点来看，欧阳修“疑经”思想中亦含杂“尊经”的因素。欧氏欲去经传非圣之言，以复圣人之本怀，才提出上述疑问。此外，欧说行世，一开始即遭到抵制。如宋王应麟曰：

> 欧阳公以《河图》、《洛书》为怪妄。东坡云：“著于《易》，见于《论语》，不可诬也。”南丰云：“以非所习见，则果于以为不然，是以天地万物之变为可尽于耳目之所及，亦可谓过矣。”苏、曾皆欧阳公门人，而论议不苟同如此。①

可见，欧阳修之说连门人都不以为然，其说在当时的影响，恐怕不如今人所推想的如此之大。

其次，从传统石刻文献角度看，清丁晏即言：

> 宋人疑《系辞》非孔子作，晏案：汉《孔龢碑》“孔子演易系

（接上页）三年克之”，段后又言“殷人高而宗之，文王挺以校易劝德也”。郑玄注曰：“挺出高宗，以言昭易义，所以劝人君修德者也。”《易纬》虽非解《易》之书，但可从中窥测汉人论《易》的观点。由上条可知，西汉人及郑玄皆以为文王作爻辞也。至于周公，郑玄也曾提及，见《易纬·乾坤凿度·乾凿度》言“（孔子）思之于古圣，颐师于姬昌，法旦”，郑玄注曰：“旦者，周公，立易简而文”。可见，郑玄认为周公并不作爻辞。见安居香山、中村璋八辑《纬书集成》上册《易纬·乾凿度》，石家庄：河北人民出版社 1994 年版，第 23、119 页。

① 王应麟《困学纪闻》卷一，翁元圻有详注此文出处及原委。上海：上海古籍出版社 2008 年版，第 116 页。

辞”,《孔彪碑》“(孔子)易运八卦、揆爻系辞”。汉孔氏金石之文,亦可征其为圣人之作也。《易纬·乾凿度》云“孔子究《易》,作十翼”,《汉志》“《易经》十二篇”,句注谓上下经及十翼,孔颖达云:“十翼,孔子所作也。”先儒更无异论,后人纷纷致疑,甚无取焉。①

《孔龢碑》即《汉鲁相乙瑛请置孔庙百石卒史碑》,乃东汉永兴元年(153)的碑。《孔彪碑》则为东汉建宁四年(171)的碑。此两条石刻材料皆可与传世古书相互印证。欧阳修撰有《集古录》一书,本熟知此类石刻碑记,不知缘何对此两条史料熟视无睹。

然而,十翼若非汉儒增损,则又如何解释欧氏提出的《系辞》论《易》有重复且多讲师之言呢?笔者以为汉儒如欲作伪,即可融裁删削重复之文,不当留此疏漏。这里不免涉及到古书的编次问题。余嘉锡《古书通例》卷一《古书不题撰人》条下言“周秦古书,皆不题撰人”,并解释曰:

盖故人著书,不自署姓名,惟师师相传,知其学出于某氏,遂书以题之,其或时代过久,或学未名家,则传者失其姓名矣。即其称为某氏者,或出自其人手著,或门人弟子始著竹帛,或后师有所附益,但能不失家法,即为某氏之学。古文以学术为公,初非以此争名;故于撰著之人,不加别白也。②

余氏之说也为出土文献所证实,如郭店楚简以及已公布的上博楚简,皆不题撰人。③孔子与《易》更有密切关系,已见于帛书《要》篇。若以此例比之,则十翼如《系辞》,或杂入弟子后师附益之言,但其

① (清)丁晏批注《周易本义》卷三《系辞上传》的批文,见清丁晏批注宋朱熹《周易本义》,收藏于北京国家图书馆,索书号16442。

② 余嘉锡《古书通例》,北京:中华书局2007年版,第204页。

③ 可参见冯胜君《二十世纪古文献新证研究》的第六章,冯氏根据出土文献,综合各家之说,比较全面地总结了先秦古书各体例。(《中国古籍与文化研究丛刊》第二辑)济南:齐鲁书社2006年版,第200–220页。

学皆归旨于孔门，题作孔子所撰亦无不可。

最后，从两汉易象数学的角度来看。《周易》具有认识世界的独特方式，那就是观物取象。绵延汉魏二百多年的象数易学，可谓易例纷呈，然其取象的标准，皆本于《周易》经文及其传文，也称作以象解经、以象释传。（特别是《象传》《彖传》和《说卦传》）比如汉易家取象角度各异，郑玄的“爻辰”、荀爽的“升降”等等，然虽易例迥异，实则是在不断维系和丰富《周易》经传取象的权威性与灵活性。虞翻纵论前代易家荀爽、马融、郑玄、宋忠之疏失，（见《虞翻别传》）也是从各家不明经传文辞取象缘由的角度上评议的。虞翻可谓狂放不拘，不仅广创易例，且增补不少易象，然其取象亦不悖传文，更不敢怀疑传文非孔子所作。魏晋如虞氏之类的象数易学家以十翼传文作为取象依据，笔者以为其背后的深层动因，即认为十翼本孔子所作，具有经书的地位而不容怀疑。这也是汉易向繁琐纵深方向发展的基础。

从秦汉与宋代知识背景的差异上来看，先秦《易》象数卜筮之法可与义理之学并行不悖，如韩宣子到鲁国，不说见《易》，而说见《易》象。孔子也有卜筮之例，如其言“吾百占而七十当”。两汉易学多承先秦的余韵而蔚然成风，学者常通过取象来卜筮。然至北宋，宋儒则转向注重理性与思辨的学风，如欧阳修者是排斥象数卜筮之学的，这正应孔子所言“后世之士疑丘者，或以《易》乎？”（《要》）孔子即言后人会怀疑他为何也从事卜筮之事。因两汉易书多亡佚无存，宋时学者已多不明汉易如何取象，更不晓得汉易如何通过取象来卜筮。比如集汉易象大成的《周易集解》卷末计用章《李氏易传后序》即言“庆历壬午，相府策贤良六题，一出此书，素未尝见，贤良多下者”[①]。因此，欧阳修认为十翼有卜筮之辞不足以否定其为伪作。

---

①（唐）李鼎祚《周易集解》，（清）卢见曾《雅雨堂丛书》乾隆二十一年本，第1页。

至于十翼论《易》起源有三说，笔者以为三者并不矛盾，《易》起源之说多属推测之词，无法实证。《易》起源也可以是多源头的，并非单一的。“观象取象”以生象，“立卦生蓍”以定数，两者并不互斥。至于“图书”，迄宋以来，学者争论不休，难定先秦“河图”、“洛书”究竟为何物①；故也很难否认其为《易》起源之一。言《易》不离卜筮象数，因此笔者以为探讨欧阳修之说，不可忽略秦汉时文化背景与易学独具的思维方式。

吕祖谦曾编《欧阳公本末》（见《宋史》本传），对欧氏的言行非常熟悉，然而吕氏编撰的《古周易》《古易音训》（两书关系密切）书里，却只字不提欧氏之论。与之相反，吕氏《古易音训》却引用不少孔颖达及朱震的说法。因此，笔者以为，吕祖谦重编《古周易》倒是在抵制“疑经”之风且吸收前人成果的基础上开始的。其维护传统经学思想，在当时有一定的必然性与合理性。正因为前贤已廓清迷雾，吕氏才能依据前修，不被诸多问题所困扰，将注意力转移到具体的文字音训中，遂成《古易音训》一书。②

综上所述，“疑经”与“复古易”并无必然联系，重编古本《易》也可基于“尊经”的目的。欧阳修怀疑《易》经传的合理性，然宋儒已修正有关《易》经传的不少说法。综考前人学说之得失，笔者以为“文王作爻辞”此说可成立。欧阳修观点在当时影响不大，且存有不少疏漏处，忽略石刻史料及汉易学的特点。传统经学家如吕祖谦重编《古周易》，在当时有其合理性及其贡献。

① 参见尚秉和《易说评议》之《易童子问》，《尚氏易学存稿校理》第三卷，北京：中国大百科全书出版社2005年版，第42页。

② 笔者以为判断前人治易程度及其贡献当综考各种因素，不当以“疑经”作为单一的标准，如朱震修正欧氏之说，吕祖谦汇存文献，皆是治易甚深的体现。此外，更要考虑其易著的影响，如吕氏《古周易》被朱子《本义》择作底本，影响深远。

试论孔子《易》赞及《易》教

内容摘要：本文重释孔子“五十学《易》”此问题，认为“学”字或可取反训，训作“教”字，则此言当是孔子《易》教之体悟与总结。孔子总结上古易学精微难言，得失兼具，时人不常习的特点：一方面，不轻言天道；另一方面，又彰显《易》之德行。孔子易赞易教的特点可归结为：“不恒其德，或承之羞”。

关键词：“学”《易》之辨；孔子赞《易》；古之《易》教

《易·说卦》有“幽赞于神明”一语，韩《注》曰：“赞，明也。”孔《疏》曰：“赞者，佐而助成，而令微者得著，故训为明也。”分析两说，“赞”即阐明文辞奥义，以让人易晓。孔子“易赞”即为孔子参悟易道微旨，进而揭示《易》隐奥的义理。

孔子“易教”即孔子将易学纳入教学中，解说《易》之精蕴，启发弟子领悟其微言大义。两者相辅相成，孔子《易》赞目的即为《易》教。孔子《易》教荟萃上古易学的精华，影响深远。

一、“学”《易》之辨

孔子与《周易》的密切关系，近因出土帛书详载孔子论《易》之言，已成学者的共识，而且此方面也有不少研究成果。[①]本文则重新梳理传世文献有关孔子赞《易》的言说，缕析争议之处，试图在前人研究的基础上，对孔子赞《易》问题有所总结与提升。

---

① 主要有韩仲民《帛书系辞浅说》（载《孔子研究》，1988 年第四期），李学勤《从帛书易传看孔子与易》（《中原文物》，1989 年第二期），廖名春《帛书〈易传〉初探》（台北：文史哲出版社 1999 年版）等。

《论语》一书有两则涉《易》之文：

（一）子曰："加我数年，五十以学《易》，可以无大过矣。"（《述而》）

（二）子曰："南人有言曰：'人而无恒，不可以作巫医。'善夫，不恒其德，或承之羞。"（《子路》）

第一则，尚有分歧，据《经典释文》引郑玄注，言："如字。《鲁》读'易'为亦，今从《古》。"[①]此句可作两解：

一、《鲁论语》（属今文）底本作"易"，异读作"亦"，而大意与他本相同。

二、《鲁论语》底本作"亦"，即"易"字作"亦"，则文意不同，读作"五十以学，亦可以无大过矣"。

若从第一种方式解读，则不用再探讨《鲁论》的用字问题，因此问题关键在于第二种解释。"易"在上古音中属锡部，"亦"则属铎部。据罗常培、周祖谟《汉魏晋南北朝韵部演变研究》有言："西汉时期，铎与职、沃、锡没有通押的例子，到东汉就有了。铎、锡在一起押韵的还比较多。"[②]因此，《鲁论》及张禹的西汉时代，两字并不相通。又《鲁论》或者以鲁方言读之。

后来清代惠栋却反以《鲁》论为是，旁引《汉外黄令高彪碑》中"恬虚守约，五十以学"之语，认为此据《鲁论》而来。后之疑古学者多凭此据，而否定孔子与易学之关系。[③]

---

① 《释文》不言郑玄注，然《论语释文》前有言："郑校周之本以《齐》、《古》读正，凡五十事，郑本或无此注者，然《皇览》引《鲁》读六事，则无者非也，后皆仿此"。则此《鲁论》校语处，出自郑玄。（唐）陆德明撰《经典释文》，北京：中华书局 1983 年版，第 349 页。

② 罗常培，周祖谟《汉魏晋南北朝韵部演变研究》第一分册，北京：科学出版社 1958 年版，第 62 页。

③ 此类文章详见黄寿祺、张善文编《周易研究论文集》第一辑，北京：北京师范大学出版社 1987 年版。

西汉《鲁论》属今文学派，与古文学派的学术主张不同。然而，笔者认为应注意的是：孔子与《易》之间的密切关系，却是西汉今、古文学派的共识。惠栋意图亦不离此，惠栋本以复兴汉《易》为己任，在《易汉学》开篇《序》中，即明言“六经定于孔子，毁于秦，传于汉”。①

《鲁论》所言若与《易》无关，仅述孔子为学之道；则孔子本“十有五而志于学”，所谓“五十始学，亦可以无大过矣”之说，实无可稽考，故《鲁论》又与孔子为学之道扞格不入。因此，郑玄从《古论》则更符合孔子为学之道，当取“易”字为是，而非“亦”字。

可是，既然《鲁论》不妥，惠栋为何反从《鲁论》？据黄焯撰《经典释文汇校》“学易”注下有：

> “学易”中有鲁读易为亦。按《鲁论》作亦，连下句读。惠云，《汉外黄令高彪碑》中“恬虚守约，五十以斆”，此从《鲁论》亦字连下读也。学音效，约音要。②

以上论述，有两层含义：一方面，《汉外黄令高彪碑》本《鲁论》，取“亦”字且从下读，但此说不妥，已证于上；另一方面，《汉外黄令高彪碑》此句“学”字为“斆”，音为效，有别于正常读法。

实际上，“斆”和“学”字乃古今字之关系，据《说文解字》之说，斆：“觉悟也。从教从冂。冂，尚蒙也。臼声，胡觉切。学，篆文斆省。”段玉裁《说文解字注》在“觉悟也”下注曰：

> 斆觉叠韵。《学记》曰：“学然后知不足，知不足然后知能自反也。”按知不足所谓觉悟也。《记》又曰：“教然后知困，知困然后能自强也。故曰教学相长也。《兑命》曰：“学学半，其此之谓

① （清）惠栋撰，郑万耕点校《周易述（附易汉学、易例）》，北京：中华书局2007年版，第513页。
② 黄焯《经典释文汇校》，北京，中华书局1980年版，第211页。

乎。”按《兑命》上学字为教，言教人乃益己之学半。教人谓之学者，学所以自觉。下之效也。教人所以觉人，上之施也。故古统谓之学也。梅赜伪《古文尚书》《说命》上字作斅，下字作学，乃已下同《玉篇》之分别矣。于“胡觉切”下注曰：“三部。后人分别斅胡孝反，学觉反。”注“学，篆文斅”则曰：“此为篆文，则斅古文也。亦上部之例。”①

从上可看出，“斅”乃“学”字之本字，《论语》最早之文当取“斅”，“斅”又兼两义，一者为“教”，一者为“学”。

《尚书·盘庚上》之“盘庚斅于民”下，孔传曰：“斅，教也，教人使用汝在位之命，用常故事，正其法度。”孔颖达《正义》注《说命》“斅学半”一句已采《学记》之说。

学于有效仿之意。后学效仿先学，稍加引申，即先学教后学。王念孙《广雅疏证》亦有一番归纳，在《释诂》卷三下在“爻、象、放、视、教、学、效也”此条下注曰：

教者，《太平御览》引《春秋元命包》云：“天垂文象，人行其事谓之教，教之为言效也，言上为而下效也。”《说文》：“教，上所施，下所效也”，从攴孝声。孝、效也，从子爻声，爻亦效也。诸字义并相通。学者，《书大传》云：“学，效也。”②

由上可知，“斅”省为“学”，而“学”与“教”字在“效仿”之意上相通，“效”乃“教之为言效也”，故“学”通“教”义。此外，“学”与“教”于汉初就有相通之例，如《尚书·洛皓》：“乃女其悉自教工。”《尚书大传》引教作学。《礼记·学记》：“善教者使人继其志。”《释

① （清）段玉裁《说文解字注》，扬州：江苏广陵古籍刻印社据经韵楼原刻本影印，第127页。

② （清）王念孙著，钟宇讯点校《广雅疏证》，北京：中华书局1983年版，第104页。

文》:“教一本作学。”《老子》四十二章:“吾将以为教父。”傅弈本教作学。《老子》四十二章:“吾将以为教父。”汉帛书甲本教作学[①]。历览诸书,汉初“斅”与“学”两字也常通用,如《尚书·盘庚上》之“小人之攸箴”下,孔颖达《正义》曰:“《文王世子》云:‘小乐正斅乾,大胥赞之。籥师斅戈。”而《礼记·文王世子》此句之“斅”乃为“学”。《尚书·说命下》:“惟斅学半。”《礼记·学记》引《兑命》曰:“学斅半。”[②]鉴于后世“学”“斅”二字多互通,《康熙字典》谨按:“斅或作学,合学斅为一,非。今斅音效,而学校字但作学。”[③]还指出两者尚存读音与用法上的微异。

以上论西汉初“斅”“学”“教”三者相通之例。“斅”一字而兼两义,训诂学称之为反训,如论语《泰伯》篇武王曰:“予有乱臣十人。”此“乱”训“治”义,《尔雅·释诂下》之“肆、故、今天”一句,晋郭璞注曰:“肆既为故又为今,今亦为故,故亦为今,此义相反而兼通者,事例在下而皆见诗。”[④]实采反训之法。清刘淇《助词辨略》之《自序》中,归纳“实词虚用其训诂之例凡六,曰:正训,曰反训,曰通训,曰借训,曰互训,曰转训。”[⑤]反训紧承正训,在训释中广为采用。此外,清俞樾《古书疑义举例》卷三有“美恶同辞例”,刘师培《古书疑义举例补》卷三:“二义相反而一字之中兼具其义之例”。[⑥]皆为专论古书反训之例。

---

① 高亨纂著,董治安整理:《古今通假会典》,济南:齐鲁书社1989年版,第725页。

② 高亨纂著,董治安整理:《古今通假会典》,济南:齐鲁书社1989年版,第725页。

③(清)张玉书、陈廷敬等:《康熙字典》,北京:中华书局1958年版,第4页。

④(清)阮元:《十三经注疏》,北京:中华书局1981年版,第2575页。

⑤(清)刘淇著,章锡琛校注:《助词辨略》,北京:中华书局1954年版,第1页。

⑥ 俞樾等:《古书疑义举例五种》,北京:中华书局1956年版,第59页、163页。

综上所述，当时《论语》各版本所录该字，或当取“斆”字，“斆”字省为“学”，“学”本字为“斆”，故此“学”字实已兼教义。“亦”与“易”字汉初并不相通，从《鲁论》取“亦”字，则夫子五十教学才能无过，于义欠妥，故当从《古论》，取“易”字为是。笔者以为，参考《经典释文》的注释，则《论语》此句断句或可为：

子曰：“加我数年，五十以教《易》。可以无大过矣。

此言夫子早年教《易》，或许仅教《易》象卜筮之术，并诫弟子“德行亡者，神灵之趋；知谋远者，卜筮之繁”（帛书《要》）。而晚年深悟易道，昭著《易》的微言大义，以弥补早年之不足。若此说可立，则可与传世文献无间，又与出土帛书《易传》孔子论《易》之言相契，庶几可为《论语》此句的新解。

二、孔子赞《易》

另一则“不恒其得，或承之羞”，则是《周易·恒卦》九三爻辞。此语既见于传世文献《礼记·缁衣》，又见于出土的湖北省荆门市郭店一号楚墓竹简。

《郭店楚竹简·缁衣》属战国中期偏晚。[①]第四十五、四十六、四十七简之简文为：“子曰：宋人又（有）言曰：人而亡恒，不可为卜筮也，其古之遗言与？龟筮犹弗知而况于人乎。《诗》云：‘我龟既厌，不告我犹。’”[②]（所有文字均取今字注出，通假字不另注，下引用同。）

此句又见于今本《礼记·缁衣》，其文为：

① 据考古专家判断，下葬年代当在公元前4世纪中期至前3世纪初，具体参见湖北省荆门市博物馆《荆门郭店一号楚墓》。《文物》1997年第7期。

② 具体参见荆门博物馆编《郭店楚墓竹简》，北京：文物出版社1998年版，第131页。

子曰："南人有言曰：人而无恒，不可以为卜筮。古之遗言与！龟筮犹不能知也，而况于人乎？《诗》云：我龟既厌，不我告犹。《兑命》曰：爵无及恶德民，立而正事，纯而祭祀，是为不敬。事烦则乱，事神则难。《易》曰：不恒其德，或承之羞，恒其德侦，妇人吉，夫子凶。"

据孔颖达《正义》，南人乃"殷掌卜之人"[①]，宋人本殷商后裔，故《郭店楚竹简·缁衣》中的"宋人"，实同于"南人"。又据俞樾《群经平议》之说：

《楚辞·天问篇》："化为黄熊，巫何活焉？"王逸注曰："言鲧死后化为黄熊，入于羽渊，岂巫医所能复生活。"是巫医古得相通。此云不可以作巫医，医亦巫也。《广雅·释诂》曰："医，巫也。"是其证也。《荀子·王制篇》曰："相阴阳，占祲兆，钻龟陈卦，主攘择五卜，知其吉凶妖祥，伛巫跛击之事也。"盖古者卜筮之事，亦巫祝掌之。《礼记·缁衣》："南人曰：'人而无恒，不可以为卜筮。'古之遗言与！"彼言卜筮，此言巫医，其义一也。[②]

俞樾之说甚是，上古巫医相连。故《论语》《郭店楚竹简·缁衣》、今本《礼记·缁衣》中此三则材料稍异而实同。

此外，饶宗颐还发现流落海外的《缁衣》残简，其文为："民德一，诗云：其容不改，出言……"（以今字释出）今本《缁衣》原文为：

子曰：长民者，衣服不贰，从容有一常，以齐其民，则民德壹。《诗》云："彼都人士，狐裘黄裳。其容不改，出言有章。行归于周，万民所望……"

"德一"即《咸有壹得》之"壹德"。此简引诗《彼都人士》，

① （清）阮元刊《十三经注疏》，北京：中华书局1981年版，第1651页。
② （清）俞樾《群经平议》，清光绪春在堂全书本，第三十一卷之《论语二》。

省去前两句，仅存“其容不改，出言”[①]六字。

《礼记·缁衣》此言触类旁通，由南人之言推及政事修身之道，最后再以《恒卦》九五爻辞作结，语意完成。《礼记·缁衣》本出自《子思子》，乃子思门人所辑。据李学勤对比《论语》与《子思子》四篇之言，推断《礼记》中《中庸》《表记》《坊记》《缁衣》是“传述孔子而加以申论，其时代接近于孔子”[②]。据此，《缁衣》至少战国中晚期，已在楚地广为流传，又虑及儒学南渐及远播的过程，则《缁衣》之成书当更早，当是孔子之言的实录。此句也与帛书《要》中孔子所言“我观其德义耳也”相应。饶宗颐也在《缁衣零简》一文曰：

> 篇末引《易》曰……以恒德之义与“一德”理相贯通，且可与《论语》互证，知恒德之义与“一德”理相·贯通，且可与《论语》互证，知恒德一说，在《周易》之“德义”上之重要性（马王堆《易传》孔子说：“我观其德义耳也。”）楚人对《周易》之反复诵习，早在马王堆本出现以前，久已盛行。恒德与一德自是一事。[③]

诚然，《缁衣》“恒德”此句可与《论语》互证，也与帛书《易传》所言相合，知三者皆本孔子论《易》精要。据此可知，《礼记·缁衣》或为孔子晚年授《易》的实录，此时，夫子已将《诗》《书》之语与《易》之爻辞融会贯通，统归于德行。此句与《系辞传上》第八章中孔子论《易》诸语遥相呼应，皆从德行立意，或可推定《易传》

---

① 饶宗颐《缁衣零简》，王元化主编《学术集林》卷九，上海：上海远东出版社1996年版，第66页。

② 关于《缁衣》，有以为出自《公孙尼子》，有以为本在《子思子》。李学勤认为当从《隋书·音乐志》中沈约之说，以《缁衣》出自《子思子》。而公孙尼子之说仅与《缁衣》之说相似，今从其说。关于《缁衣》与《子思子》一书之关系，具体参看李学勤《周易溯源》，成都：巴蜀书社2006年版，第99页、第115页。

③ 饶宗颐《缁衣零简》，王元化主编《学术集林》卷九，上海：上海远东出版社1996年版，第66页。

三十一条“子曰”之言，当为孔子赞《易》之精粹。故顾炎武云：

> “《诗》三百，一言以蔽之，曰‘思无邪’。”《易》六十四卦，三百八十四爻，一言以蔽之，曰“不恒其德，或承之羞”。夫子所以思，得见夫有恒也。有恒然后可以无大过。①

以上论孔子与易学关系密切，《论语》、《礼记·缁衣》、帛书《易传》中孔子赞《易》之处可采信互证。

三、古之《易》教

然此尚存一疑虑，既然夫子晚年赞《易》教《易》，缘何《论语》中仅见此两条，孔门诸高弟又甚少涉及呢？此系诸多原因，上古《易》教的特点即其主因。

《易》的义理深奥微妙，决定孔子难以轻易宣说。从六经之次序上看，《庄子》一文中六经之顺序，《易》序于《诗》、《书》、《礼》、《乐》之后，与郭店楚简同，《郭店楚竹简·六德》第二十四、二十五简简文为：“观诸《诗》、《书》则亦在矣，观诸《礼》、《乐》则亦在矣，观诸《易》、《春秋》则亦在矣。”②此次序大体以六艺传习范围与内容难易程度来区分，为先秦典籍传习的常例。段玉裁对此有论述，其注许冲《上说文解字表》之“六艺群书之诂”句中曰：

> 《周礼》言三物者，六德六行六艺也，言六艺者，礼、乐、射、御、书、数也。汉人言六艺者，司马迁、刘歆。班固谓六经也。周之六艺主习其事。汉之六艺主习其文。文与事未有不相兼而习者。抑周时以六艺檃栝技能，为六德六行之助，孔子所云，志道据德，依仁游艺

---

① （清）顾炎武著，黄汝成集释，栾保群，吕宗力校点《日知录集释》，上海：上海古籍出版社 2006 年版，第 51 页。

② 参见荆门博物馆编《郭店楚墓竹简》，北京：文物出版社1998年版，第188页。

也。汉时以六艺统摄古圣贤载籍，赅六德六行六艺之大全，汉之有六经，实即周之教民三物也。周人所习之文，以《礼》《乐》《诗》《书》为急，故《左传》曰，“说《礼》《乐》而敦《诗》《书》”，《王制》曰，“春秋教以《礼》《乐》，冬夏教以《诗》《书》”。而《周易》，其用在卜筮，其道取精微，不以教人。《春秋》则列国掌于史官，亦不以教人，故韩宣子适鲁乃见《易》象与鲁《春秋》；此二者非人说常习明矣。云鲁《春秋》者，独得周公之法，与《晋》史不同也。孔子雅言惟《诗》、《书》执礼，而七十二子身通六艺，谓或通其一二，不必一人而兼六艺也。[①]

段氏指出《易》取卜筮之法，精微深奥，故不以教人；《春秋》为诸国史官所掌，多秘不示人，故常人难睹。《左传》韩宣子所见之《易》象，非寻常卜筮之术，盖言天道德行之论。因《易》理微妙，故不为周人乃至孔门七十高弟所常习，此说可信从。

所谓《易》道“精微”，即指卦爻辞言简意赅，研习者既须触类旁通，也要结合实际情况。董仲舒于《春秋繁露·精华篇》曰：“《诗》无达诂、《易》无达占，《春秋》无达辞，从变从义，而一以奉人。”[②]即言《易》理的诠释，仍取决于人，应综考卦爻辞之外的各种变动因素，不可拘泥。

《礼记·经解》主论六经传习之得失归旨，高度概括《易》此经之特点，其开篇即曰：

孔子曰：入其国，其教可知也。其为人也，温柔敦厚，《诗》教也；疏通知远，《书》教也；广博易良，乐教也；洁静精微，《易》教也；恭俭庄敬，礼教也；属辞比事，《春秋》教也。故《诗》之失愚，《书》

① （汉）许慎《说文解字》卷十五，许冲《上说文解字表》之“六艺群书之诂”句下段玉裁注，扬州：江苏广陵古籍刻印社据经韵楼原刻本影印，第786页。
② （清）苏舆《春秋繁露义证》，北京：中华书局1992年版，第95页。

之失诬，乐之失奢，《易》之失贼，礼之失烦，《春秋》之失乱。其为人也，温柔敦厚而不愚，则深于《诗》者也；疏通知远而不诬，则深于《书》者也；广博易良而不奢．则深于乐者也；洁静精微而不贼，则深于《易》者也；恭俭庄敬而不烦，则深于礼者也；属辞比事而不乱，则深于《春秋》者也。①

此外，《淮南子·泰族篇》篇中也有辨析六经各自特点的论说，其文为：

故《易》之失也卦；《书》之失也敷；乐之失也淫；《诗》之失也辟；礼之失也责；《春秋》之失也刺。②

圣人天覆地载，日月照，阴阳调，四时化，万物不同，无故无新，无疏无亲，故能法天。天不一时，地不一利，人不一事，是以绪业不得不多端，趋行不得不殊方。五行异气而皆适调，六艺异科而皆同道。温惠柔良者，《诗》之风也；淳庞敦厚者，《书》之教也；清明条达者，《易》之义也；恭俭尊让者，《礼》之为也；宽裕简易者，乐之化也；刺几辩义者，《春秋》之靡也。故《易》之失鬼；《乐》之失淫；《诗》之失愚；《书》之失拘；《礼》之失忮；《春秋》之失訾。六者，圣人兼用而财制之。失本则乱，得本则治。其美在调，其失在权。③

《正义》曰："《经解》一篇，总是孔子之言，记者录之以为经解者。皇氏云：'解者分析之名，此篇分析六经体教不同，故名曰经解也。'"《经解》为孔子或者七十子归纳六经各自特点的论说，而《淮南子》也蕴含先秦各家学术旨要，两相比较，即可综括六经传习的特点及其得失：

① （清）阮元刊《十三经注疏》，北京：中华书局1981年版，第1609页。

② 此据王念孙之说，乃后来人取《诠言篇》文附入，而加以增改者也。参见何宁《淮南子集释》，北京：中华书局1998年版，第1391页。

③ 何宁《淮南子集释》，北京：中华书局1998年版，第1392页。

《礼记》与《淮南子》论习《易》之得失，前者取“洁静精微”之理，后者取“清明条辨”之义；论习《易》之失时，前者谓之“失贼”，后者谓之“失卦”、“失鬼”。

孔颖达疏《礼记·经解》此段曰：“《易》之失贼者，《易》主洁静严正，远近相取，爱恶相攻，若不节制，则失在于贼害。”①许慎注《淮南子·泰族训》曰：“《易》以气定吉凶，故鬼。”②由上注释可推知，《经解》主论《易》礼乐教化之功，《泰族训》主述《易》调和阴阳之用，综括两说，即言《易》之内容兼赅天地人事之道，即《郭店楚竹简·语丛一》第三十六、三十七简的简文所言：“《易》所以会天道人道也。”③也即帛书《要》中“《易》有天道焉”，“有人道焉”，“故《易》之为书，一类不足以极之，变以备其情者也，故谓之《易》”④。

因此，《易》象天法地，传习者欲察悬象以测吉凶，推天道以明人事，则远较他经为难。传习者当结合易教之特点，得其所长而祛其所短，渐悟其精微哲理，以“多识前言往行，以畜其德”（《大畜·象》）为指归。

总结：《易》隐括天道人事，精妙难言。易教得失互见，时人不常习。孔子总结上古习《易》的经验。赞易以融汇《易》之精蕴，其论说详载于《论语》、《礼记》、《系辞传》中。教易以彰显《易》之德行。孔子易赞易教的特点，即如顾炎武所言：“一言以蔽之，曰‘不恒其德，或承之羞’。”

---

① （汉）郑玄注，（唐）孔颖达疏《礼记注疏》，（清）阮元刊《十三经注疏》，第1651页。

② 取陶方琦与杨树达说，此篇为许注。何宁《淮南子集释》，第1393页。

③ 具体参见荆门博物馆编《郭店楚墓竹简》，北京：文物出版社1998年版，第194页。

④ 廖名春《马王堆帛书周易经传释文》，《续修四库全书》第一册，上海：上海古籍出版社1995年版，第36、39页。

郑玄《周易注》孔广林辑本略论

内容摘要：本文整理孔广林辑郑玄《周易注》现存四种辑本，以考察其成书和流传过程。孔广林参与丁杰汇辑本校补，孔辑本考订成果后者吸收。孔辑本也存在误辑和考订不确的问题。

关键词：郑玄《周易注》；孔广林辑本的刊刻；孔辑本与丁辑本；疏失

孔广林（1746–1814），字丛伯，别号幼髯，山东曲阜人。孔广森之兄。生于乾隆十一年，卒于嘉庆十九年。[①]《曲阜县志》云："乾隆年廪贡生，署太常寺博士，博雅好古，专治郑学。"又云："年二十六即绝意进取，阮元尝谓海内治经之士，无其专勤。"[②]清桂文灿《经学博采录》言孔广森为孔广林之弟，其学也出自孔广林。然而孔广森弱冠成进士，官至翰林院检讨，其著述刊入《皇清经解》，风行宇内。孔广林所著则"以卷帙浩繁，屡刊不成，惟一二藏书之家存其稿本，不绝如线"，又"遗书稿本藏于家，汉阳叶润臣舍人曾录其副云"[③]。是书当时多未刊行，仅传抄流传。《经学博采录》又言陈恭甫

---

① 林存阳，李文昌《清儒孔广林生卒年考》，《中国史研究》2014年第3期，第208页。

②《曲阜县志》详云："孔广林，字丛伯，幼号幼髯。著有《周礼臆测》七卷、《仪礼臆测》十八卷、《吉凶服名用篇》九卷、《禘觿解篇》一卷、《明堂亿》一卷、《士冠笺》一卷、《通德郑氏遗书所见录》七十二卷、《延恩集》一卷、《幼髯韵语录存》一卷、《外集》一卷、《温经楼游戏翰墨》二十卷。"李经野纂修《曲阜县志》卷五《人物志·乡贤·经学》，台北：成文出版社1968年版，第461页。

③（清）桂文灿著，王晓骊，柳向春点校《经学博采录》，上海：华东师范大学出版社2010年版，第70–72页。

《五经异义疏证》征引孔广林之说甚多，故酌录《通德郑氏遗书所见录》（今刊本作《通德遗书所见录》）中语以参考。

《通德遗书所见录》专辑郑玄佚书。郑玄《周易注》（下简称《易注》）辑本收录其中。“通德”是郑玄尊号，据《后汉书·郑玄传》云：“昔东海于公仅有一节，犹或戒乡人侈其门闾节，矧乃郑公之德，而无驷牡之路，可广开门衢，令容高车，号为‘通德门’。”[①]其后黄奭辑郑玄佚书也称《通德堂遗书》，由此略见清儒对郑玄的崇敬。

《通德遗书所见录》刊本所录书名页题作：“《周易注》，孔广林辑。”细分十二卷，后附郑玄《易赞》一篇。注中屡云“王氏本”作某字云云，即王应麟辑本。但孔广林又删去王辑本附录《左传》服虔注引爻辰的注文二条。孔广林曾参与丁杰汇辑本的校订，臧庸有所驳正（下文详考）。丁辑本的底本是惠栋辑本，则孔氏也参考惠辑本，然注中未言惠辑本作某字。孔广林辑本也有所依傍，严谨的说法当作孔广林补辑本。

一、孔辑本的流传刊刻

孔广林辑各书及其流传刊刻情况，详见孔氏《通德遗书所见录》的《后记》：

> 在昔戊子广林二十有三，习三礼学，究心郑义。读注疏诸史，及前代名人著述，凡有郑君笺训见，即各依其所著书类录之，岁在甲午，辑《易注》、《书注》、《驳异义》、《箴膏肓》、《发墨守》、《释废疾》、《郑志》为《北海经学七录》、自是日积月累，前后共得十有八种，丁酉春汇为一集，叙而录之，题曰《通德遗书所见

① （宋）范晔撰，唐李贤等注《后汉书》，北京：中华书局1965年版，第1208页。

录》凡七十二卷，经学得其辜较矣。将更从事于其纬学焉，讵意棘人抱恨，逆境寻臻，纂辑之功遂尔中辍。蹉跎二十余年，老且多病，益不复能理前业，每一念及，辄自叹学古无缘何至此极也。上年徇儿辈请录《说经五稿》既竣，旋复自惟，广林于《通德遗书》劳心几许不及，今目力腕力犹可支持，自订清本，不亦虚此半生心力乎哉。入今年来屏弃一切，宁神定志，取所辑七十二卷而检校之，而订正之，勉力清录，凡百有五十日，蒇厥事，叙其颠末，识之卷尾以示儿曹，时年六十有八矣。嘉庆十八年岁次癸酉夏六月九日甲辰。

孔氏上云其在乾隆三十九年（1774）辑得《北海经学七录》，今有清乾隆三十九年古俊楼刻本，然仅刊其所辑《郑志》8卷，其他入列诸书皆未刊刻。孔氏于乾隆四十五年（1777）已辑成《通德遗书所见录》，也未刊刻。嘉庆十八年（1813），孔氏68岁又检校清录《通德遗书》，知除《郑志》外，其他所辑各书皆未刊刻。

《通德遗书所见录》最早刊刻于清光绪十六年（1890）山东书局。在此之前则一直以钞本形式流传。盖孔氏乏资，只得誊钞清本数份流传。现存此书钞本如下：国图所藏叶志诜、赵之谦校跋本，清钞本和北京大学图书馆所藏李木斋跋本。①经比对，发现钞本的辑文与今刊本还略有不同，略叙各钞本如下：

《周易注》12卷附《易赞易论》1卷，《郑学十八种》之一，清孔广林辑，清叶志诜、赵之谦校跋，收藏于北京图书馆。藏印：周生、汉阳叶氏藏书、二金蜨堂藏书。卷前叶氏和赵氏之题跋，叶氏题识：

①《中国古籍善本书目》编辑委员会编《中国古籍善本书目》，上海：上海古籍出版社，第20–21页。北京大学图书馆《北京大学图书馆藏古籍善本书目》，北京：北京大学出版社，第54页。

嘉庆六年岁在辛酉夏六月偕俞理初上舍借校于浚孙公园研山草堂，汉阳叶志诜记。

赵氏题记：

孔丛伯集此书未见刻本，前在都门敞甸书摊得钞本《中侯注》一册，余为校补三十余条。后复得此本首二册，越六日又觉得后六册竟获全壁。书贾居奇，执不减资，因予七金易之。同治戊辰十二月二十八日会稽赵之谦记，东卿校书之岁六十八年矣。

赵氏云当时《通德遗书》未有刊本，钞本也不易得。叶氏得此钞本与俞正燮一起校补。《易注》部分共补入十四条，辑录如下：

1. 卷前郑玄《六艺论》云“夏曰连山”云云，上补：神农重卦，《周易正义》。

2.《六艺论》云“后得孔氏壁中”，下注：此下本有“河间献王”四字，据《正义》省。上批：臧按：“河间献王四字，《礼记正义》、《奔丧正义》引皆无。”

3.《讼》上九“或锡之鞶带”，上批：项安世《周易玩辞》引郑云：“三拖三加之也。”

4.《习坎》上九“系用徽纆，寘于丛棘，三岁不得，凶”，注文：“外朝者，所以询事之处也。左嘉石，平罢民焉；右肺石，达穷民焉。罢民，邪恶之民也。”批：臧删。

5.《离》卦“巟如其来如”，上补：《晁氏易》云：“突，郑作巟，云不孝子也。”注文：“不孝之罪，五刑莫大焉。得用议贵之辟，刑之若如所犯之罪。”上批：臧删。

6.《离》卦补：“六五，自目出曰涕，巽为长沱，失也。五失位为忧戚也。兑口嗟若也。见《汉上易传》。”

7.《离》卦《象传》补：“明明相继而起，大人重光之象，尧舜禹文武是盛也。见《汉上易传》。”

8.《遯》之《象》“刚当位而应，与时行也”，上批：“正道见聘，始仕他国，亦遯而后复亨也。《汉上易》。”

9.《晋》“晋如鼫鼠”，注文：“《诗》云‘硕鼠硕鼠，无食我黍’，谓大鼠也。《正义》。”上批：臧云：“谓大鼠也，四字是孔疏，当删。”

10.《萃》卦初六“若号，一握为笑”，上批：若号，郑为号咷。

11.《革》卦补：“大人，《士相见疏》、《礼运正义》。”

12.《鼎》卦九二“我仇有疾”，上批：《汉上易丛说》云：“郑以九四为九二仇。”

13.《系辞》上“古之聪明叡知，神武而不杀者夫”补：“以神明其德，夫是故阖户谓之‘坤’。”批注：《释文》云：“其德夫，荀、虞、顾绝句，众家皆以夫字为下句。”若然，郑读夫是故，与韩读异矣。

14.《说卦》“为均”批补：“今亦或作旬也。《内则》注。”

以上14条，今清光绪十六年山东书局刊本（下称今刊本）采纳10条入条注。第4、第5两条按语，臧氏以为当删，刊本未从。第十三、第十四二条批注，刊本也未从。

清钞本与以上叶氏校跋本全同，钞本正文与批注、题跋皆用工楷书写，字迹一致，疏漏在于天头所录的批注常被截去一、二字。盖叶氏校本连钞数份，裁剪装帧未留意其间眉批，故有此误。

李氏跋本《中国善本书目》著录为：“清钞本，李盛铎校。”今校理此本，实为叶志诜校跋本的过录本。又《易注》卷末过录叶志诜跋文，将“上舍”误钞作“之舍”。卷内批注皆本叶氏校跋本。李氏续校,另题作“铎案”。但墨色甚淡。偶以贴签标出。细检《易注》部分，李氏不过援引《御览》类书补入十条，此本宜作：李盛铎补叶志诜校跋本。

今刊本《通德遗书所见录》(下简称《通德遗书》)非孔辑本原貌:一者,底稿多录辑文上下文,然刊本为节省篇幅,仅出所释字句,又较长注文皆删去,只题出处。二者,又采纳叶氏和俞氏的校注入刻本,比如所录《易注》部分,二氏批补多有采纳。因此,今刊本可题:"孔广林辑,叶志诜、俞正燮校补本"。

叶校本《通德遗书》校注偶录臧氏案语,臧氏即为臧庸,比如其中《尚书注》"度西曰昧谷"上批:"臧云:案《古文尚书》度字皆作古文,宅字今文皆作度。"详见臧庸《拜经堂日记》的《宅西曰昧谷》条。①

孔广林曾参与丁杰汇辑郑玄《周易注》的校订,据臧庸《拜经堂文集》录丁巳季春(即嘉庆二年,1797)《丁小雅教授六十序》,云:

> 镛堂从故学士卢召弓游,即知小雅先生读学士所录郑《易》,极详审精密,以未获见手定本为憾。今年游浙,相见恨晚,知镛堂之笃志先师郑氏学也。款居西湖精舍,执郑《易》来授之读,且属为校雠,遂据私定本参之,更检勘十三经义疏,历旬日成,复校数十条。先是曲阜孔丛伯(孔广林)读此书,亦有校语。镛堂气性粗直,有驳正过当处,先生惠书曰:"备见心细如发,不留遗憾,驳正孔氏各条,词气稍直,将来略为改易付彼一观。"然后知先生之善与人同,大公无我,而辞气温雅,循循善诱,益为心重其人。②

孔广林参校丁杰汇辑本,且署校注其上。臧庸驳之,然而辞气有失温厚,故丁杰惠书告之。由此可知,丁杰汇辑本与孔广林辑本关系

① 臧庸《拜经堂日记》,《续修四库全书》子部杂家类第1158册据武进臧氏拜经堂刻本影印,上海:上海古籍出版社1995年版,第77页。
② 臧庸《拜经堂文集》卷四,《续修四库全书》1491册影印民国十九年宗氏石印本,上海:上海古籍出版社1995年版,第598页。

密切。

二、孔辑本与丁辑本

孔氏于乾隆三十九年已辑得此书，又于嘉庆二年左右参校丁辑本，且署校注，则丁辑本已充分吸收孔辑本的辑佚成果。今孔辑本辑补条目，除一二条疑非郑注外，皆见录于丁辑本，是其证也。孔辑本虽未备，却是丁辑本重要参校本。

孔氏辑文引书甚广，除常见经疏外，也包括《汉书》《后汉书》注，尤其重视辑引朱震《汉上易》《汉上易丛说》所引郑注。但孔辑本特点则在于孔氏的考证与张惠言订正丁杰后定本多相同或暗合。张惠言订正丁杰后定本的底本即丁杰的汇辑本[①]（下简称丁辑本），即以上臧氏所言的丁杰“手定本”。孔广林校注丁辑本，臧庸又见孔氏校注，且校注《通德遗书录》之《周易注》，则今张惠言订正丁杰后定本所引臧庸、丁杰校注与孔辑本暗合者，当本之孔辑本。

二者相同者，略举如下：

1.《萃》云：“萃王假有庙，利见大人亨。”郑注：“上下相应，有事而和通，故曰萃，亨也。《集解》”孙氏下注：“据此注，似郑本亦云‘萃亨’，而《释文》云马、郑、虞、陆等并无此字。窃所未详。”与丁辑本注文全同。

2.《师》云“丈人吉，无咎。”郑注：“能御众，众有朝正之德。”孙氏下注“此十字《夏官疏》无，王氏本‘众’不叠，又无‘朝’，疑今注疏本误衍，或云众字衍。朝当为干。”与丁辑本注文亦同。

3.《易·噬嗑》上九云“何校灭耳”，孙氏下注：“《书·康诰正义》

① 据张惠言《丁小疋鄭氏易注後定序》所言，辑佚汇撰主要是丁杰所作，故以下简称丁辑本。

云："何校灭耳，郑以臣从君坐之刑。'" 此注丁辑本作"臧补"。

4.《噬嗑·象》云"先王以明罚敕法"，郑注"敕，犹理也。"孙氏下注："《释文》此下有'一云整也'四字。据《六经正误》云'郑解敕为理，为整'，此四字或亦系郑注文。"与丁辑本注文亦同。

5.《困》云："亨；贞，大人吉，无咎。"郑注："今上揜日月之明，犹君子处乱世。"孙氏下注："本作代，李避唐讳，兹依王氏本改。"丁辑本注云："《集解》讳改代，今从王。"亦同。

6.《泰》"包荒"，郑注："荒读为康，虚也。《释文》。"孙注："《晁氏易》引郑注作大也。案：《释文》云：'《说文》云水广也。又大也，郑读为康，云虚也。'据此则'大也'非郑注矣；然《说文》亦无'大也'字，容宋本《释文》'又大也'三字本在'虚也'下，亦郑君注语，晁氏取其一解，亦未可知。"此条臧氏续考云，荒即训虚，不必改读从康。又云："晁氏所见《释文》北宋本，作大也为是，今本误耳用。"以释晁氏所出的异文。

7.《丰》"丰其芾"，孔注："今作沛。此见《释文》，但今《释文》本云'子夏作芾，传云小也。郑、干作韦，云祭祀之蔽膝。王氏本字作芾，盖宋本《释文》二字并作芾字，字同义异，韦恐是后人以意改耳。"

丁辑本此条下注："宋本《释文》作芾，俗本作韦。惠改从韦，非是。"当本自孔氏注。

8.《系辞》下"其殆庶几乎"，孙注：《诗·免爰正义》云："《易》云'庶幸也；几，觊也。'"疑是郑注，非《易》。下脱注，即"云"当为"注"。

据《毛诗·免爰》："我生之后，逢此百罹，尚寐无吪。"郑笺："我长大之后，乃遇此军役之多忧。今但庶几于寐，不欲见动，无所乐生之甚。”孔疏云：

> 《释言》云：“庶几，尚也。”是尚得为庶几也。《易》云：“庶，幸也。几觊也。”是庶几者，幸觊之意也。[①]

阮校云：“案云当作注，形近之譌。”此为孔疏引郑《易》注郑笺，为郑注无疑。孔疏引郑《易》，常云“注云”，此当脱“注”字，非“形近之譌”。丁辑本此条则注为“臧补”，下云“《诗·免爰正义》”，未详此条未言《易注》，仅言“云”当为“注”字。

孔氏详考辑文史源，群经引郑玄注常约义而引，孔氏主张凡此之类当“分注”，以示区别。比如：

1.《蛊》卦注，孔注引云“《正义序》云诸儒同于郑氏之说，以为甲者宣令之日”云云，后案：“仲达云同郑义。同郑氏说，未必即是郑注原文，故分注于此，以存郑义。”

2.《萃》上六“赍咨”，孔注：“王注：‘赍咨，嗟叹之辞也。’《释文》录此语云‘郑同’，然未审是否原文，故分注于此。”

丁杰采纳此主张。丁辑本《乾》卦“九二见龙在田，利见大人”，以方括号括郑注“九二利见九五之大人”。案云：

> 《正义》云郑说，凡疏有引原文者，有约义者，其不言‘注云’者，皆约义。注文不如所引也。今皆界画别之。[②]

丁杰为示严谨，将节引大义，未详郑注的引文，以括号别之。然其后丁杰又不循此例，比如三礼和《毛诗》疏所引郑注，多节引而不言郑注。丁杰辑之也未加括号。

---

① （汉）毛亨传，（汉）郑玄笺，（唐）孔颖达疏《毛诗正义》，阮元刊嘉庆二十年《十三经注疏》，台北：艺文出版社 2011 年版，第 152 页。

② （宋）王应麟辑，（清）丁杰后定，张惠言订正《周易郑注》十二卷，《续修四库全书》影印清嘉庆二十四年萧山陈春刻《湖海楼丛书》本，上海：上海古籍出版社 1995 年版，第 75 页。

此外，孔辑本也偶有考证可从，而丁辑本未收者，如：

《系辞》上“河出图，洛出书。《春秋纬》。”孔注：“郑君作注时，禁谶纬，凡引纬文皆谓之说，见《郑志》答张逸问此纬当为说。”

据《郑志》云：

张逸问：“《礼》注曰‘《书》说’，《书》说，何书也？”答曰：“《尚书纬》也。当为注时，时在文网中，嫌引秘书，故诸所牵图谶皆谓之说。[①]

郑玄作注时，惧于文网而临时改图谶作“说”。后自当据原书名，仍作《春秋纬》为是。丁辑本引作《春秋纬》，略其考证。

三、孔辑本的疏失

孔辑本草创于前，也有其疏失：一、未审原文而臆断；二、误辑条文；三、考证不确。未审原文如：

1.《泰》“茹以其彚”，孔注：“王氏本载郑注：‘汇，类也。茹，牵引也。茅喻君有洁白之德，臣下引其类而仕之。’乃《汉书·刘向传》郑德注，王氏误以郑氏为郑君而录之耳。”

笔者按：此处颜师古注并未言郑德注，出孔氏臆断。

2.《系辞上》“野容诲淫”，孔注：“野，今作冶。此见《释文》。”郑注：“饰其容而见于外曰野”。孔注：“见《后汉书·崔骃传》注。《释文》云：‘郑、陆、虞、姚、王肃作野，言妖野容仪，教诲淫泆也。’未审是郑注原文否，故附录于此。”

《后汉书》原作“犯孔戒之冶容”，李贤注：“《易·系辞》曰‘冶容诲淫’，郑玄云：‘谓饰其容而见于外曰冶。’”[②]李贤引郑注训冶，

① （三国）郑小同编《郑志》卷中，清乾隆武英殿活字印聚珍版丛书本，第 13 页。
② （宋）范晔撰，唐李贤注《后汉书》，北京：中华书局 1965 年版，第 1706 页。

则郑注原作“冶”。然而《释文》又作“野”。钱大昕云《廿二史考异》云：“冶容，郑本作野容，故有见于外之训。”[①]未审郑注也有异文。孔氏辑文当上出冶字，下注异文野。

也有误辑条文及案注不确者，如：

1.《文言传》“与日月齐其明”，孔注：“齐，今作合，见《诗·噫嘻正义》引郑君《尧典》注，引此句作齐。”

然据《诗·噫嘻正义》云：

“光彼四表，格于上下”，《尧典》文也。注云：“言尧德光耀，及四海之外，至于天地，所谓大人与天地合其德，与日月齐其明。”[②]

郑注《尧典》引《文言》，所引文句容有改易。其次此为郑玄引《易》用字,不足以证明郑玄《易注》原作“齐”字。最后《经典释文》也无出异文。孔注此条不确。

2.《系辞》下“当期之日”，孔注云“《汉上易丛说》云‘郑以四正卦之爻，减二十四之数，与当期之日相契。”

丁辑本不取此条。李富孙《李氏易解賸义》又收作郑注。然而，据朱震《汉上易丛说》云：

刘氏曰：“郑氏虽以四正卦之爻，减二十四之数，与当期之日相契。则又与圣人之辞不同也。四正之卦，四六二十四爻，主二十四气，此先儒旧传，非郑氏配合也。”刘氏用六十卦主期之日，则四正之卦主二十四气不废也。故曰：“策数当日，而不取爻数，

---

① （清）钱大昕撰《廿二史考异》之《后汉书》卷三，《续修四库全书》第454册影印清乾隆四十五年刻本，上海：上海古籍出版社1995年版，第136页。

② （汉）毛亨传，（汉）郑玄笺、（唐）孔颖达疏《毛诗正义》，阮元刊嘉庆二十年《十三经注疏》，台北：艺文出版社2011年版，第725页。

则一爻一日，五卦一月，何谓也。”[①]

以上所引刘氏，未详何人，疑是与朱震同时的宋儒。所引郑氏之说，实为郑玄注《易纬》“卦气图”说，“卦气说”于《易纬·乾凿度》《是类谋》《通卦验》等已言之,郑玄详注之。详见朱震《汉上易卦图》载李概“卦气图”[②]。

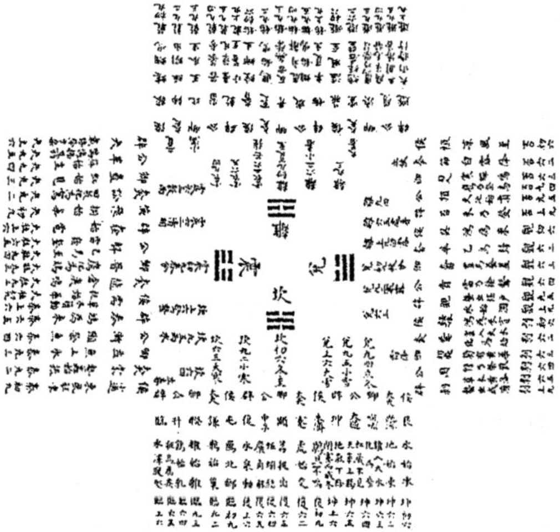

其卦气图以《坎》《离》《震》《兑》为四正卦，余六十卦。卦主六日七分，六十卦当三百六十日又四百二十分，八十分为一日，合五日四分之一，合周天之数，即上云“与当期之日”。四卦主四时，爻主二十四气。朱震后释云:“先儒旧有此图,故康成论《乾》《坤》《屯》《蒙》《否》《泰》六卦之贞，曰：‘余不见，为图者备列之。’所谓备列之者，谓此备列四正六十卦也。”[③]此即郑玄注沿袭先儒“卦气图”

① （宋）朱震《汉上易丛说》，纳兰性德辑《通志堂经解》本，康熙十九年刻本，第 10 页。

② （宋）朱震《汉上易卦图》卷中，纳兰性德辑《通志堂经解》本，康熙十九年刻本，第 1 页。

③ 同上书，第 2 页。

的根据。郑玄《易纬》注与《易注》不同，孔辑本误辑此条。

3.《文言传》："为其慊于阳也，故称龙焉。"孔注：

今《易》作"嫌于无阳"。《诗·采薇》笺亦作"嫌于无阳"，据郑君此注，知郑本《易》文不与笺同，王氏本仍作"嫌于无阳"，非也。《汉上易》谓郑作"为其兼于阳也"，亦误作兼者。《九家易》、《集解》本从之，《释文》则误作谦。

孔氏云郑注《易》与笺《诗》不同，是也；然郑《易》原当作"溓"，郑破读作"慊"。据《诗·采薇》"曰归曰归，岁亦阳止"，郑笺："十月为阳。时坤用事，嫌于无阳，故以名此月为阳。"孔疏：

郑以传言涉历阳月，不据十月，故从《尔雅·释天》云十月为阳，本所以名十月为阳者，时纯坤用事，而嫌于无阳，故名此月为阳也。定本无"为阳"二字，直云"故以名此月焉。"知为嫌者，君子爱阳而恶阴，故以阳名之。实阴月而得阳名者，以分阴分阳，迭用柔刚，十二月之消息，见其用事耳。其实阴阳恒有。《诗纬》曰："阳生酉仲，阴生戌仲。"是十月中兼有阴阳也。"四月秀葽"，"靡草死"，岂无阴乎？明阴阳常兼有也。《易·文言》曰："阴疑于阳必战，为其嫌于无阳，故称龙焉。"郑云："嫌读如羣公慊之慊，古书篆作立以与水相近，读者失之，故作溓，溓杂也。阴谓此上六也，阳谓今消息用事乾也。上六为蛇，得乾气杂似龙。"知此不与彼说同者，彼说《坤》卦，自以上六爻辰在巳为义，巳至四月，故消息为乾，非十月也。且《文言》"慊于无阳"为心边兼，郑从水边兼，初无嫌字，知与此异。孙炎即是郑玄之徒，其注《尔雅》，与郭璞皆云："嫌于无阳，故名之为阳，是也。"①

①（汉）毛亨传，（汉）郑玄笺、（唐）孔颖达疏《毛诗正义》，阮刊嘉庆二十年《十三经注疏》，台北：艺文出版社 2011 年版，第 333 页。

郑注“嫌读如群公慊之慊”，阮元《校勘记》云：

“嫌”当作“慊”;二“慊”字皆当作“溓”。下《正义》云“郑从水边兼，初无嫌字”可证。按:“群公溓”即今《公羊传》之“群公廪”也。作“廪”者，非古本。[①]

孔疏云“故作溓”，下又云“郑从水边兼”，则郑玄《易注》底本即从“溓”字,若作“慊”,郑玄无须破读。王应麟辑本即作“溓”字。但阮校云“嫌当作慊”,则不确。郑玄笺《诗》作“嫌于无阳”,《易注》作“溓”，孔疏引《易注》改作嫌以互训。否则二者不同,《易注》不必援引。“群公溓”，“溓”字乃“慊”字之讹。又“群公廪”者,《公羊传》徐彦疏云：

廪谓全是故谷，但在上少有新谷，财得相连而已，故谓之廪。廪者，希少之名，是以郑注云“廪读如‘群公廪’之廪”者是也。[②]

阮元校云:“‘云’上当有‘周易’二字。”此处辑引郑玄《易注》,阮校补可从。阮元云“慊”字当为“廪”字古字,《采薇正义》孔疏所引郑玄《易注》可互证。《孟子·公孙丑》云：“彼以其富，我以吾仁；彼以其爵，我以吾义，吾何慊乎哉。”赵岐注“慊，少也”。廪，上古来声侵母，慊，取少也之义，属上古溪声谈母，两者声母相近，侵、谈入声旁转。通志堂本《释文》“郑作谦”,当为“溓”之讹,《古易音训》即引作“郑作溓”[③]。“溓”又为隶写讹舛之字，原文当作“慊”。

---

① （清）阮元撰《毛诗注疏校勘记》,（汉）毛亨传,（汉）郑玄笺,（唐）孔颖达疏《毛诗正义》，阮刊嘉庆二十年《十三经注疏》，第336页。

② （汉）何休注,（唐）徐彦疏《春秋公羊传注疏》，阮刊嘉庆二十年《十三经注疏》，第178页。

③ （宋）吕祖谦撰《古易音训》,《续修四库全书》影印清嘉庆七年刻本，上海：上海古籍出版社1995年版，第48页。

郑注与各家用字虽异，训解却相同。《释文》云“荀、虞、陆、董作嗛”，宋本“嗛”作“兼”。《古易音训》也引作“嗛”，后引晁氏曰:“九家作兼,云阴阳合居故曰兼”[①]。知晁、吕二氏所见宋本《释文》皆作“嗛”,“兼”字或误。“慊”,“嗛”二字音近义通。清王念孙《广雅疏证》卷三《释诂》“歉，少也”条云：

> 《说文》“歉，食不满也。”襄二十四年《谷梁传》“一谷不升谓之嗛”,范宁注云:“嗛,不足貌。”《韩诗外传》作“鎌”,《广雅·释天》作“歉”。《孟子·公孙丑篇》“吾何慊乎哉！”赵岐注云:“慊,少也。”《逸周书·武称解》云:“爵位不谦，田宅不亏。”并字异而义同。[②]

王氏以上引证“歉、嗛、慊、谦”取“少也,不足”的涵义上相通。郑注“溓于阳”，溓当作慊，释作“少杂于阳”，与“荀、虞、陆、董”四家训释相同。郑玄以《坤》上六爻辰对应“乾”卦,故言“少杂于阳”。

小结：孔广林辑郑玄《周易注》收录于《通德遗书所见录》。该书先以传钞流传，经臧庸、叶志诜递补删裁，刊行于光绪十六年。孔广林曾校补丁杰汇辑本,其考订成果为丁辑本吸收。孔辑本草创于前,也有误辑和考证失误的问题。

---

① (宋)吕祖谦撰《古易音训》,《续修四库全书》影印清嘉庆七年刻本,第 48 页。

② (清)王念孙著,钟宇讯点校《广雅疏证》,北京:中华书局 2004 年版,第 101 页。焦循《孟子正义》亦有引证，北京：中华书局 1987 年版，第 260 页。

朱子易类著述善本二十七种考录

内容摘要：朱子于《周易本义》一书研治殊深，该书官刻不绝，坊刻尤多，流传中，此书还与程子《易传》合刻，题作《周易传义》。国内各大图书馆所藏朱子易类著述诸善本中，仍有多种明清精刻本，名家批注本。这些藏本或录有藏者的批注，或录有跋文，可考述流传原委，或有句读训解，有助于研读此书。

关键词：朱子；周易本义；周易传义；版本

朱子著述宏富，其《周易本义》一书，该书悬为甲令，泽被后学。今《中国古籍善本书目·经部》之“易类”，尚收录有朱子《周易本义》传本三十六种，《周易传义》传本三十四种。此七十种已为各大图书馆特藏珍本。兹就其中二十七种版本的情况，爬梳如下。[①]

壹、朱子《周易本义》

一、《新刊大字周易本义》四卷、《图说》一卷、《筮仪》一卷，明金陵书林周对峰刊本。2 册。上图藏，索书号：798664-65。白口、单鱼尾、四周双边，每半叶 11 行，行 23 字。

---

① 文中著录各书标题及卷数，大体依各图书馆馆藏目录著录，偶有与《中国古籍善本书目》所录不甚一致之处。著录版本时，提取最重要的版本信息，著录次第为：书名、卷数、撰者、刻本名称和年代、册数、今藏所、版式行款、藏印、存缺补配、各篇编次。如有未备，付之阙如。文中著录各书标题及卷数，大体依各图书馆馆藏目录著录，偶有与《中国古籍善本书目》所录不甚一致之处。所录各书，以刻本的时代先后为序。如只能确定朝代而无具体年号的刻本，则以类相从，置于各朝刻本之末。以下国家图书馆简称“国图”，北京大学图书馆简称“北大图”，上海图书馆简称“上图”，南京图书馆简称“南图”。

卷首有“光誉上人”朱文印，刊本扉页牌记题作：“校正京本易经本义，金陵书林周对峰刊”。《周易序》篇末有墨笔“岛田翰字彦桢精力所聚”的题署。卷首及卷末皆钤有“浅草文库”朱文楷印。全书卷末还有“增上寺贞誉大僧正”的题款。

全书朱笔句读批注，几乎每字上皆标示注音符号，乃以日本片假名标识汉字读音。全书朱墨灿然，可见岛氏读书之勤。然《本义》一书常引各家之说，如荀爽、九家、晁说之等，岛氏皆用朱笔删去，盖岛氏只留心经注的读音，于各家说法及其异文考订，则不甚厝意。

二、《周易本义》五卷，《图说》一卷，《易五赞》一卷。宋朱熹撰。明正德十六年袁州府仰韩堂刻本，四册。国图藏，索书号：11265。白口，无鱼尾，四周单边。每半叶11行，行22字。卷末有牌记：“正德辛巳季秋刊行于袁州府之仰韩堂。”藏印有：雪苑宋氏兰挥藏书记、鱼麦堂、乙丑进士太史图书、洞门石鼓、双鉴楼藏书记、穌松庵、兰挥。卷前附程颐的《易序》、《易传序》二文，其后又有《易五赞》。然该书有阙叶，卷一阙六十四页。此本递经傅增湘收藏，《藏园藏书经眼录》之《经部》收录该书云：

> 首程颐《易序》，次《易传序》，元符二年程正叔序，次《图说》、次《易五赞》，次《凡例》七则，为重刊此书而作也。其分卷《本义》上下为卷一、二，《系传》上下为卷三、四，《说卦》以下为卷五，盖已改易旧第矣。
>
> 按《凡例》，经上、下篇从《程传》元本，《系辞》以下则从《本义》，《系辞》以后无《传》，以东莱吕氏所集经说补之，字句脱误合诸本雠校，程朱二家之说有及于《易》者，合天台董氏、鄱阳董氏《附录》二本分注之，又采双湖胡氏、云峰胡氏之说附著

焉。音注取《吕氏音训》附于下。据此观之，则此本已大非晦庵之旧观矣。钤印如下："洞门石鼓"白文，大约二寸方。"雪苑宋氏兰挥藏书记"朱、"己丑进士太史图书"白文、"鱼麦堂"朱文方、"宋筠"朱、"兰挥"白、"觧松庵"白。

按：此本写刻精雅，虽改易旧式，然极罕见。①（辛巳元月见，已收）

傅氏以上提要节录此书之《凡例》以见其梗概，以为此书虽题作"周易本义"，然实已博采众书。今将此书卷前编纂的《凡例》具列如下，以备参考：

一、《周易》上下经二篇，孔子十翼十篇，各自为卷。汉费直初以《彖》、《象》释经，附于其后。郑玄、王弼宗之，又分附卦爻之下，增入乾、坤《文言》（即《乾·文言》《坤·文言》），始加《彖曰》《象曰》《文言曰》，以别于经，而《系辞》以后，自如其旧。历代因之，是为今《易》，程子所为作《传》者是也。自嵩山晁说之始考订古经，厘为八卷，东莱吕祖谦乃定为《经》二卷，《传》十卷，是为古《易》。朱子《本义》从之，然《程传》、《本义》既已并行，而诸家定本又各不同，故今定从《程传》元本，而《本义》仍以类从。凡经文皆平行书之，《传》、《义》则低一字书，以别之，其《系辞》以下，《程传》既阙，则一从《本义》所定章次，总厘为二十四卷云。

一、《程传》据王弼本，只有六十四卦，《系辞》以后无传，今法天台董氏例，以东莱吕氏所集经说补之，仍只称程子曰，分注书之，别于《传》也。

一、《程传》《本义》刊本间有误脱字句，今合诸本雠校归正。

① 傅增湘撰《藏园藏书经眼录》，北京：中华书局 1983 年版，第 13 页。

其《传》有两存同异者，则系东莱吕氏旧例云。

一、《二程文集》《遗书》《外书》与朱子《文集》《语类》，有及于《易》者，今合天台董氏、番阳董氏《附录》二本，参互考订，取其与《传》《义》相合，而有发明者，各分注。其次仍以程子、朱子曰别之，其程子二《序》《上下篇义》《朱子图说》《五赞》《筮仪》，并二家说经纲领，则参取二董《附录》，及《启蒙》诸书，别为《义例》，列于篇端，自为一卷云。

一、诸家之说，壹宗《程传》《本义》《折衷》（即《周易折中》），并取其辞论之精醇，理象之明当者，分注二氏之后，以羽翼之。而其同异得失，先儒双湖胡氏、云峰胡氏尝论订者，亦详择而附著焉。

一、经中文字有当音者，今从天台董氏例，参考吕氏《音训》，且附其下，间有《传》《义》音读异者，则明识别之。

一、经文圈点句绝，《传》《义》间有不同处，今壹以《本义》为正。

笔者按："东莱吕氏所集经说"，即吕祖谦编纂的《周易系辞精义》一书。吕氏《音训》即吕祖谦的《古易音训》。此书虽题作《周易本义》，实则集程子《易传》、朱子《本义》和吕祖谦《古易音训》三书为一书也。

三、《周易本义》四卷、《图说》一卷、《筮仪》一卷，上图藏。明嘉靖七年丘氏石泉书屋刻本。索书号：823950–53。黑口，单鱼尾，左右双边，每半叶 11 行，行 21 字，4 册。藏印：道仔、凡才，孚嘉，随雁。卷一、卷二末有长方形牌记。卷一《易序》之后有牌记云：

《周易本义》板多差讹，惟胡氏刊本颇善，然亦字多草体，间有脱误，且经文已残失矣。今一遵圣朝颁降《大全》及《洪武正韵》重加校正，用锓诸梓，以便四方君子诵读云，时嘉靖戊子仲冬吉旦四明丘谨识。

卷二末也有牌记："嘉靖戊子仲冬四明丘氏石泉书屋校刊"。

四、《周易本义》四卷，（宋）朱熹撰。明嘉靖三十三年书林罗氏勤有堂刻本，2册。上图藏，索书号：841973-74。白口，双鱼尾，左右双边，每半叶11行，行23字。藏印：湘潭袁氏沧州藏书。卷末有牌记，首卷缺页。卷末牌记云"嘉靖甲寅季冬吉旦书林罗氏勤有堂梓"。全书有朱笔句读，间删订经注。《筮仪》一篇偶见朱笔批注，标注"揲""挂"等字的读音。全书四卷，全从通行王弼本经传相合的编次。批注不详出自谁手，朱笔删去《本义》注文甚多。

五、《周易本义》四卷，《图说》一卷，《新锲尊朱易经讲意举业便读》四卷。（宋）朱熹撰，（明）李廷机撰《便读》。明熊冲宇刻本，6册。白口、单鱼尾、四周双边，上下栏无行界，每行大字17字，小注20字不等。索书号:453860-65。藏印:江永、汪双池印、陈氏牧庐藏书。分上下两栏，卷末有长方牌记，书内有佚名评点。

卷首有明左光斗《题易经讲意序》言："太史李九我公探《本义》而敷讲于理，未明显者则阐发之；于意未停妥者则订正之。其词新、其理明、其义精。总之，革近世之诡说，发四圣之精蕴也。自是易道大明于世，若昭揭日月于中天焉。"末署"万历秋谷旦会魁左光斗拜赠"。

其后录李氏《附锲易经字面辨疑》，主要辨析《本义》经注的通假字，如"盖言顺也，顺当作慎"；"用说桎梏，说音脱"。其后又附李氏《附锲看书凡例》，共录六人论读《易》之法，即"李九我言"、"苏紫溪言"、"施虞阳言"、"沈蛟门言"、"李衷一言"、"左光斗言"。最后则录李氏《附锲易经本义规程凡例》一篇，可谓李氏撰述全书的体例，具录如下：

《本义》一层：无问长短大小题破，尤其出入名家者录之，便举业家醒眼也。

《本义》二层：又折衷沈蛟门诸名家讲旨，可以操定作文者录之，尤有皆《本义》者削，诡说者削，总之，革异从正，为举业之正鹄也。

《本义》三层：遍采苏紫溪（即明苏君禹）诸名家意旨，可与羽翼乎《本义》者录，高出人一步者录，殊非俗儒庸谭者埒，小心细玩，自有实得。

《本义》四层：正文之傍有注释者，以四圣一词一语各有意见在，而总意节旨均之，终难发明；故增起傍注以补其所未备也。《本义》中有用●●●者是大关键处，如《咸》卦"二爻阴柔不能固守"是也。又如《遯》卦"四爻下应初六，而乾体刚健，有所好而能绝之"是也，故用黑圈以别之。有用◎◎◎者是切要处，与讲说一般。如《家人》卦"初爻以刚阳处，有家之始能防闲之"等语是也。又如《益》卦初爻，"然当益下之时受上之益者也，不可徒然无所报效"云云是也，故用重圈以别之。有用‖者是总脑处，如上下经以卦体释卦名义之类是也。又如《上下系》言易卦之变化之类是也。已上数条，实有关于举业之发轫，切不可以不经而忽之。

全书正文各卷分上、下两栏，上栏为李氏所撰的便读注文，下栏则《本义》经文，两栏中间刊文则是李氏择录各家之说。李氏注文，也自创体例，用墨框阴文标出经文的关键词句。李氏注文之前多标"旨"字，乃为解说各句大意而设。

笔者按：此书虽为明代举业习诵而作，然对《本义》钩玄提要，逐字逐句疏解以串通大意，不失为读《本义》的重要入门书。

六、《周易本义》五卷、《图说》一卷，宋朱熹撰。明嘉靖四十五年周乐轩书坊刻本，四册。南图藏，索书号：GJ/KB0019。

卷末有牌记："抚州东邑赛阳关周文奎乐轩寓休邑，前见各处板差讹，求诸君子考校四书。《易经》，举业根本之典。今当萃英堂梓棉纸印记。"

该书各页天头处有眉批，不详何人所录。细审其内容，皆出自明孙从龙所撰的《易意参疑》一书。引文皆无标举出处，且无案语。孙从龙《易意参疑》一书，今常见本有《续修四库全书》第十册影印明万历五年书林翁时化刻本。因此，此批本仅是普通批注本而已。

七、《新刊精备讲意易经鲸音本义》二卷,《周易本义》四卷。(宋)朱熹撰,(明)诸大圭撰。明万历五年宏远书堂刻本，上图藏，一册。索书号：77908。白口，单鱼尾，四周双边，每半叶12行，行28字，佚名朱墨批注。仅有"上海图书馆藏"一印。卷末有长方牌记题作："万历丁丑孟冬月宏远书堂梓行"。卷前"筮仪""六十四卦歌""卦变歌""八卦取象歌"则为单栏，卷首有刊署"新刊精备讲意易经鲸音本义上经""丁丑进士紫桥诸大圭著，闽省庠生我葵章悳订"。

其后分上下两栏，上栏为诸氏的"讲意"，下栏则为朱子《本义》的全文。两栏之间亦刊按语，当属章氏的"订语"。诸氏之说，首先串通文意，其后附以己见，标以墨框"意"字，低一格以区别之。两栏间的文字，并非校订字句讹误，乃是对《本义》注文即诸氏《讲意》所作的评析。

全书朱墨批注不详出自何人之手，朱笔用于句读，墨笔则大量删去上栏及夹栏间的文句，如《乾》"元亨利贞"条，墨笔几乎尽删诸氏的评析及章氏的订正文字，再墨批云："顺天理，齐人心"。墨笔也时常归纳诸氏的"讲意"大义，常批"体用""一身庶事""家庭朝廷"

等等。此等批注有所合者则评析之，不合者则删去之，或出自明人之手，略见其时以己意释经的方法。

八、《周易本义》四卷，宋朱熹撰，明万历二十九年存德堂刻本，一册。北大图藏，前列《周易朱子图说》以及《筮仪》。白口，双黑鱼尾，上下单边。每半叶 11 行，行 23 字。索书号：421。藏印：麐嘉馆藏，木斋藏本，冈正固印。全书无序跋，全书卷末有牌记："万历辛丑夏月存德堂耀□梓。"（□为残阙字）《木樨轩藏书题记及书录》有收录。[①]

九、《周易本义》四卷，宋朱熹撰。明末毛氏汲古阁刻本，清钱陆灿批注并跋。四册。国图藏，索书号：13345。白口，无鱼尾，左右双边。每半叶 9 行，行 17 字。卷前有数方藏印被墨笔抹去，其他藏印有：樊香馆、玉斋藏书、杜子美白乐生天同壬子生、书经解元、陆灿之印、铁牛道灿、湛恩珍藏、盅铭、东莞莫伯骥号天一藏书之印、莫培樾印。各卷末偶见题记，书内钞录各家易说。空白处还全篇钞录京房的《世应歌》。莫伯骥《五十万卷楼群书跋文》有收藏此书的提要：

> 《周易本义》四卷，明汲古阁据成化本重刊清钱湘灵批校。
>
> 宋朱熹撰。前有成化己丑洪常《序略》云：《周易本义》有古经、今经之异。程子因今经作《传》，朱子因古经作《本义》，后世以《本义》附于《传》而一之，故今《本义》之序亦今经也。奉化邑庠教谕成君矩谓世之读易者，先《本义》而后《传》，故独刻《本义》行于世。今成君致政还姑苏，板随以行。宁波郡庠胡生俦与其弟信乃重校成本，一遵圣朝颁降《大全》，捐己赀以刻诸梓。此为毛氏汲古阁本，书中"有崇祯十四年三月初二日海虞毛

① 李盛铎著，张玉范整理《木樨轩藏书题记及书录》，北京：北京大学出版社 1985 年版，第 56 页。

晋订正本”一行，当由成化本出。程子《易传》，依王辅嗣本变更古《易》次第。自朱子作《易本义》,乃析为十二卷,仍《汉志》也。元董楷辑《易传附义录》一书，复《易本义》次序以就《程传》之文，明初取士因之。科举之士，专主《本义》，于《程传》渐废置不讲,迁流至成矩,遂毅然削《程传》而去之,仍依《程传》次序以归纳朱子之辞。清四库馆臣谓人皆知成氏之非，而积重不可复返，以为怪事。朱子此书，前人久有定论，唯前清洪氏腾蛟所著《寿山丛录》考论《本义》，颇多中肯之言。如云：《家人》“王假有家”,《萃》、《涣》“王假有庙”,《本义》训“假”为“至”。诸训作感格似亦可通，然至《丰》之《象》曰“王假之”，则诸儒之说穷矣。即此可见朱义之精。《大有》之三曰“公用亨于天子”，诸家以为亨通,费尽气力,终属牵强。《本义》据古传,训作“享”，与“王用享于岐山”一例。又云《随》之《大象》:“泽中有雷,随；君子以向晦入宴息。”《程传》谓“雷震于泽中，泽随震而动为随之象”，颇与“向晦”、“息”文义不协。《本义》则云“雷藏泽中，随时休息”，上下语意融洽。以上均见《丛录》卷一。书为乾隆间刊本，节录于此，以备考辨。此书自始至末均为前清钱氏陆灿朱墨笔批点，以宋本勘对，细行密字，无复缝隙，不足则别纸书之。卷首《朱子图说》，有朱笔记云:“图与宋本略异，宋本七行，行十五字。右《系辞》云云，在《洛书》图后，低一行，行十四字。蔡元定云云，又低二字，行十二字。《伏羲八卦次序》，宋本太阳、少阳皆黑文，太阴皆白文。《乾》、《离》、《巽》、《艮》黑文，《兑》、《震》、《坎》、《坤》白文。”伏羲四图之后，有墨记云:“古四图,自汉世传经以及程子《易传》诸书皆无之,而独见于《本义》，盖朱子所得于易学如此。伯骥按:清王氏懋竑谓《易本义》前九图、

《筮仪》及《家礼》皆后人依托，见《朱子年谱》,《白田草堂集》。王氏著作以《朱子年谱》为最有名。知汉初甲子因《三统历》羼乱错误四年,亦为前人所未及。彭元瑞云:宋本无《八卦象歌》、《分宫卦象次序》、《上下经卦名次序歌》、《上下经卦变歌》，不知何时羼入。并《象》上传《履》卦,《象》下传《夬》卦,《文言传·坤卦》三处，所引《程传》亦宋本所无，盖后人所附益。

卷首十四叶后朱笔记："读朱子是经，始知伏牺、文王、周公、孔子之为《易》,截然分明,不知何人复以程朱两家合为一处。使朱子精义不明于后世，其罪甚大。宋人有疏朱《本义》者，其书甚精密，惜未之见也。或云朱子《本义》，实本邵康节父子。"卷四有墨笔录宋陆放翁识语四行云："易道广大，非一人所能尽。坚守一家之说未为得也。元晦遵程氏佳矣；然其为说亦大异，读者自得之。"以上皆钱氏读《本义》之意见，古既书己意，复录陆氏之言以足之。卷四末有朱笔记云:"丙辰年月廿日,雨色阴晦,理完《周易》一部，时年五六。铁牛居士识。"书之末有墨笔记云："丁巳年九月，湘灵读《易》，识。时年六十有六也。常州寓斋。"又有墨笔三行云："甲子年八月归自秣陵，卧病东城，连雨失检，读易为水所启，十月病始加重，装辑因识日月。十月之初八日也。年七十有三，灿。"观此识语，可见钱氏白首穷经，铁擿韦编，庶几折绝矣。下经第二末叶有朱字三行云："丙辰六月九日读经文完，是日易农载酒，同住鹤庄看莲花。"有墨笔二行云:"丁巳九月二十七日，晴窗墨笔对完时，鲲培常回胶山道中。"可证其先用朱笔批校，后用墨笔批校也。陆灿字尔弢，一字湘灵，江南常熟人，以副贡举。顺治丁酉乡试第二。教授毘陵、金陵间，弟子通籍甚众，学者称圆沙先生。晚年偕徐乾学、尤侗等为耆年会，年近九十，两眸青碧似仙。手校之书，每押以“明经别驾”、“书经解元”、“临济三十四彭祖九十七世”一印，又曰“陆终彭祖后人”。有《圆砚居士集》、《调运斋集》及《邑志》二十六卷。见王士禛《感旧集·小传》,《常熟昭文志》、《海虞诗苑》、蒋氏《东湖丛记》等书。《常熟昭文志》谓其子名蜚熊，而此《易经》识语屡言鲲培，则不知何人。蒋氏藏钱氏手批《元遗山集》，称为老年笔，故书法纵横。吾家所藏钱氏遗笔之书，此《易经》外，有《韦苏州诗》，均朱字，恣肆无甚检束者，盖皆晚岁为之。老而劬学，至可敬也。湘灵批《左传》,《养一斋集》有跋。又明张之象撰《韵经》，湘灵注之，稿本藏王氏颂蔚家，每字疏出处，搜采颇富，斜行旁上，丹黄烂然。卷末有题识二行，云丁卯九月念有七日，铁牛又校毕此本，时七十有六。老人心力所寄，誓不借人抄阅。见《王氏集》。

张氏之洞列钱氏为《文选》学家，上述各书尚未道及钱氏《文选》之学，当再考之。书前后各印章曰湘灵、曰好梦翁、曰钱印陆灿、曰调运斋、曰景福楼、曰一字尔弢、曰圆沙、曰铁牛、曰臣灿顿首言、曰平生不作绉眉事出入几重云水身、曰光禄河阳里第、曰玉斋藏、曰杜子美白乐天同壬子生、曰书经解元、曰纺车泾上人家，累累印记，与朱墨笔相映，未能详录也。①

今复审莫氏所录诸题记，发现莫氏遗漏卷一前题记一条，即“丙辰年夏秋理一过，时年六十二，铁牛居士藏本”。且以上所录卷前题记“宋人有疏朱《本义》者”云云，其前亦漏“据冯仲云”四字，此

① 莫伯骥著《五十万卷楼群书跋文》,国家图书馆编《国家图书馆藏古籍题跋丛刊》第27册影印1948年铅印本，北京：图书馆出版社2002年版，第300页。另见莫伯骥《五十万卷楼藏书目录初编》,中国书店编《海王村古籍书目题跋丛刊》第七册影印1936年东莞莫培元等铅印本，北京：中国书店2008年版，第18页。

句乃钱氏转引他人语，当补入。

十、《周易本义》四卷，《图说》一卷。（宋）朱熹撰，明崇祯十四年毛氏汲古阁刻清一经楼重修本，清季锡畴批校。四册。南图藏，索书号：GJ/KB0006。藏印有：森挺凌霜、辉宝私印、古娄钱氏听邠馆藏金石书画印、绥藏。扉页有牌记："汲古阁正本一经楼重校《易经》丕显堂藏版"，书前有墨笔题记：

季菘耘先生批注《易经》

季先生为吾乡乾隆时名儒，曾就馆于常熟瞿氏，此《易经》为当时批校者。曾经丁丑之难而未散失，亦天之不丧斯文，愿后之人守之、宝之。

今择季氏批注精要处如下：

（一）第二页《乾》"九二，见龙在田，利见大人"条，"利见大人"句，批云：君臣皆宜见之，如舜之升闻也。

第二页"九五，飞龙在田，利见大人"条，"居圣人之位"句，批云：则；仪礼制度者，又使人得以寡居，此其时大，故臣民所利见也。

（二）第十页《坤》六二《象》曰："六二之动，直以方也，不习无不利，地道光也"句，批注云：动于念则无私；动于事则当理。既直且方则大，不外是矣。无勉强之劳，有从容之乐，所以有光也。

（三）第十六页《蒙·象》曰："山下出泉，蒙。君子以果行育德"句，批注云：泉始出而未达，犹物始生而未明，果决其行，人休勿休，涵育其德，勿忘勿助，乃所以养蒙也。

（四）第十七页《需·象》曰："需有孚，光亨，贞吉，位乎天位，以中正也；利涉大川，往有功也。"批注云：卦体九五以阳居阳，是居天位之尊，正而且中。正则顺乎道理，而无苟且之事，所谓贞也。中则安于义命而无期望私，所谓孚也。

第十八页《需》九五："需于酒食，贞吉"。批注云：阳刚中正，当需之时而居尊位，惟恭默以待治功之成。

（五）第二十二页《比》卦辞"比吉，原筮，元永贞，元咎。"批注云：原，再也。筮占决卜度也。王者必再筮以自审。有元善可以长人，无间于终始，不流于功利，然后可以当众之归而无咎。

《比·彖》批注云：九五刚中，君德尽善，是以无私而元，无间而永，正固而贞也。

（六）第二十四页，《小畜·彖》"健而巽，刚中而志行乃亨"句，批注云：卦德内健有不屈之操，而外巽有善处之术，才足以有为矣。卦体二、五皆刚，刚而得中，其志得行之象，势足有为矣。

（七）第二十六页，《履·彖》"说而应乎乾，是以履虎尾不咥人，亨"句，批注云：卦德乾健兑说，乾虽刚猛而和悦以应之，则强暴可服，患难可弥，所谓柔能制刚，柔能胜强也。

《履·彖》"刚中正，履帝位而不疚，光明也"句，批注云：卦体九五帝位也，乾刚中正则德称其位而无咎矣。由是见之，施为自有光辉发越之盛。

（八）第二十八页，《泰》六五爻辞"柔中虚己，下应九二，吉之道也"句，批注云：不以富贵自骄而唯谦抑以下贤，如帝乙之归妹，不挟贵以骄夫家也。君相同德以受祉，大善而吉。

（九）第三十一页，《同人·象》"君子以类族辨物"句，批注云：亲疏贵贱为族，如小宗大宗；三德六德，殊其等杀也。等威度数为物，如章服有等；车旗有制，异其品节也。伦定则相安，故审异即所以致同也。

《同人·初九》"同人于门，无咎"句，批注云：无私心又无私与，惟德是亲，有同人于门外之象，可无偏党之咎矣。

（十）《说卦传》“乾为天、为圜、为君、为父、为玉、为金”句，批注云：纯阳至健为天，动而不常为圜，象人之至尊则统万物而为君，生六子为父，象物之尤贵利。阳德纯粹为玉，阳德坚刚为金。

笔者按：季氏多数批注则以蝇头小字夹于经注之间，此类批注盖属季氏读《易》心得。全书批注除《乾》卦引用《说文》训释外，其他条批注皆未引他书。诸批注不涉考据训诂之学，也无涉象数图书之说，而是以义理解经。卷末《说卦传》一章，未见季氏对先、后天方位的考辨。仅于“帝出乎震”句批：“出气之逆也。”至于卷首诸图，更无一处批注。盖季氏无涉图书之学，或略此不观。全书批注总体上平实易晓，以己意来疏通经注。从卦德，分析各卦所蕴含的潜力。从卦体，即内、外卦之间的关系，来解说卦爻辞深意。然而此类批注也无常例可循，于易理亦无多大创获。

十一、《周易本义》五卷、《图说》一卷、《筮仪》一卷，明刊本，6 册。上图藏，索书号：805332-37。白口、双鱼尾，四周单边。每半叶 9 行，行大字、小字皆 17 字。藏印有：谦牧堂藏书记，谦牧堂书画记，寒云秘籍珍藏之印，曾为古平寿郭申堂藏，元直。卷首《周易本义序》，其后是诸易图，其后又有经传正文。该书五卷，经传编次全从通行本，即《彖》《象》《文言》未分出别行之本。

十二、《周易本义》四卷、《筮仪》一卷、《图说》一卷、《卦歌》一卷，清刻本，清刘庠批校，王大隆跋。复旦图书馆藏，索书号：5729。

王大隆即王欣夫之名，其题跋详见书前，也见于《蛾术轩箧存善本书录》，今录如下：

周易本义四卷，一册

清南丰刘庠批校本。庠字慈民，号钝叟，又号写十三经老人。

咸丰元年举人。历主徐州、海州、清江浦各书院。《清史列传》入《儒林》，称其说经综汉、宋两家，融会而贯通之。著有《俭德堂易说》等。

此书眉端行间，细字如蚁。不能容，则附以夹签。多纂录汉以来各家之说，其为所著《易说》之初稿欤？慈民没后，次子孚存字永庵能守遗稿。沈其昌叙《俭德堂文存》云："永庵归里后，其世藏先人秘籍为何人窃去。永嘉若负大戾，痛自刻责，感疾骤殁。"则其眷眷先泽，视若性命，有足尚者。永庵晚寓吾苏葑门十全街，为"大成"宗师泰州黄葆年入室弟子。殁后藏书流入吴市，老友潘君圣一得之见赠。叹其用力之勤，而《易说》卒归泯灭也，为什袭而藏之。有"刘印孚存"、"永庵"、"铭如珍藏"、"尚有西斋"诸印。①

今核查此书刘庠的批校，其批注广引各家之说，集杨雄、郑玄、崔憬、九家易、干宝、虞翻、李鼎祚、孔颖达、胡瑗、张载、陆九渊、项安世、吴澄、朱震、蔡清、林希元、杨简、冯椅、王宗传、赵汝楳、王申之、胡炳文、李舜臣、熊良辅、梁寅、毛璞、耿南仲、黄淳耀、吴谨、谷家杰（拙侯）等等。

此书可谓广辑各家易说，以易理为主，以训诂典制为辅。眉端批注甄录最多的则是程子易说，然不出程子之名，盖欲两相比较，以见各自特点。其中所引干宝、虞翻之说，也采其以训诂解《易》处，而非其象数之学。书中夹有不少便笺，其文乃择录《周易正义》孔颖达之疏文和《御纂周易折中》的"御案语"。

该书未见刘氏的案语，盖此书为其所著《易说》之资料长编，汇集各家之说以备参考。今其《易说》一书亡佚，只能由此书批注内容

① 王欣夫撰《蛾术轩箧存善本书录》，上海：上海古籍出版社2002年版，第1页。

的主次取舍，来推想《易说》一书的主旨：刘氏拟以程朱之说为主，融裁历代各家易说而贯通之。然而也有例外，刘氏还细录杨慎以典制训“易”的两段问答：一是杨升庵云：“卦者圭也，古者造律制量，六十四黍为一圭，则六十四象总名为卦可也。”云云，出自杨慎《升庵集·卦字解》。二是杨升庵曰：“十黍为絫，十絫为铢，八铢为锱，二十四铢为两，十六两为一斤，一斤凡三百八十四铢。或问程子曰：易重几何？程子曰：易重一斤，盖言易有三百八十四爻也。《汉志》注二篇之策，阴阳变动之象，十六两者，四时乘四方之象，程子之言盖出于此。”出自杨慎《升庵集·易重一斤》。

今批注所引各家易说今皆存，则此书虽列入善本，亦属普通的批注本。

十三、《周易本义》四卷、《图说》一卷、《卦歌》一卷、《筮仪》一卷，4册。上图藏，索书号：线善793629-32。清朱锡旗康熙十年刻本，白口，单鱼尾，左右双边，每半叶11行，行23字。清刘文淇校跋，藏印：“青溪旧屋”“刘氏文淇”，卷一首页版心下刻“十笏堂镌”。版心上刊有“周易”二字。全书天头处刊附《御纂周易折中》的相关注文，且题“御案恭录”。卷末有刘文淇的跋文：

> 汉易失传，所可见者惟荀、虞二家稍有端绪，而虞氏注见于《集解》者，较为详备，义例秩然；然则学汉易者，墨守虞氏可已。兹编所录汉魏诸儒之说，较其全书，仅千百之什一耳；而于宋元之言《易》者，虽其书存于今者特多，然其所谓精者，咸为登录。自余陈陈相因之说，无庸泛览也。嘉庆丙子文淇识于毕氏之勉庸堂起大暑前一日讫七夕后三日。

笔者按：刘氏集录历代各家易说于《本义》各条目下，其批注以《周易集解》所录汉魏易说为主。虽以虞翻注为主，也择录郑玄、荀爽、干宝、马融等易家之说，兼采《周易正义》中王弼、孔颖达之说。至于宋代易说，也择要甄录郭雍、程子之说。此外，也间录《朱子语类》讨论《周易》的内容。然刘氏于各批注仅择录而无考据及案语。总之，批注可谓汉宋兼采，易说纷呈。盖本为刘氏研读《本义》一时之便，故颇失条理。所引诸书今皆常见，因此该批注本黜降为普通古籍亦无不可。

十四、《周易本义》十二卷、《易图》一卷、《五赞》一卷、《筮仪》一卷。上图藏。索书号：T02330–31。清康熙内府刻本，2册，白口、单鱼尾、左右双边，每半叶6行，正文及双行小注皆行15字。书前有吴革《序》，后附易图。卷末有题“敷原后学刘容校正”。

此书即据吴革本影印，然调整各篇次序，依次为：《彖上传》《彖下传》《象上传》《系辞上传》《系辞下传》《说卦传》《序卦传》《上经》《下经》。后附《周易五赞》、《筮仪》两篇。今吴革本《上经》和《下经》则置于《彖上传》之前。笔者按：此书国家图书馆也有藏本。

十五、《周易本义》四卷、《图说》一卷、《卦歌》一卷、《筮仪》一卷，2册。上图藏，索书号：18134–35。清雍正内府刻本。白口、无鱼尾，四周单边，每半叶9行，正文及注文皆17字，经注有加圈点。首页钤“国子监八学官书”朱文楷印，以及“京江胡氏棣华堂藏书印”和“棣华堂所藏金石书画印”二方朱文篆印。

十六、《周易本义》十二卷，（宋）朱熹撰，旧题作清钞本，清丁丙跋，四册。南图藏，索书号：GJ/KB0021。藏印有：马佩兮家珍藏、南斋秘籍、嘉惠堂藏书印、马氏丛书楼珍藏图记、泉唐丁氏竹舟申松生丙辛以后所得。全书卷末有署：“正德三年余姚王守仁手录”。

扉页粘有浮签一条，上录丁丙的题记：

《周易》十二卷，明正德王氏钞本

朱子《本义》。右书分上经、下经、彖上传、彖下传、象上传、象下传、文言、系辞上下、说卦、序卦、杂卦为十二卷，末有正德三年余姚王守仁手录十一字，书法端正，无一苟笔。此卷端钤“仪封大宗伯赐礼乐名臣加太子太保谥清恪张公正谊堂藏书”方印，及马曰璐、南斋秘笈、玲珑马氏丛书楼珍藏图记、小玲珑山馆、马佩兮家珍藏诸印左证之，则其书固珍且重矣。

今丁丙《善本书室藏书志》有录此题记，且其后另附诸藏家的简介：

清恪，名伯行，字孝先，定恕庵河南仪封人，康熙二十四年进士歴官礼部侍郎从祀孔子庙廷。佩兮名曰璐号、半槎，又号南斋祁门人家。于扬其藏书之所有丛书楼小玲珑山馆，储藏十余万卷。著有《南斋集》。[①]

笔者按：此抄本封面用篆书题作“周易十二卷，四册，八千卷楼珍藏”。书内扉页则题作“周易卷之一”，下署“周易本义”四字。该书从古本《周易》之编次，即经传各自成篇的编次。全书内容全本《周易本义》，无任何批注。从文献具体内容上看，该抄本仅是普通钞本；然全篇楷书，字体雅正纯熟，又递经诸名家收藏，倘非王阳明手迹，诸家断不会如此宝惜。南图或可延请方家详审之。

十七、《周易本义》四卷，《筮仪》一卷，《图说》一卷。宋朱熹撰。清道光十六年扬州片善堂惜字公局刻本。清陈介祺批注并跋，二册。国图藏，无藏印，索书号：15217。卷前有题记：

① 清丁丙著《善本书室藏书志》，《续修四库全书》927 册影印清光绪二十七年钱塘丁氏刻本，上海：上海古籍出版社 1995 年版，第 160 页

《易》孔子一生用力之书也。孔子之书,《论语》、《四书》、《春秋》、《易》而已。《论语》,门人所记;《春秋》之文为鲁史,笔削之而已。惟《易传》,为孔子自作之书。述文王、周公之意,所谓“文王既没,文不在兹”,与夫“梦见周公”者,或《易》之谓与?同治庚午四月望辛亥夜。周公句似嫌添设。

该书卷前《周易序》上有批云:“伊川《易传序》,只题‘易序’二字。”其后陈介祺又手录程子《易传序》,于其上批云:

愚谓凡《本义》所略者,皆当详读《程传》。其与《传》异者、节取者,校读可见朱子之意,余皆当参《传》看。《传》之说理者,每因卦爻而抒其所蕴。其精者,亦摘录之。即与《易》之本义稍远,实深有益于学者,亦《近思录》编载《易传》之意。作程子《语录》读可也。

其后又题款云:

朱子《易本义》无序,何也。或失传耶?抑《易》之理未易括而言耶?刻者或有《易序》,或有《易传序》,今并载之。然非《本义》意也。庚午正月廿三日乙丑。《启蒙》有序,或者《启蒙》与《本义》本为一书,而《启蒙》在前欤?

《本义》卷前诸易图后又有题记云:

祺愚,尝以《本义》无序为疑闷,亦以先儒有言《本义》前《筮仪》《目录》《卦歌》《图说》为非朱刊旧者,为有见。今妄定之曰今本,盖坊间便蒙,本非朱子旧也。如此非伪则《启蒙》可删矣;《启蒙》不可删则此必非原本矣。或者《启蒙》《本义》原为一书,而《本义》无序,如《论》《孟》欤?学易者,既不可不读《启蒙》,则二书虽异名,而不可分为二矣。合之而《启蒙》在前,《本义》在后。经复古本,序去程文,一洗宋以后坊本之失,非小补已。同治庚午七月二十二日记。又妄谓古易多言易数，而文王、周、孔始言易理，故《周易》出而他易隐。

其后各页之眉批，出自《程氏易传》《朱子语类》论《易》部份，吕祖谦《古易音训》、项安世《周易玩辞》《御纂周易折中》诸书，亦偶录张载、杨时、邱富国等论《易》之语。陈介祺偶有所感，则以“愚谓”方式，间下己意。如《剥》卦初六：“剥床以足，以灭下也。”上批云：“愚谓举贤才以任牧令，明教化以正人心，崇节俭以厚风俗，薄税敛以爱民命，厚下之道也。孰谓时不可为哉。”又如《无妄》卦上九批注云：“愚谓朱子总不说《无妄》之有过，盖非正者，无妄之心已无邪，而至精之理有未至耳。正而位、时未得，则未可有为，非《无妄》之有过也。”多抒一时所感。

十八、《周易本义》四卷、《筮仪》一卷、《图说》一卷、《卦歌》一卷。宋朱熹撰，清丁晏批注。清道光十六年扬州片善堂惜字公局刻本。二册。国图藏，索书号：16442。四周单边，白口，无鱼尾，每半叶9行，行17字。卷末有牌记“扬郡二郎庙内片善堂惜字公局重校刊”。藏印：长乐郑振铎西谛藏书、余姚谢氏永耀楼藏书。

此坊本书前刊程子的《周易序》，丁晏于该《序》后言：“此程氏《易传》之《序》，远在朱子之前，坊刻以冠《本义》之首，此大谬也。”

卷末有跋文：

柘唐先生编校五经，《诗》三册，为谭子仲良所得，中多杂他手笔迹，不如是纯洁可宝。《书》、《礼》、《春秋》三种，闻为沪贾以百金购去，延津何日复合耶。癸亥大暑宋焜初读并识。

此柘翁《周易解故》底稿也。卷一廿七页，卷三首页，皆有晏案字。目录前有挖补痕，当是校读岁月及印识，惜不可见矣。七月既望读毕，焜再识。

其后又有一跋，亦是宋焜的笔迹：

《杨升庵集》:《朱子本义》“鼓万物而不与圣人同忧”，引张子：“天地无心而成化，圣人有心而无为。”据本书乃是“天地不宰而成化”,不宰字有理。“复其见天地之心”,岂可谓天地无心乎？“参伍以变”注引《韩非子》:“参之以比物，伍之以合参。”据本文乃是“伍之以合虚”，“比物合虚”皆参互考之，以知物之虚实也。若云“伍之以合参”，则上文当云“参之以比伍”矣。原其误乃是荀子注中引来，不自韩非子中采出也。岂可谓出于朱子一仍其误，而不敢改正者乎。按：此本“鼓万物”句注作“引程子”。(笔者按：当是宋焜按语)

批注精卓处如丁晏批注《周易本义》卷三《系辞上传》云：

宋人疑《系辞》非孔子作，晏案：汉《孔龢碑》“孔子演易系辞”,《孔彪碑》“(孔子)易运八卦、揆爻系辞”。汉孔氏金石之文，亦可征其为圣人之作也。《易纬·乾凿度》云“孔子究《易》，作十翼”,《汉志》“易经十二篇”，句注谓上下经及十翼，孔颖达云:“十翼，孔子所作也。”先儒更无异论，后人纷纷致疑，甚无取焉。

《孔龢碑》即《汉鲁相乙瑛请置孔庙百石卒史碑》，乃东汉永兴元年（153）之碑。《孔彪碑》则为东汉建宁四年（171）之碑。此两条石刻材料前人考论“孔子作十翼”问题时多忽略之。

至于其他批注，多为丁氏捃摭他书而成。征引各书，甚重视陆德明《经典释文》与晁说之的《古周易》，凡见二书异文，多详加甄录。

此为丁晏《周易解故》之蓝本，今《周易解故》常见本有清光绪十九年广雅书局刻的《广雅书局丛书》本,《续修四库全书》第三十一册有据以影印。《周易解故》正文后，另附有《续录》和《附录》

两篇，专就某条卦爻辞作深入的阐述。两篇所载条文皆不见于此批注本。此本当为丁晏撰述之最初底本也。

贰、程朱合刊《周易传义》

一、《程朱二先生周易传义》十卷，（宋）程颐、朱熹撰。元至元二年碧湾书堂刻本。国图藏，黑口，双鱼尾，四周双边。每半叶12行，行21字。《中华再造善本·金元编》有据以影印（北京：北京图书馆出版社2006年版，6册1函）藏印：东莞莫伯骥号天一藏书之印、天一、东莞莫氏五十万卷楼、今在南园扫叶庄，他日不知落何处。

全书卷六后增刊东莱吕祖谦《音训》的条文，而前五卷则无，殊不可解。且署名亦微异，六卷后题署“程颐”“朱熹”后增刊“正殊”“元晦”等字。《系辞》后再增刊吕祖谦所编的《周易系辞精义》，其前有案语云：

> 按：程先生无《系辞》、《说卦》、《序卦》、《杂卦》全解，东莱吕先生《精义》载先生解并及遗书。今并编入，续六十四卦之后，题之曰《后传》，庶程朱二先生皆有全《易》云。

此书经莫伯骥所藏，莫氏《五十万卷楼藏书目录初编》有此书提要：《程朱周易传义》十卷。元碧湾书堂刻本。

> 卷一首叶题“伊川先生程颐传晦庵先生朱熹本义”。卷一、卷二、卷三、卷四首尾题“程朱二先生周易上经传义”。卷五首尾题“程朱二先生周易下经传义”。卷六、卷七、卷八、卷九、卷十首叶题“伊川程颐正叔传、晦庵朱熹元晦本义、东莱吕祖谦伯恭音训”，首尾题“周易下经程朱传义”。卷九、十首尾题“周易系辞程朱传义”。卷九首叶有按语云：“程先生无《系辞》、《说卦》、《序卦》、《杂卦》全解，东莱吕先生《精义》载先生解并及遗书。今并编入，续六十四卦之后，题之曰《后传》，庶程朱二先生皆有全《易》云。”

前有元符间程颐《序》、次《易序》、次《上下篇义》、次《周易五赞》、次易图九，题“朱子集录”，图后有牌子云“至元丙子孟夏碧湾书堂新刊”，半叶十二行，行廿一字，小注双行，亦廿一字。有“今在南园扫叶庄，他日不知落何处”朱文长方形章，藏家图记多用子孙永宝语意，其稍达者则曰“曾为某某所藏”，如此云云，颇罕见也。①

二、《周易传义》十卷，《上下篇义》一卷，《易图集》一卷，《易五赞》一卷，《筮仪》一卷。（宋）程颐、朱熹撰。明刻本，12 册。上图藏，索书号 461834–35。黑口，双鱼尾，四周双边。每半叶 8 行，行 13 字至 18 字不等。各卷前有墨笔题记“张海珊先生纪念赠书”。

笔者按：今详审此书的版式及编次，与以下明司礼监刻本全同，当为明司礼监刻本也。

三、《周易传义》十卷，《上下篇义》一卷，《易图集》一卷，《易五赞》一卷，《筮仪》一卷。（宋）程颐、朱熹撰。（宋）程颐撰《上下篇义》，（宋）朱子撰《图集》，明正统十二年司礼监刻本，11 册。上图藏，无藏印。索书号：T14315–25。黑口，双鱼尾，四周双边。每半叶 8 行，行 13 字至 18 字不等。《筮仪》一卷内有佚名朱笔圈点及校注。

全书编次为：程子《易传序》，每半叶 8 行，行 13 字。朱子集录诸《易图》，每半页 8 行，行 18 字。程朱《易说纲领》，行 17 字。《易说纲领》后用朱笔补录《六十四卦卦序歌》，其后才是正文。

卷一内有朱笔句读及小字批注。细审其朱笔引文，乃出自元吴澄

---

① 莫伯骥撰《五十万卷楼藏书目录初编》，中国书店编《海王村古籍书目题跋丛刊》第七册据 1936 年东莞莫培元等铅印本影印，北京：中国书店 2008 年版，第 16 页。

《易纂言》,元胡炳文《周易本义通释》,以及《朱子语类》中有关《易》的内容。其引文不举出处,朱笔句读及批注仅至卷前数页,至《乾》卦《彖》传末则止。全书正文卷末另附有《易五赞》及《筮仪》一卷。

南京图书馆也藏有明正统司礼监刊本,乃丁丙藏书。藏印:四库著录、八千卷楼、嘉惠堂丁氏藏书印,索书号:0110006。

卷前附丁丙的跋文云:

> 《周易》十卷。明正统司礼监刊本,程颐《传》,朱子《本义》。
>
> 前有宋元符二年己卯正月庚申河南程颐正叔《序》,次《易图》,次《易说》,次《纲领》,次《程子易传序》,次《传义》十卷。末为《上下篇义》,次《筮仪》,次《五赞》。经文大字,每节提行,大字顶格。《传》及《本义》夹行低一格,每半叶八行,每行经文十四字,注十七字。明正统间英宗谕旨,以五经四书经注,书坊刊本讹误者多,命司礼监誊写重刊,以取便于观览。其版行宽字大,槧印颇精,嘉惠艺林,亦盛典也。此即其一。

四、《周易》二十四卷,《上下篇义》一卷,朱子《图说》一卷,《周易五赞》一卷,《筮仪》一卷。明嘉靖吉澄刻本,6册。南图藏,索书号:0110008。白口,单白鱼尾,左右双边,每半叶9行,行17字。眉栏上附刻音训。版心下刻刻工姓名。每册卷末有牌记:"巡按福建监察御史吉澄校刊"。藏印:强圉涒滩,强圉柔兆。稼轩。

卷前有丁丙跋文:

> 《周易程朱传义》二十四卷,明刊本。
>
> 首刊有宋元符二年河南程颐正叔《序》,次《朱子易序》、《上下篇义》、《易本义》、《图》、《五赞》、《筮仪》,经则正文大字,《传》与《本义》皆于格夹注,末页有木记"巡按福建监察御史吉澄校刊"。
>
> (与丁氏《善本书室藏书记》所载相比,字句微异。)

五、《周易经传》二十四卷,《上下篇义》一卷,朱子《图说》一卷,《周易五赞》一卷,《筮仪》一卷。12 册,明刻本。南图藏,索书号：0110007。细黑口,双黑鱼尾,四周单边。每半叶 9 行,行 17 字。藏印：嘉惠堂藏阅书。

卷前有丁丙跋文：

《周易经传》二十四卷,明刊本,程朱传义。

前有《易序》、《上下篇义》次朱子《图说》,次《五赞》,次《筮仪》。《传》则圆规黑质白文,《本义》则长方黑质白文,每半叶九行,每行经文字十七,《传》《义》夹行字数同。

此条与今《善本书室藏书记》所载相比,《善本书室藏书记》此条则题作：

此书卷帙次序悉同明吉澄刊本。惟经文《传》及《本义》均接,刻不提行。《传》则圆规标白文"传"字。《本义》则椭图规,标白文"本义"字。每半叶九行,《传》、《本义》夹行,每行均十七字。(卷一)

六、《周易传义》十卷,(宋)程颐,朱熹撰。明嘉靖三十五年广东崇正书局刻本。10 册。上图藏,索书号：821868–77。藏印：东里欧阳子彬珍藏书籍、李氏凝叔、屏山楼周珍藏、蒲村氏珍藏书籍之印。黑口,双鱼尾,四周双边。每半叶 8 行,行大字 14 字,小字 17 字。卷末牌记云"嘉靖丙辰岁孟秋,广东崇正堂重刊"。全书先刊《易》经传全文,次低一格以双行小字刊《程传》及《本义》注文。分别以"传"及"本义"墨框区别之。因《程传》只解上下经,上下经后皆为《本义》的注文。全书无序跋,也不载《本义》前所附的诸易图。

七、《周易传义》二十四卷,《上下篇》一卷,《图说》一卷,《五赞》一卷,《筮仪》一卷。宋程颐、朱熹撰。明崇祯四年汪应魁贻经堂刻本，5册。上图藏，索书号：T289171-75。白口，单鱼尾，四周双边，每半叶9行，行18字。藏印：朴学斋藏书印。

卷首有牌记："沈去疑先生鉴定《周易传义》，贻经堂藏版"，卷首有沈几《周易传义序》言：

浅者反谓伊川以三百八十四事，尽全经之用。先去《传》而存《义》，复谓考亭以阴阳比应影响疑似之说，不切民生之常。弁髦其说而广为新奇附会通变，嗟乎！象之与占犹镜之鉴形，形来无穷，照唯一镜，镜定则眉毫毕现。今不务定镜以照形，而广索形以移镜，手中执持全无凭准，何由分别好丑乎？玄杓汪兄独有反始之思，取《传》、《义》而精求之，以动人之居安乐玩。庶乎以一象例万象，以一变例万变。崇祯庚午长至日，吴郡友弟大谷居士沈几题于维扬舟次。

其后又有汪氏《合镌周易传义自引》，亦言："试取程朱《传》《义》，潜心细绎种种通变宜民，大有益于世教，岂说玄说妙者可同日而语，故合并《传》《义》。不止为制科，直以治统、道统全系于斯耳。"末署："崇祯四年岁次辛未五月既望海阳汪应魁玄杓父识。"

八、《周易传义》十六卷，《上下篇义》、《朱子图说》、《卦变图》、《易五赞》《筮仪》各一卷。（宋）程颐、朱熹撰；（宋）程颐撰《篇义》；（宋）朱子撰《图集》等。明嘉靖应槚刻本。8册。上图藏，索书号：831432-39。白口、单鱼尾、四周双边，每半叶9行，行18字。藏印：吴江凌氏藏书，凌淦字丽生一字砺生，徐乃昌读。版心下记刻工。

卷前有《周易传义总目》，下刊"提督直隶学政监察御史余姚闻人诠校正，直隶常州府知府遂昌应槚刊行"。其后则是《凡例》，包括程子《易传序》《易序》《上下篇义》，朱子《易图说》《卦变图》

《五赞》《筮仪》《本义卦象》。其后才是十六卷的经传正文及程朱注文。

九、《周易传义》十四卷,《上下篇义》、《易图说》、《杂卦》、《序卦》、《朱子说》各一卷。(宋)董楷辑;(宋)程颐撰《篇义》,(宋)朱子撰《图说》等,(宋)董楷撰《杂卦》《序卦》。元刊本,4册。上图载,索书号:824521–24。细黑口,双鱼尾,四周双边,每半叶11行,行21字。清路慎庄跋,清朱善旗跋。藏印:当湖朱善旗建卿文珍藏,慎庄之印,子端。附注:存十卷:1,4–8,《上下篇义》《易图说》《杂卦朱子说》《序卦程朱氏说》。

路氏跋文以浮签方式贴于扉页,其跋文云:

右《周易程朱氏说上下经》并《系辞》等合十七卷,《易图纲领》一卷,宋天台董正叔纂集。正叔得朱子再传之学,故是书一以朱子为宗,而朱子《本义》又实以补《程传》之所不足。《程传》言理;朱子兼言象数,理数兼该,易道乃备,董氏合二家为一,职此之由。宋元椠木近世罕见,所见者惟通志堂十四卷之本。顷于同年友朱建卿助教处得睹是帙,分卷十八,刊印精致,确为元椠无疑。惜前后失去序跋,无由考校剞劂年月。以昭文《张氏藏书志》考之,知为元至正刊本,与通志堂本竟大相径庭。《四库》著录朱氏《经义考》所列,均用十四卷之本,则未见此本可知,建卿兄其什袭藏之。道光戊申八月上浣关中路慎庄识。

其后则是朱善旗的跋文:

此书予于道光丙申获于厂肆,同年友路小洲给练慎庄,性好书而深于书,至戊申始属为跋,颇得是书原委真谛。因以其亲笔装之卷首,并钞入路氏《蒲编堂书目》内,可以征信后人。

册首《朱氏论程传》者凡四页,甚有意味,诚读《程传》之津逮也。其中用朱墨笔者虽不知何人，当是前代硕学巨儒，即如上经卷一第十九页第二行“三居正之上”，改“正”为“贞”，亦可略见一斑，其它不可枚举。元板已甚精致，偶误仍不免，全赖校之精耳。

咸丰三年二月十七日与家申甫、寿石两兄饮后书此。朱善旗。

北大所藏汪龙《毛诗申成》稿本初探

内容摘要：清儒汪龙治《诗经》学著有成就，但其《毛诗申成》未刊，学者未见。北京大学图书馆所藏汪龙《毛诗申成》清抄本，实为稿本。可与汪龙《毛诗异义》刊本相参考，具有重要学术价值。汪氏治学，善于比较毛《传》和郑《笺》的异同，也善于吸收各家考证成果。本文略举数例，以引起学界的重视。

关键词：汪龙；《毛诗申成》；《毛诗异义》；治学述要

汪龙（1742–1823），字岂潜，号叔辰，歙古城关人，乾隆五十一年举人。其学出自丁杰门下，学有根柢。[①]又以经书受知于大兴朱珪。矻矻治学，“数十年来家居教授，以通经为汲汲也”[②]。张之洞《国朝著述诸家姓名略》列汪氏入经学家。[③]

汪龙于诸经中，对毛《诗》学研治殊深，以为《毛传》“独得《诗》之正传”，而郑玄《笺》“学益深邃”，故考稽《传》《笺》同异，数十年成《毛诗异义》（下简称《异义》）四卷、《毛诗申成》十卷。汪氏又辑考郑氏《诗谱》，校补孔疏脱讹，附录《异义》之后。汪氏年过七十，交于段玉裁，得其《说文注》，复据此书补正《异义》若干条，

---

① （清）马步蟾修，夏銮纂（道光）《徽州府志》卷11之3《儒林传》，台北：成文出版社《中国方志丛书》影印道光七年刊本1975年版，第28页。

② 见鲍方棨刊《毛诗异义》的跋文，民国21年《安徽丛书》影印南陵徐氏藏絜斋鲍氏刊本《毛诗异义》。

③ （清）张之洞撰，范希曾补正，孙文泱增订《增订书目答问补正》，北京：中华书局2011年版，第580页。

重写定本。段玉裁也采汪氏诗说七条入《说文注》。清胡培翚《研六室文钞》卷十有《汪叔辰先生别传》①,《清史列传》卷六十八附其《传》于《金榜传》下②。清桂文灿《经学博采录》也录其《传》③。

汪氏治《毛诗》学卓著，然困居闾巷，其所著二书，生前俱未付梓。寝疾畀其《毛诗异义》于弟子鲍方棨，叹言“一生精力萃于此书，以贫不能付梓为恨”。后鲍氏不负所托，刊成《毛诗异义》。唯汪氏身后寂寥，门庭凋零，研习此书者尠。其《毛诗申成》一书，则无学者寻其遗稿以董理刊行。

笔者幸得见汪氏《毛诗申成》手稿，校录其书条注和按语数条，以略窥其学旨趣，旨在初探其书而为之表彰。

一、《毛诗申成》略述

《毛诗异义》四卷、《毛诗申成》十卷两书，汪氏寝疾前均畀予受业弟子鲍方棨。后鲍氏仅刊成《毛诗异义》四卷，刊本全称《毛诗异义附诗谱》(后简称《异义》)。今常见本有民国二十一年《安徽丛书》影印南陵徐氏藏絜斋鲍氏刊本。④《毛诗申成》(后简称《申成》)十卷则未付梓。清何绍基《重修安徽通志》之卷336《艺文志》著录“《毛诗申成》十卷”。清桂文灿《经学博采录》略记此书流传云:“其《申成》一书，征引极为详备，王拔萃鼎祚珍藏之，惜乎其未并梓也。”⑤其后不详何故，流入北京大学图书馆。

---

① (清)胡培翚《研六室文钞》10卷《补遗》1卷,《续修四库全书》第1507册影印道光十七年泾川书院刻本,上海:上海古籍出版社1995年版,第475–476页。
② 王锺翰点校《清史列传》,北京:中华书局1987年版,第5533页。
③ (清)桂文灿著，王晓骊，柳向春点校《经学博采录》,上海:华东师范大学出版社2010年版，第32–33页。
④ 笔者按:下文所引《毛诗异义》皆据民国二十一年《安徽丛书》本,不再细注。
⑤ (清)桂文灿著，王晓骊，柳向春点校《经学博采录》,第33页。

《北京大学图书馆藏古籍善本书目》云：

《毛诗申成》十卷，清汪龙撰。清钞本。十六册，北京大学图书馆藏，索书号：093.2/3101。[①]

书名页题作"《毛诗申成》卷第一"，下署"汪龙学"。其下篇名"《毛诗国风》"空两格独成一列。其后"《周南·关雎诂训传》第一"则顶格另起一列。卷末记"《毛诗申成》卷十终"。知汪氏分全书作十卷。书内尚有藏印：风雨楼。

卷内副页录三条题记：

（一）《乾凿度》曰："泰表，戴干"。注：表者，人形体之彰识也。干，盾也。泰人之表戴干。《隋书》六十九《王劭传》。

《稽览图》曰："治道得，则阴物变为阳物。"注："葱变为韭，亦是。"（同上）

《易纬》曰："伏戏矩衡神"注："法玉衡之神。"（同上）

笔者按：以上注语皆为郑玄注，题记略之。

（二）《隋书》："采摘经史谬误，为《读书记》三十卷，时人服其精博。"

（三）汉以策经取士，谓之制科。凡孝弟力田，贤良方正皆以策试行之。其云察廉举孝则兼制耳。其四科条例曰"经中博士"则策以经；曰"文中御史"则间及杂文。东汉申明其制，诸生试家法，谓习经相传之法也。魏晋南北朝一遵其法，隋唐于杂文中加以诗赋，于制科外别立秀才、明经、进士诸科，皆特重经学，而或兼诗赋，或兼策对，于试经后及之。其诸科试法有用帖经，帖经之后，继以问经。问经之后，或试策、试文、试诗赋。

① 北京大学图书馆编《北京大学图书馆藏古籍善本书目》，北京：北京大学出版社1999年版，第14页。

帖经者，以所习诸经，掩其两端，中间惟留一行，乃裁纸为帖，而帖三字于其中，或帖孤章，或帖绝句，或帖疑似与参互之文。使循所见字而括得之，谓之例括。每帖十必括五六，谓之中括。或曰："汉有策经、射经法"，帖经即射经，问经即策经。问经者，经义也。

宋人仍之，元初取士，承金章宗朝十二科词曲旧法。仁宗延佑二年始创八比，立乡、会二试，曰举人，曰进士，不用大、小、中三经名目，而以小经中《论语》、《孟子》，合之《礼记》之《大学》、《中庸》，名之四书。又以《礼记》合《周易》、《毛诗》、《尚书》、《春秋经》名"五经"，通谓之书义以取士，而汉以来策经之法变矣。

笔者按：上条节引自毛奇龄撰，毛远宗所辑的《经问补》卷二①，文句略有改动。

书内多括删条注，兼倒乙线，所附案语多可与《申成》互证，知此书绝非清钞本，实为汪龙撰述之底本。比如《申成》之《墉风·柏舟》之"髧彼两髦，实维我仪"句，浮签批注云：

案：髦当作𩭩，《说文》云："𩭩，发至眉也，从髟敄声。《诗》曰'紞彼两𩭩'。"《仪礼·既夕记》注："儿生三月，鬋髮为鬌，男角女羁，否则男左女右，长大犹为饰存之，谓之髦。"（其后小字细注）云：写时再查对。

此书实为汪氏撰述的资料长编。比如卷首补注《诗经》的传承，《关雎》篇上眉批：

《玉海》三十八引《序录》云："子夏授曾申，曾申授李克，李

---

①（清）毛奇龄撰，毛远宗所辑的《经问补》三卷，文渊阁《四库全书》经部第185册，台北：台湾商务印书馆1983年版，第237页。

克授孟仲子，孟仲子授根牟子，根牟子授孙卿，孙卿传毛亨，亨授毛苌。”

也辑引《毛诗》古字音训，卷内《甘棠》篇，《传》“憩，息也”，上批:《说文》作“愒，息也”。还辑引许慎《说文解字》、吕祖谦《吕氏家塾读诗记》、戴震《毛郑诗考证》、严粲《诗辑》等说法。批注内容庞杂，尚待校理。

据鲍氏《毛诗异义跋》，汪龙言：“又著《毛诗申成》十卷，与此书可相辅，而征引尤备。刊《异义》成，倘不为博雅君子所鄙弃，以次举焉可也。”可知《申成》实是未定稿，还须全面删订。

鲍方棨所得《申成》底本，既卷帙浩繁又无所旨归，当然无法刊行。桂文灿叹言《申成》“惜乎其未并梓也”，并不了解实情。

二、《申成》与《异义》之关系

《毛诗申成》全书无序跋，不详书名何意。《毛诗异义》卷前所附汪氏《毛诗异义述》，则略言其书名之由来：

> 昔许叔重以《五经》传说，臧否不同，撰《五经异义》。郑氏有《驳异义》。今兹名书，盖本许氏，亦以竢穷经稽古，学为儒宗者为之驳正焉。

至于《申成》与刊本《异义》之关系：两书虽不同，但《毛诗异义》确有不少条注脱胎自《毛诗申成》。比如:《申成》之《秦风·驷驖》“輶车鸾镳，载猃歇骄”句，上有浮签云:“补《左传疏》，详《异义》。”又如:《周颂·有瞽》其后按:“《春官·小师疏》引《通卦验》注云：‘萧管形象鸟翼。’”句，后又墨笔删去，改作“案:《广雅》云‘萧大者二十四，管小者十六，管有底’”云云，此案语即见于《毛诗异义》。

细审两书条注，主要有以下三种情况：

（一）《申成》与《异义》详略互见。

《申成》略而《异义》详者，比如：

（1）《申成》之《关雎》“参差荇菜，左右流之”句，《释文》云“王申毛，如字”。墨笔上批：“‘左右’从《笺》，训助。王氏说非。”且于此句夹注：“《笺》云‘左右，助也’。”

此条《毛诗异义》详解云：

> 《释文》云：“左右，王申毛如字。郑音佐佑。”玩其语意，王作“𠂇又”字解。疑魏末，“𠂇又”字已通作“左右”，然王说不如《笺》义优。

（2）《申成》之《关雎》“窈窕淑女，钟鼓乐之”句，注文择录《白虎通·礼乐》引《乐记》曰“丝曰弦，金曰钟，皮曰鼓”云云，后批：“补琴瑟”。《毛诗异义》则于“琴瑟”二字详解：

> 琴瑟钟鼓，祭时所设。善乎孔氏之申毛也。曰：“琴瑟乐神，何言友乐，岂得以祭时之乐乐友、乐淑女乎。”

以上两条，《申成》批注与《异义》条注相比，《异义》详而有序，汪氏于后者多有修订。然也有《申成》详而《异义》略者，比如：

《大雅·云汉》“旱既大甚，涤涤山川，旱魃为虐，如惔如焚”句，后按云：

> 案：《说文》“涤，洒也”，《传》训“涤涤”为旱气，恐人不晓其义，故以山无木，川无水申之。谓山川枯竭，涤涤然皆旱气也。“惮劳”，《尔雅》作“瘅”，音义同。《释文》引《韩诗》云“惮，苦也”。劳苦，人所畏，故《笺》云“犹畏”。字读虽异，义得两通。

刊本《异义》此条则略作：

> “我心惮暑”，“惮”《传》训“劳”，《笺》训“畏”，《释文》引

《韩诗》训“苦”，三说各通，而《韩》义与毛近。案：训劳，字本作“瘽”。

（二）《申成》与《异义》条注互补。

《申成》也有不见于《异义》的条注，比如：

（1）《申成》之《云汉》“旱既大甚，蕴隆虫虫”句，引毛传郑笺后按：

> 《说文》“蕴，积也”，《释言》曰“郁气也”，《释文》引《韩诗》作“郁隆烔烔，气之郁积”，又云“本作煴”，亦作“郁”也。旱时则暑也。《说文》曰“隆，丰大也”，不得与“蕴”连为义，故以为雷声隆隆。然《说文》曰：“雷，阴阳薄动也。”旱时阳亢而阴为所胁，常薄而为雷，今时犹然，俗谓之旱雷。虫虫，《尔雅》作“爞爞”，邢《疏》云“音义同”，暑气蒸郁，阴阳相薄，随激而散，而旱气益烈矣。

（2）《申成》之《周颂·雝》“《雝》，禘大祖也”句，引郑笺孔疏后按：

> 文王亦身非天子而《疏》言如此者，时已追文王也。又《白虎通》曰：“后稷为始祖，文王为大祖。”《有瞽疏》“大祖谓文王”，本此《笺》。

以上两条，刊本《异义》皆无录。至于《异义》条注未见于《申成》者也很多，兹不具录。

（三）《申成》与《异义》观点不同。

偶见二者观点相反的条注，比如：

（1）《申成》之《卫风·淇奥》“有匪君子，充耳琇莹，会弁如星”句，按语：

> 案：“充耳”指冕服言，又《笺》云：“会，谓弁之缝中，饰之

以玉，皪皪而处，状似星也。”《正义》引郑注“弁师”云：“皮弁，则侯、伯璂饰七，子、男璂饰五，玉亦三采。”《传》详“会”之义，《笺》详其制，二意得兼通也。

《异义》释此句则全从段玉裁《说文解字注》“髓”字条下之说，以为当作“髓弁如星”，今本盖后人妄改。

（2）《周颂·维清》“迄用有成，维周之祯”句，《传》“迄，至；祯，祥也”后按：

“祯祥”，《尔雅》“祯”作“祺”。此经“祯”字，《释文》、《正义》、宋本、唐石经亦作“祺”。然“祯”与“成”韵。又《说文》云：“祯，祥也。祺，吉也。”则《尔雅》上“祺”字，正当作“祯”。（后句“然祯与成韵”云云有墨笔括号）

《申成》以为此句当从“祯”字。今刊本《毛诗异义》此条则云：

“维周之祯”，《传》云：“祯，祥也。”《疏》云：“祯，祥。《释言》文。”案：《释言》云“祺，祥也”，《释文》经文作“祺”，云“言其祥也。”《尔雅》同。徐云“本又作祯”，与崔本同。《疏》亦谓定本、《集注》作“祯”，则经文本作“祺”也。又《疏》文“祯，祥”亦当作“祺”，观下引“舍人注‘祺福之祥’”可见其引某氏引《诗》，亦本作“祺”，下引“定本”乃别其异。宋本《疏》文，“祯祥”、“某氏引《诗》云‘维周之祯’”二“祯”字，皆作“祺”。

《异义》则以为古本皆作“祺”，后至“定本”才改作“祯”字。与上《申成》的观点不同。

总体上，刊本《异义》因属定本，条注缜密有序；而《申成》条注案语则多为草创，多推断而少实据。比如：

（1）《申成》之《秦风·车邻》“今者不乐，逝者其耋”句，毛《传》云：“此言‘八十曰耋’者，耋有七十、八十，无正文也。以仕者七十致事，仕者虑己之耋，欲得早致事，故以为八十也。”此句上附浮签云：

> 案:《曲礼释文》云“本或作八十曰耋，九十曰耄”，则此《传》，《曲礼》文也。陆氏谓“后人妄加”，或未可据。

《异义》无录《车邻》此条，盖以上属推断语，未入刊本。又如：

（2）《卫风·淇奥》“宽兮绰兮，猗重较兮”，引毛《传》“重较，卿士之车”句，上附浮签批云：

> 《疏》“倚此重较之车”，则“猗”本作“倚”，当从《疏》改。“重较”参戴东原《释车》补。

此论较武断，刊本《异义》无收。

两书条注存在以上复杂的关系，因此，《申成》不是《异义》的底本。一下探讨汪龙诗学观点，则参考两书不同的观点。

三、治学述要

汪氏治《毛诗》，除以小学入经学的方法外，还包括：

（一）善于比较毛《传》郑《笺》的异同，尤其重视训诂通例，以毛《传》注毛《传》，以郑《笺》训郑《笺》。（二）疏通孔《疏》诠释毛《传》、郑《笺》的内在矛盾。（三）辑考各家训释所据底本及异文。（四）补订郑玄《诗谱》，据此考订孔《疏》的脱讹。汪氏综合运用以上方法，故能稽考殊深。今将汪氏《毛诗申成》和刊本《毛诗异义》之精要略举如下：

（一）重视毛《传》、郑《笺》训释异同。

《异义》虽主述《毛传》，训释却不主一家。《清史稿》之《列传》二百六十八言汪氏：

> 尝读《诗·生民》、《玄鸟》二篇，疑郑《笺》“迹乳卵生”之说，不若《毛诗》谓“姜嫄简狄从帝喾祀郊禖”之正，遂稽《传》、《笺》

同异。[①]

据《清史稿》之言，意者汪氏申毛《传》而黜郑《笺》；然此论以偏概全。今刊本卷前汪氏《毛诗异义述》即言：

龙不揆愚昧，掇取《传》《笺》与诸家述《毛》及《正义》、《释文》异同著于篇，凡说可两通则存而不论，若义当一是而意有从违，乃加辨断，其有前人所论定者，采录其语定而从之，述为《毛诗异义》。

汪氏《异义》虽主述毛《传》，却不主一家。不当定其为申《毛传》之作。汪氏主在分析《传》《笺》各自优长，并不认为郑《笺》有意"苟为异者"，比如《毛诗异义述》举例言：

郑注《周礼·封人》"设其楅衡"，不从先郑杜子春注，而谓"楅设于角，衡设于鼻"，及笺《诗》"夏而楅衡"，则同《传》，以为"楅衡其牛角，为其触抵人"。《说文解字》云"楅，以木有所逼束也"，"衡"字注云"牛触，横大木其角"。是楅、衡本一事，《礼注》分之，不若《诗笺》为当矣。然则郑于《传》义其有不同，殆非苟为异者。

清桂文灿《经学博采录》即言《异义》："意主述毛，而立论必持其平，一字之异，必详考而证明之。"[②]《申成》《异义》此类例子尚多，略举如下：

（1）《申成》之《唐风·采苓》"人之为言，苟亦无信，舍旃舍旃，苟亦无然"句，后按：

案：《笺》训"苟"为"且"，虽与《传》异，义实相通。

① （清）赵尔巽等撰《清史稿》之《列传》268 第 43 册，北京：中华书局 1977 年版，第 13230 页。

② （清）桂文灿著，王晓骊，柳向春点校《经学博采录》，第 33 页。

此条《异义》有出，详云：

《疏》引郑答张逸云“篇义云好听谗，当似是而非者”，然如《传》解，未见不为好听谗也。至《传》训“苟”为“诚”，《笺》训“苟”为“且”，义得相通。

以上汪龙于毛、郑训诂差异中见其同。

（2）《申成》之《周颂·酌》“我龙受之，跻跻王之造，载用有嗣”句，引毛传孔疏后按：

案：《传》训“龙”为“和”，盖必古有是训，今不可考矣。以意求之，《乾》卦纯阳而六爻象则取于龙，阳为德则龙有和义。

刊本《异义》也详释之云：

“我龙受之”，《传》训“龙”为“和”，谓“以天人之和而受殷”，《笺》训“龙”为“宠”，元本《蓼萧》；但《传》于彼即为“宠”。此及《商颂·长发》特改训“和”，必古经师相传，义本如此，此篇经义皆当以《传》为正。

（二）疏通孔《疏》释毛《传》、郑《笺》内在的矛盾。

汪氏《毛诗异义述》即言：

顾《棫朴笺》不以六师为六军。孔氏稽之《郑志》，谓非定解。由所注者广，未及改正。即是以思其得，无异所不当异者乎？而《正义》申述，又或异其所同，或同其所异，是盖不可以无辨也。

汪氏以为孔《疏》引申毛《传》郑《笺》，也有未当处，今举数例如下：

（1）《申成》之《墉风·君子偕老》“瑳兮瑳兮，其之展也。蒙彼绉絺，是绁袢也”句按：

案：《传》训“展衣”，以丹縠为之。《疏》言不知所出，而云“孙毓推之，以为袆衣赤，褕翟青，阙翟黑，鞠衣黄，展衣赤，褖衣黑”，“以妇人尚华饰，亦为色之著”，“白，疑于凶服”。《笺》易《传》云展衣宜白。《疏》云:“言宜者,无明文。《周礼》之注,差之以为然也。”是《传》、《笺》推明六服之色，皆以天地四方相次。《传》意有所避忌,《笺》则不阙西方耳。盖古制不可考，而持之各有其故，不得以《笺》易《传》也。又《说文》作䙴,亦以为丹縠衣。《说文》“绁，系也”，引《诗》作“亵”。“袢”，云“无色”，徐氏锴引《传》而申之曰:“袢烦溽也，近身衣也。”“延”有长义,“袢延之服”,《传》意或谓内衣绉絺，外覆以展衣而长。《疏》以“绁袢”为去热，“袢延”为热气，或系往古方言，不得其解，故复为说。俟识者论定。

以上比较各家异同，说可两通故阙疑待定。今刊本《异义》则略言：

“展衣”,《传》谓以丹縠为衣,《说文》同，孙毓从《传》。《笺》谓展衣宜白。从先郑《内服》注。皆无明文，说可两是。

(2)《异义》之《小雅·雨无正》条注云：

五章“哀哉不能言”,《传》云:“哀贤人不得言。”“哿矣能言，巧言如流”,《传》云:“可矣，世所谓能言也。巧言从俗，如水转流。”言幽王信谗，贤者言与俗忤，唯巧佞之人善于从俗也。《笺》释“不能言”为言之拙,“巧言”为善言。《疏》引《表记》“辞欲巧”证之，谓毛与郑同失经传之意。《论语》言“巧言令色，鲜矣仁”，又记圣人与左丘明同耻。《巧言》大夫伤谗诗，以《巧言》名篇。《表记》当是记人辞误。(此句为双行小字，乃汪龙案语。)

以上辨孔《疏》引申《传》《笺》未当之处。

(3)《申成》之《般》“敷天之下，裒时之对，时周之命”后按：

案:《传》训“裒”为“聚”,《笺》训为“众”，义通也。《疏》亦以为异，非。

（4）刊本《异义》之《般》释云：

《叙》云"巡守而祀四岳河海也。般乐也。"今本般乐也，作注文。《疏》云："经无般字，《叙》又说其名篇之意，般乐也，为天下所美乐，定本'般乐'二字为郑注，未知孰是。"《释文》云："般，乐也。崔《集注》本用此注为《叙》文。"案：《酌》、《桓》、《赉》三《叙》皆申说名篇之义，此亦宜然，作《叙》文为是。"于皇时周"，《笺》释"皇"为君，《疏》谓毛于"皇"字多训为美，因从王肃申《传》。然《皇矣传》训"皇"为"大"，从"君"义转，《传》亦不专以皇为美。此经可同之郑也。

《皇矣传》即《大雅·皇矣》篇"皇矣上帝"句，《毛传》训"皇为大"。

（三）推考各家训释所据底本及异文。

汪氏《毛诗异义述》言：

郑《笺》之外，述《毛》者，魏晋而下，世不乏人。《正义》主宗毛、郑，唯郑与毛异，乃取王肃诸人之说以申《传》，否则略焉。今诸家述《毛》，其书已亡，《释文》间存各家音义，于孔氏所遗，尚可寻讨。中固有失经传之意者，亦有优于郑义者。而孔氏、陆氏所据经本复各不同，其所申解，亦或有异。且有误解经义而自异于毛、郑者，是又不可以不考也。

汪氏注重推考各家音训所据底本异同，常能于众说纷纭处择善而从。比如：

《申成》之《陈风·月出》"劳心懆兮"（懆，今本作惨）句，按曰：

案：惨，七感反。《方言》云"杀也"，《说文》云"毒也"，音义皆与《诗》不协。盖"懆"字转写误为"惨"耳。懆，千到切；故与照、燎、绍韵。《说文》"懆，不安也"，引《诗》"念子懆懆"。

今《诗》中《正月篇》"忧心惨惨",《北山篇》"或惨惨劬劳",《抑》篇"我心惨惨",皆"懆懆"之讹。《释文》于《北山》篇云,字作"懆",于《白华篇》"念子懆懆",云亦作"惨惨"。盖二字音义未能决定也。

(其后引《段氏音韵表》等,然又用墨笔删去)

今刊本《异义》略叙上言又云:

《段氏音韵表》曰:"惨本音在第七部。《月出》合韵照、燎、绍字。"《正月》十一章沼、乐、照、虐为韵。《抑》篇作"懆",引吴棫曰:"开元中修《五经文字》,'我心惨惨'为'懆'。"龙案:《北山篇》、《释文》"惨"字又作"懆",是唐初经本亦有未讹之处。《白华篇》,《释文》"懆懆"亦作"惨惨",则又转据误本。

阮元《毛诗注疏校勘记》也指出"惨"为"懆"字之讹,且云"毛晃、陈第、顾炎武诸人论之详矣"①。

汪氏晚年得交段玉裁,《申成》各条浮签也常辑引段氏《说文注》。比如:《褰裳》二章"子不我思,岂无他士",上附浮签云:"补段说。"《小戎》"四牡孔阜,六辔在手"上批:"补段说。"今刊本《毛诗异义》之《目录》后附题记:

十八季获交金坛段懋堂先生,读其所注《说文》,乡所疑义得补正者若干条,重写此为定本,叔辰氏识。

此时段氏《说文注》刚成书,汪氏已能叹服其小学成就。

(四)补订郑玄《诗谱》。

汪氏辑考群书所引《诗谱》,胪举各家引文,以证彼此讹舛。

《申成》录郑玄《周南召南谱》云:"周公封鲁,死谥曰文公。召公封燕,死谥曰康公,元子世之,其次子亦世守采地。在王官,春秋时,周公、召公是也。"后按:

---

①(清)阮元校刊《十三经注疏》,北京:中华书局1980年版,第380页。

案 :《檀弓疏》引《诗谱》曰 :“元子伯禽封鲁，次子君陈守采地。”当是“谥曰文公”下脱文，观下亦“世守采地”可知。但上“周公封鲁”，“封鲁”二字衍。

刊本《异义》所附《诗谱》下详考云 :

《檀弓》疏引《诗谱》曰 :“元子伯禽封鲁，次子君陈守采地。”当是此《谱》。“谥曰文公”下脱文，其上“周公死”句中衍“封鲁”二字，观下文“召公封燕，死谥曰康公，元子世之。其次子亦世守采地”，亦可知。今脱此二句，文义遂不缀续。

其下复有汪氏双行小字案语 :

《郑谱》残阙，欧阳氏得其残本于绛州，取《正义》所载补足之而不知《正义》所载亦有讹脱，如此条。孔作《正义》时，已同今本，故其申述不甚明晰。凡遗文，审其文义，知属何谱者，则于本篇举以补正，其余不可定者，别录于后。

汪氏《毛诗异义述》言 :“复考正郑氏《诗谱》，附于篇末。”汪氏所订的《诗谱》，详见《毛诗异义》卷末附录。

汪氏穷治《毛诗》的成就，《异义》卷首所附长白麟庆的《序》，即云 :

其于《传》、《笺》与诸家之异同者，辨别论定 ;《诗谱》之脱误者，详加考正，以免穿凿鲁莽之病。非精心瘁力，历数十年不能至是。不特有功毛、郑 ; 即质之朱子，亦将心许焉。此真嘉惠来学之书。

长白麟庆的评价，并非溢美之言，以上所举数例可知。

三、结语

北大图书馆所藏汪龙《毛诗申成》并非清钞本，而是其稿本。《毛诗申成》与《毛诗异义》条注互有异同，可相为表里。汪氏治学，不仅详辨毛传郑笺之异同，疏通孔疏引申毛传郑笺的疏失，也善于借鉴各家诗说和训诂优长。因此于诸家争鸣处能择善而从。补正《诗谱》之讹舛，更是郑学之功臣。本文略述汪氏《毛诗申成》稿本的学术价值及其治学特点，实为学者深入研究，抛砖引玉。

重估《鬳斋考工记解》价值及未备

内容摘要：林希逸所撰的《鬳斋考工记解》一书，四库馆臣以为其注多与郑玄注相违，其书作用仅限于以图解经的方式来普及《考工记》一书。然笔者细审发现，该书实多本郑玄注而绘图，以图详释郑注。馆臣所举之例，恰反证林氏据郑注绘图而抵牾互见。林书主旨多为疏证与补释郑注。馆臣又以为该书附图取自聂崇义《三礼图》，然比较两书，林氏仅三处援引《三礼图》，其他诸图则源出林氏的匠心营构。由此足见林氏治《考工记》精深造诣。因林氏作图未完备，明代张鼎思精研覃思，不仅详辨已有诸图，且补绘未录之图。由林书及其补图，可略见宋明治《考工记》的成就。

关键词：生平版本；缘郑绘图；以图彰注；补正未备

林希逸是南宋时著名的学者，今黄宗羲《宋元学案》之《艾轩学案》有录其学术渊源。[①]乃尹焞、王苹的五传，林光朝（艾轩）的三传弟子，且仕途顺畅，艾轩学派更是至林希逸而光大之。[②]

林氏著有《考工记解》一书，专释与《考工记》相关的名物度数。融裁注疏，以图解经，集中体现宋代学者治《考工记》的成就，更为明代学者所推崇。然而《四库全书总目》于该书特点及其内容的评定上有不小偏差，以致将该书视若普及读物。因此，本文拟对该书作细密的考辨，以期对该书的主旨及特点有切合实际的判断。

---

①（清）黄宗羲原著，全祖望补修，陈金生、梁运华点校《宋元学案》第二册，北京：中华书局1986年版，第1469页。

②（明）叶溥修、张孟敬等纂《福州府志》卷二十五，方宝川、陈旭东主编《福建师范大学图书馆藏稀见方志丛刊》第三册，北京：北京图书馆出版社2008年版，第38页。

一、生平及版本略考

林希逸[①]，字肃翁，号鬳斋，福建路福清人。其生平及仕履，《四库提要》仅言“景定间官司农少卿，终中书舍人”[②]，今《八闽通志》及《福州府志》则有详载。然而，于林氏登科之年，则略有分歧。据南宋周密《癸辛杂识》所记，“乙未（1235年），吴榜由上庠登第，凡三试，皆第四”[③]。然考明弘治年黄仲昭修的《八闽通志》却题作“绍定间进士第四人”[④]，明叶溥等修的《福州府志》亦作“绍定进士第四人”[⑤]，明潘颐龙等修《重修福州府志》则仅言“登绍定进士”[⑥]。今考《竹溪鬳斋十一稿续集》卷二十四《工部侍郎宝章阁待制林公行状》（即林彬之）里明言“即以乙未，同进相与三十年”[⑦]，则林氏登第之年为乙未，即端平二年。又考后人补订南宋梁克家的《淳熙三山志》，亦题林氏“乙未，吴叔由榜”[⑧]，且详列该年登第的其他进士。因此，林氏于端平二年登第可无疑矣。

---

① 据福清渔溪新发现的林希逸墓志铭，林氏生于绍熙四年癸丑（1193），卒于咸淳辛未（1271），享年七十有九。《宋代理学家林希逸墓志铭现身福清》，《福州日报》2007年4月15日版。

② （清）永瑢等撰，王伯祥断句《四库全书总目提要》，北京：中华书局1965年版，第152页。

③ （宋）周密著，吴企明点校《癸辛杂识》，《唐宋史料笔记丛刊》，北京：中华书局1988年版，第106–107页。

④ （明）黄仲昭修《八闽通志》，《四库全书存目丛书》影印天津图书馆藏明弘治刻本，史部第178册，济南：齐鲁书社1996年版，第445页。

⑤ （明）叶溥修，张孟敬等纂《福州府志》，卷二十五，第38页。

⑥ （明）明潘颐龙等修，林燫等纂《重修福州府志》第七册，卷二十一先儒，南京图书馆编《南京图书馆孤本善本丛刊》，北京：线装书局2003年版，第419页。

⑦ （宋）林希逸撰、林式之编《鬳斋续集》，卷二十四，四川大学古籍所编《宋集珍本丛刊》第83册影印清抄本，北京：线装书局2004年版，第590页。

⑧ （宋）梁克家撰辑，明林材订正《（淳熙）三山志》，卷三十二人物类七（科名），《华东师范大学图书馆藏稀见方志丛刊》第8册，北京：北京图书馆出版社2005年版，第491页。

林希逸的著述，据《宋元学案》所录，有《鬳斋集》《易义》《春秋传》[①]、《考工记解》。其下冯云濠小记云:"《鬳斋前集》六十卷、《易义》、《春秋传》俱佚。《鬳斋续集》三十卷、《考工记解》二卷行世" [②]。另据《八闽通志》及《福州府志》,《易义》一作《易讲》,《鬳斋集》一作《竹溪稿》。此外,林氏还有《老庄列三子口义》一书行世。今《四库全书》共收其以上三书。

《八闽通志》言 :"林希逸师事陈藻，藻之学出于林亦之。亦之出于林光朝，其授受远有源委。" 又言陈藻"后从林亦之，得林光朝经学之传，遂成通儒"。可见林希逸学有所本，其学术思想与林光朝关系密切，且今《考工记解》也多引艾轩之语。然林光朝无撰著作，唯其弟子林亦之有《论语考工记毛诗庄子解》(今佚)，林亦之本林光朝高弟,其书当多本其师林光朝说解,故林希逸才得见艾轩语,并详录之。因此,林氏著《考工记解》前,艾轩学派已作了充分的学术积累与准备。

关于《考工记解》现存版本，据《中国古籍善本书目》以及《中国古籍总目》共录以下七种版本,大体可分四类:一是宋刻元明递修本,分藏于上海图书馆和浙江图书馆 ; 二是抄本二种，明抄本，藏于南京图书馆 ; 清抄本，藏于国家图书馆 (下文有分析); 三是康熙十九年 (1680)《通志堂经解》本 ; 四是明张鼎思补图本，藏于浙江图书馆以及北京大学图书馆。[③]今通行本为康熙十九年刊的《通志堂经解》本

① 按:翁方纲于《经义考补正》按:"《宋志》作陈藻、林希逸《春秋三传正附论》十三卷，似是二人同撰。"(清) 朱彝尊撰、翁方纲撰、罗振玉撰《经义考·补正·校纪》卷八，北京 : 中国书店 2009 年版，第 2090 页。

② (清) 黄宗羲原著，全祖望补修，陈金生、梁运华点校《宋元学案》第二册，第 1484 页。

③ 中国古籍善本书目编辑委员会编《中国古籍善本书目》(经部)，上海 : 上海古籍出版社 1989 年版，第 179 页。中国古籍总目编纂委员会编《中国古籍总目·经部》，北京 : 中华书局 2012 年版，第 443 页。

及文渊阁《四库全书》本（简称《四库》本）。今《四库提要》言该书取“江苏巡抚采进本”，不详版本渊源。①傅增湘曾校宋本《鬳斋考工记》，其所据宋本有“乾隆御览之宝”一印，当即清天禄琳琅旧藏。然《四库》本并不以此作底本，因傅氏曾将该本与《通志堂经解》本对校，（下简称《经解》）发现《经解》本脱八行，《四库》本亦脱②，可见《四库》本并未据该书作底本。今将《经解》本与《四库全书》本对勘，发现两者内容完全相同，阙字亦同。今《四库全书荟要总目提要》言《四库全书荟要》所录该书乃“依内府所藏《通志堂》刊本缮录恭校”③，则文渊阁《四库全书》所据底本或即本自《通志堂经解》。因此，本文取康熙十九年《经解》本作底本。

据朱彝尊《经义考》所载，《鬳斋考工记解》作三卷，然《通志堂经解》及《四库全书》本均题作两卷。④另据《中国古籍善本》所录宋刻元明递修本则作“《鬳斋考工记解》两卷，释音二卷”⑤，则是四卷。今详审《经解》本，题作上、下卷，然两卷后均附《考工记》

① 《四库采进书目》共收录该书三次：一是《两江第一次书目》，题作《鬳斋考工记解》二卷，宋林希逸著，二本；二是《浙江省第一次书目》，题作《考工记图解》二卷，宋林希逸著，二本；三是《浙江采集遗书总录》题作《考工记图解》二卷刊本，并题：“右宋闽中林希逸原本，明吴中张鼎思补图，鄞县屠本畯补释。林兆珂谓其宗《三礼图》而祖汉康成辈，说非无据也。后附勾股法，粟米法，训字疑似。”笔者按：《浙江采集遗书总录》所录本即张鼎思补图本，今文渊阁《四库》本无补图及屠氏补释，不以该本作底本。吴慰祖校订《四库采进书目》，北京：商务印书馆 1960 年版，第 37、77、240 页。另见张升编《〈四库全书〉提要稿辑存》，北京：北京图书馆出版社 2006 年版，第 191 页。

② 傅增湘撰《藏园羣书题记》，上海：上海古籍出版社 1989 年版，第 20 页。

③ 江庆柏等整理《四库全书荟要总目提要》，北京：人民文学出版社 2009 年版，第 178 页。

④ （清）朱彝尊撰，林庆彰等主编《经义考新校》第六册，上海：上海古籍出版社 2010 年版，第 2398 页。

⑤ 中国古籍善本书目编辑委员会编《中国古籍善本书目》（经部），上海：上海古籍出版社 1989 年版，第 179 页。

释音，盖朱彝尊所见本即是抽绎该书的释音而独立成卷。释音或作一卷，或二卷，实则名异实同。

《四库提要》言："汉河间献王取《考工记》补《周官》，于是经与记合为一书，然后儒亦往往别释之。唐有杜牧注，宋有陈祥道、林亦之、王炎诸家解[①]，今并不传，独希逸此注仅存。"考朱彝尊《经义考》有录杜牧《考工记》两卷，题曰"存"；而陈祥道《考工解》，林亦之《考工记解》一卷，王炎《考公记解》一卷均仅作"未见"[②]。今杜牧注《考工记》仍传世，馆臣所言不甚确切。[③]《四库全书荟要提要》与本《四库全书提要》内容全同，且《荟要》本《提要》尚有：

> 考《南齐书》：文惠太子镇雍州，有盗发楚王冢，获竹简书，"青丝编，简广数分，长二尺有奇。得十余简，以示王僧虔，曰：'是科斗书《考工记》，《周官》所缺文也。'"此足证《考工记》非秦汉间人所作。以其旧本单行，故后儒往往于《周官经》中别出释之。[④]

以上解释"然后儒亦往往别释之"的缘由。《考工记》单篇别行，与今本附入《周礼》者有别；则于其传习原委，当有所说明。文溯阁本、文津阁本《提要》皆录此段。今文渊阁本删去所据，恐有不妥。[⑤]

---

① 王炎之说，明林兆珂《考工记述注》有辑引，惜其无标王炎之名，从而使佚文无从稽考。

②（清）朱彝尊撰、林庆彰等主编《经义考新校》第六册，第 2397 页。

③ 该书有传世，比如《丛书集成续编》经部第八册据《关中丛书》影印该书。（上海书店 1994 年版）此外，北京大学图书馆也藏有该书的清抄本。

④ 今《荟要》本《提要》乃"乾隆四十年五月恭校"，而以上文渊阁本书前《提要》则"乾隆四十六年十月上进表"，则文渊阁本《提要》或据《荟要》本删订而成。

⑤ 文溯阁《四库提要》乃"乾隆四十七年十月恭校上"，文津阁本则是"乾隆四十九年十一月恭校上"，两者皆晚于今文渊阁本。今两者皆录此段，内容与《荟要》本全同，可知两书当据《荟要》本缮录此条。参见金毓黻辑《金毓黻手定本文溯阁四库全书提要》卷十一经部十一，中华全国图书馆文献缩印复制中心 1999 年版。四库全书出版工作委员会编《文津阁四库全书提要汇编》（经部），北京：商务印书馆 2006 年版，第 259 页。

林氏《考工记解》能卓出诸书，其特点可概括为：一、多本郑玄注而绘图，图与郑注相为表里；二、所画各图具体而微，详辨名物度数，显别于聂氏《三礼图》。因此，该书可作研习《考工记》的指引门径。

二、缘郑注以绘古图

《四库提要》言“宋儒务攻汉儒，故其书多与郑康成注相剌缪”。然而，另据《经义考》于林氏《考工记解》条下，引林兆珂言曰：“林氏《考工记》有图，盖宗《三礼图》，祖汉儒郑康成辈，非无据也。”[①]林兆珂所言恰与馆臣相反，然何者更近该书本真？今复按《提要》所列四条论据，可证该书附图与郑注多相违之说不确。

其一，“然以‘绠参分寸之二’为轮外两边有护牙者，以‘较’为车箱前横在式之上，则不合于轮舆之制。”该条出自“轮人”节，其条下林氏注为：

> 绠未知何物。郑云“轮箄，则车行不掉”。恐是轮外两边有一重护牙者，故亦名箄。此曰三分寸之二为轮之固牙，加以绠则愈固也。《车人》云“大车”，“绠寸”。此乘车绠必亦一寸也。“绠”在牙轮外三分其一寸，而以其二为辐爪之孔处。注云：“绠三分寸之二，辐股凿之数也。”疏云：“凿牙之时，孔向外侵三分寸之二，使辐股外箄，故曰辐股凿之数。”凿即孔也，股字恐是骹字。[②]

---

① 《经义考》所引，出自林兆珂《考工记述注》卷首的《凡例》，今《四库全书存目丛书》有收录该书。林兆珂撰《考工记述注》，《四库全书存目丛书》经部第八十二册，济南：齐鲁书社1996年版，第11页。林兆珂，字孟鸣，莆田人，明万历甲戌进士，官至安庆府知府。其传详见（清）李清馥《闽中理学渊源考》卷五十六《郡守林孟鸣先生兆珂》，文渊阁《四库全书》史部第460册，台北：台北商务印书馆1983年版，第566页。

② （宋）林希逸著《鬳斋考工记解》卷上，（清）纳兰性德刊，康熙十九年《通志堂经解》本，第22页。

此处林氏明言不详“绠”为何物，全本郑注而构拟名物，以下复举郑注贾疏补证之，并非无所凭据。馆臣言其不合古制，确不详论“绠”从古制究为何物。时至今日，“绠”字亦未有确诂[①]，林氏自成一说，也无不可。至于“较”字训释，出自“舆人为车”节，更是全本郑注。郑玄于“以其广之半为之式崇”，注曰：“兵车之式高三尺三寸。”又于“以其隧之半为之较崇”，注曰：“较，两輢上出式者。兵车自较而下凡五尺五寸也。”较比式高二尺二寸，则较在式上，并无不妥。贾公彦进而疏曰：“言两较，谓车相两旁竖之者。二者既别，而云‘较，两輢上出式者’，以其较之两头皆置于輢上，二木相附，故据两较出式而言之。”[②]因此，若言林注不合古制，岂不谓郑注贾疏皆不合古制。

其二，“于‘倨句一矩有半’解，仍郑氏注，其图乃以鼓为‘倨’，股为‘句’，则不合于磬折之度”。此条下所本郑注即：

> 磬之制，必先度一矩为句，一矩为股，而求其弦之两头相望。一矩有半则磬之倨句也。磬之制有大小，此假矩以定倨句，非用其度耳。[③]

此处，郑玄以“磬之制”为长度单位，且以为此是“假矩以定倨句”[④]。此处“倨句”连用，亦作长度单位，等同于“弦”，即等腰直角三角形的斜边长。据林氏图下所注“弦则一矩有半，四尺半也”，宋制一尺等于 31.2 厘米[⑤]，“四尺半”即 1.44 米，即设定股和鼓各一米（矩），则斜边长约等于 1.44 米。首先，此处“倨句”为固定语，

---

① 闻人军译注，《考工记译注》，上海：上海古籍出版社 2008 年版，第 19 页。

② （清）阮元校刻《十三经注疏》，上海：上海古籍出版社 1997 年版，第 910 页。

③ （宋）林希逸著《鬳斋考工记解》卷下，第 16 页。

④ 郑玄于下句注言，股是“磬折”上者，而鼓则是其下小者，所当击者。股和鼓长度不一，而此处长度却相等，故郑玄以为此乃假设之言。

⑤ 丘光明著《中国古代度量衡》，北京：中国国际广播出版社 2011 年版，第 142 页。

不必分开而释。其次，林氏图以鼓为“倨”，股为“句”也并不误。据《康熙字典》释曰“矩之直者为倨，折而衡者为句，磬有倨句，戈亦有倨句，详《周礼·冬官·考工记》”[①]，此外，南宋戴侗《六书故》训《左传》襄公二十九年“直而不倨，曲而不屈”句亦言“矩之直者为倨，折而衡者为句”[②]，则“鼓”与“倨”配；“鼓”与“句”配。此处馆臣盖误解两“股”字。此处所举之“股”，乃等腰直角三角形一直角边长。下文所出注之“股”，则为“磬之上大者”，馆臣盖以为前注既“句”和“股”分言，下注则不当合为一处，故认为“股”当与“倨”配。

其三，“于戈之长内则折前，谓援与胡句相并，如磬之折”。此注出自“冶氏”节“长内则折前，短内则不疾”。全注为：“胡之下曰内，戈镈处也。太长则胡以上之援与胡句相并，如磬之折，则不可以刺也。”[③]此处关键是如何理解“磬之折”，林氏于前“已倨则不入，已句则不决”句下注曰：“已倨太直也，已句太曲也，倨句皆论胡之势也。”[④]因此，林氏释“磬之折”作磬的形状。此处也本郑注，郑玄注曰：

> 胡之曲直锋，本必横，而取圜于磬折。前谓援也，内长则援短，援短则曲于磬折，曲于磬折则引之与胡并钩。内短则援长，援长则倨于磬折，倨于磬折则引之不疾。[⑤]

此处林注与郑注微异，郑玄认为戈的行制以磬折椭圆形为标准，

---

① （清）张玉书等编撰、王引之等校改本《康熙字典》，上海：上海古籍出版社1996年版，第39页。
② （宋）戴侗撰《六书故》，上海：上海社会科学院出版社2006年版，第193页。
③ （宋）林希逸著《鬳斋考工记解》卷上，第47页。
④ 同上书，第46页。
⑤ （清）阮元校刻《十三经注疏》，第915页。

而林氏则以为内长援短，如磬的外形，也不可用。然林氏亦本郑注，仍以“磬之折”作磬的形貌之说。

其四，与“磬之折”相应第四例，“于皋鼓之‘倨句磬折’，谓鼓为圆物，何缘有‘倨句磬折’之形，恐有脱文。”此注出自“韗人”节，其注为：

“倨句磬折”与“冶人”所解义同，但鼓为圆物，何缘有“倨句磬折”之形也，或恐脱文。在此注疏皆依文解义，只得且依之。谓鼓之围亦有倨直句曲磬折之处，皆要得宜也。[①]

此处即指“冶人”节的“倨句磬折”，即上条引注所释，指磬折的形貌。郑玄于此注曰：“以皋鼓鼓役事。磬折中曲之，不参正也。中围与䡔鼓同，以磬折为异。”贾疏曰：“磬折者，粗处近上，故不得参正也。”[②]郑玄、贾公彦皆认定此处“磬折”，指磬折形貌。只是不明鼓既为圆形，又缘何复出磬折形状，权且随文释义。林氏于此已察其不一，从而怀疑此处或有脱文，亦合情理。实则此处林注与郑注并无不同。

以上诸例，林注详释郑玄注《考工记》难解抵牾处，反证林氏本郑注而探寻《考工记》的古制。馆臣以为“皆于古器制度未之详核”，却不详言何为“绠”及“轮舆之制”，何为“磬之折”及“磬折之度”。实则“绠”至今无确解，而“磬折之度”，今学者参考出土文物，定其为角度单位，即“磬折本义为磬的顶角”，“约为一百五十余度，故定为角度单位”[③]。郑玄因定“磬折”为长度单位，以致产生上述无法确解处。

---

① （宋）林希逸著《鬳斋考工记解》卷上，第 67 页。

② （清）阮元校刻《十三经注疏》，第 918 页。

③ 闻人军译注《考工记译注》，第 128、129 页。

林书亦有异于郑注处，然并非故意与郑注立异，更多的则是补订郑注。比如“冶人”节“戈广二寸，内倍之，胡三之，援四之”一句，郑玄注仅言：“戈，今句孑戟也，或谓之鸡鸣，或谓之拥颈。内谓胡以内接柲者也，长四寸。胡六寸，援八寸。”[①]而林注则详辨戈、矛、戟三者的区别，林氏注曰：

> 康成又曰，句孑戟者，当时之名也。戈、戟异制，戈二刃，戟三刃，而郑以戟证之者，汉时不分戈戟为二也。凡兵之器，直而无胡者则矛也，有胡者则二锋三锋通为戈、戟也。[②]

林氏还具体勾画出戈、矛、戟、殳四者形制差异及各部件名称。虽然这些图与今出土器物不尽相符[③]，然而在当时，仅据经文、注疏而详辨如是，已见林氏治《考工记》的精细程度。

三、具匠心以图彰注

林兆珂以为林希逸书“祖汉儒郑康成辈”的论断更切合实际，然林兆珂以为林希逸所附诸图乃“盖宗《三礼图》”，而四库馆臣更断言“希逸以《三礼图》之有关于《记》者，采摭附入，亦颇便于省览”，实则大不然。

聂崇义《三礼图》一书，《通志堂经解》亦收录，可援引对比。经比较，林希逸《考工记解》47 图仅三处，共 6 图，全采《三礼图》。另有 16 图所释内容虽相同或相近，而图的形貌却差异很大。其他 25 图则为《三礼图》所无。

林氏即便采录《三礼图》，也不尽从，而是有所考辨。

第一处在卷上“画缋”节后附录的一图，林氏即言：“此图所画

---

①（清）阮元校刻《十三经注疏》，第 915 页。

②（宋）林希逸著《鬳斋考工记解》卷上，第 46 页。

③ 闻人军译注《考工记译注》，第 46 页。

只据《三礼图》如此，古人之制，未必然。如鼎上所镂兽类皆无全角者，斧与亚字尤非古也。”[①]此处林氏以为在器皿上缋兽类及古字，非本古制，以上只是权且收录。

第二处在卷下“玉人之事”节，林氏镇圭、信圭、桓圭、躬圭四小图取自《三礼图》，也不尽从，而是略作修正。林氏释曰：

《三礼图》所载，镇圭刻一山，桓圭刻植楹，信圭刻一人直身，躬圭刻一人曲身，皆非古制。又曰：山以镇安；桓为柱石；躬以保身；穀为养人；蒲为安人，皆后人强生意义。原其初意，只是以此为五等之别。艾轩曰：今人带夸上粟地文，亦以养人乎？[②]

因此，林氏将信圭一人直身像与躬圭一人曲身像皆去掉，躬圭则略弯曲以仿其貌。

第三处则在“辀人”节有关旗子形制的图，林氏收录《三礼图》相应的四幅图，题作“龙旗九斿”“鸟旟七斿”“熊旗六斿”“龟蛇四斿”，然而林氏亦有不同见解，其下注曰：

古之龙旗，画东方大火之星；鸟旟画南方鹑火之星；熊旗画西方参伐之星；龟蛇画北方营室之星，今《三礼图》中如此画，实非古制，郑误之也。[③]

至于郑玄失误之处，林氏于“龙旗九斿”下引郑注后辨正曰：

然大火在房、心，何与于尾，尾为析木矣。鹑火在柳、星、张，何独言星乎？伐不连参，则三星而已。室不连壁，则二星而已。就其说而强通之，独有鹑火举其中为可解，其他未免牵强。[④]

林氏因此归结出治《考工记》的注意点：

① （宋）林希逸著《鬳斋考工记解》卷上，第 72 页。
② （宋）林希逸著《鬳斋考工记解》卷下，第 1 页。
③ （宋）林希逸著《鬳斋考工记解》卷上，第 43 页。
④ 同上书，第 42 页。

大抵《周礼》出于战国，本非成周之制，六国阴谋之说似得其原。《考工》非冬官本书，纵可牵合，亦未足凭，况勉强勾引而为之说乎。艾轩云，此皆无益而枉用心者。[①]

至于名同而图异者，《三礼图》只粗画形貌，而林氏附图则曲尽各部件形制及其彼此的微异。比如两书皆有车盖图，《三礼图》只有一幅简单的车盖外貌图，而林书却有两图[②]：一图是与《三礼图》微异的车盖图；另一图则是车盖内部的形制图，详细标注"达常"、"桯"、"蚤围"、"股围"和"弓"等具体部位。

内容相近而图异者，如《三礼图》为述"小司徒"之职而画"井田""遂人"二图。井田一图，内画邑，邑中有四丘。图正中注曰："甸六十四井，方八里旁加一里，为十里曰成，成出革车一乘。"[③]此注出自《周礼注疏》卷十一郑玄注"小司徒"一节。"遂人"一图，则作井田图，上下皆写一行遂字，左边则写一列洫字，右边则写一列沟字。与之相应的林书图却为释"匠人"节而作，其为释"匠人"沟洫事而画四幅图。[④]第一幅图内含四小图，标题为"九夫为井""四井为邑"，"四邑为丘""四丘为甸"。第二幅图内含三小图，分释"四甸为县""四县为都""甸旁加一里为一成"。图内旁注："司马有二法，有甸方八里，出长毂一乘。又有成方十里出长毂一乘。言甸者，据实出税者。而云成者，据通治沟洫。"此注林氏则取之《周礼注疏》卷四十二贾公彦疏"九夫为井"一段。第三幅图内含两小图，题作"四旁加四里为都""方十里为成"。第四幅图也含两小图，题作"四都为同""方百里为同"。

---

① （宋）林希逸著《鬳斋考工记解》卷上，第42页。
② （宋）林希逸著《鬳斋考工记解》卷上，第29页。
③ （宋）聂崇义著《新定三礼图》卷四，（清）纳兰性德刊刻，康熙十九年《通志堂经解》本，第7页。
④ （宋）林希逸著《鬳斋考工记解》卷下，第54、55、56页。

以上可见，林氏据经义、注疏，详辨“井田”构成，不能说这些图袭用《三礼图》。

还有如《三礼图》所无者，则更见林氏匠心独运处。比如林氏于“舆人为车”节后所画的车箱内部构造图。[①]具体标举“较”“式”“犄”“轵”“轛”的具体形制及其部位。其旁还有一副“舆輈”图，详注“衡”“轸间”“伏兔”“踵”等专有名词的具体位置。还有如“弓人”节，林氏共画六幅图。[②]第一幅图总释“弓”各部位的特点，其他五幅图则分析五种弓的不同形制特点。

实际上，林希逸并不推崇聂氏的《三礼图》。“凫氏为钟”条下，详载艾轩先生（林光朝）言曰：“聂崇义所作《三礼图》全无来历。”这是因为“《博古图》起于宣和间，汉晋时无有也。由历代以来掘得古器于宣和间始为图载之，以示后世。汉晋诸儒不曾见此，无怪乎其不知也。”聂氏《三礼图》于北宋初上于朝廷，不曾见《博古图》，所画之图与《博古图》有出入。林光朝更举一例：“谷璧（《三礼图》）即画穀，蒲璧即画蒲，皆以意为之也。不知谷璧，只如今腰带夸上粟文，观《博古图》可见。”[③]由此可知，林希逸若有所规仿，则当依《博古图》的轨度。

总之，林氏本经义注疏而规摹《考工记》各名物度数，细致精微，足以发经注隐奥。后学者遂省凭空冥想之劳，援图考注，从而于《考工记》能有所参悟。因此，林氏《考工记解》能流传深广，为明学者所宗，当源其湛深的治学造诣。

---

①（宋）林希逸著《鬳斋考工记解》卷上，第 31 页。

②（宋）林希逸著《鬳斋考工记解》卷下，第 86–88 页。

③（宋）林希逸著《鬳斋考工记解》卷上，第五十三页。四库馆臣于聂氏《三礼图集注》提要条下，亦引此以指聂书的不足。林光朝此说唯见林氏《考工记解》一书，则馆臣所引当本林书。（清）永瑢等撰，王伯祥断句《四库全书总目提要》经部礼类四，北京：中华书局 1965 年版，第 176 页。

四、未备及补正

明代学者推崇林氏《考工记解》，也辑引及校补该书。如上举明代林兆珂虽误判《考工记解》附图本自《三礼图》，然而却模刻《考工记解》诸图，附于卷末以备参考。[①]然而，与该书关系更密切的则是明代张鼎思的补图。[②]张氏一方面补林书无画之图；另一方面，稍加修订已绘诸图，所补图下皆附考辨注释。因此，张鼎思补图当与该书相参看。下面则缕析之。

明黄虞稷《千倾堂书目》有录该书，题作“张鼎思《考工记补图》二卷”，后人又补“林希逸《考工记解》四卷”[③]。张鼎思仅作《考工记解》补图，《千倾堂书目》仅出张鼎思而略林希逸，恐不妥。该书今已难见，复查《中国古籍善本书目》，唯有浙江图书馆藏有该书的明万历刻本。今北京大学图书馆亦藏有该书的万历刻本，为《中国古籍善本书目》所无录。[④]笔者即以北大所藏明万历刻本《考工记补图》

① （明）林兆珂撰《考工记述注》，《四库全书存目丛书》经部第八十二册，济南：齐鲁书社，第 11 页。

② 张鼎思，字睿甫，姑胥（今苏州）人，万历丁丑进士，选入翰林，改授吏科给事中。其事功详见清李铭皖等修、冯桂芬等纂《苏州府治》，卷八十七人物十四，《中国方志丛书》影印清光绪九年刊本，台北：成文出版社，第 2098–2099 页。

③ （清）黄虞稷撰，瞿凤起、潘景郑整理《千顷堂书目》，上海：上海古籍出版社 2001 年版，第 37 页。

④ 浙图藏本卷前录张鼎思《刻考工记图解序》，详述刊刻此书原委及作补图的经过。末署明万历戊戌，即万历二十六年。与北大藏本相比，卷前《序》言详备，用行草写入。北大藏本《序》甚简短，且为刊印文字。浙本分作二册，卷前署“宋闽中林希逸图解，明姑胥张鼎思补图，明甬东屠本畯补释，明吴兴施溌明句读，明甬东戴士章校对。”然细审全书，前无张鼎思补图，后无屠本畯的补释及跋文。全书内容仅有林希逸《补图》的内容。北大藏本题作“万历戊戌年孟冬吉”，后附张鼎思补图 22 页，也有屠本畯的补释和跋文。则浙本或为刊刻前的样本，也是北大藏本的底本。

作底本，来分析张鼎思补图的内容。

北大所藏的《考工记解》卷末有记“万历戊戌年孟冬吉”，则该书刊于明万历二十六年（1598）。此书分上、下两卷，共四册。张氏补图共22页，不标卷而附于前。然所藏该书已非完帙，扉页上即标注“补图缺第九叶、第十三叶、第十九叶，图解上卷第一至第十一叶”。然据屠本畯序言“订讹凡二十七器”，则张氏盖补二十七幅图。第一册图解上有“抱经楼”藏书方印。第三册首页也有“积学斋徐乃昌藏书”一印。各书天头处偶有批注。该书将林氏所录音注析入相应条目下，仅于卷末附林氏疑而未定的条目。

张鼎思于《序言》言：

林氏《图解》，余既为之叙矣，一日从容与田尗（即屠本畯）、仲宣（即施浚明）二君言图多阙佚。二君怃然，请补之。因为略补数图，稍加订正，犹有未尽。补者则有竢二君焉。子舆氏有云：“梓匠轮舆，能与人规矩，不能使人巧。”然则制器尚象之本，又有出于图之外乎？观是图者，尚当考轮扁，读书之说。张鼎思识。

以今笔者所见诸补图，皆为辨名物，而非考度数之作。补正之图，不能一一具录，现仅择其考订精要处，以略见张氏之用心。

其一，绘事之事（图）

“山以章水以龙”章，郑云獐也。画山者只画獐；画水者只画龙则知其为山水矣。愚谓不然，山上虎豹之类甚多，何取于獐。周梦旸曰：天以星辰为章，地以草木为章，言画山必画草木也。林氏画山是矣，而注尚仍旧。水中以龙为尊，不比山獐。况《尚书》十二章原云“山龙华虫作会，言龙不言水，则只画龙亦是。”但谓之曰“水以龙”，恐亦非只画龙而便谓之水，还是画水并画龙于水中也。（宋）罗愿曰：日月星辰可以象指者也。云雷风雨，难以象指者也。故画龙以表云；画雉以表雷；画虎以表风；画蜼以表雨行。著于此而义取于彼。观此则以獐表山，以龙表水，其说亦或有本，未敢尽非。

这里考索画图取象征物的依据。取义虽同，而象征物却可多变，如上所举，画草木、獐、龙皆可象征山。林氏注此节作“章即獐也，不画山即画獐，则知为山矣”，然而附图却不取象征物獐而仅画山。图注有所出入，故张氏略加疏证。林氏画龙以象征水，张氏补图则水与龙并显，以对应于林氏画山之图。

其二，蒲璧（图）

男守之径五寸以蒲文为缘饰。林鬳斋曰：《三礼图》所载，镇圭刻一山，桓圭刻植楹，信圭刻一人直身，躬圭刻一人曲身，皆非古制。又曰：山以镇安；桓为柱石；躬以保身；谷为养人；蒲为安人，皆后人强生意义。原其初意，只是以此为五等之别。艾轩曰：今人带夸上粟地文，亦以养人乎？愚按：命名必有所取义，无义而曰信、曰躬、曰谷、曰蒲，何所别以定等；则《三礼》之说恐亦未可尽非。余于京邸得蓝色玉如镜，中一孔，一面有谷文，盖谷璧也。

此处出自“玉人之事”节下，经文只言至“躬圭”条，郑注下曰：

男守蒲璧不言之者，阙耳。故书或云“命圭五寸谓之躬圭”。杜子春云“当为七寸”，玄谓“五寸”者，璧文之阙乱存焉。[①]

张氏首句盖据文义补足。张氏以命名必有所取义，并以所见蓝玉质之。然此“蒲璧”一事，上已引林光朝言，亦本所见，未知孰是，广备一说。

其三，彝（图）

林氏云鼎上所镂兽类无全角，以原画二器上兽为全角非古，诚

①（清）阮元校刻《十三经注疏》，第922页。

是。然此乃十二章之彝，非鼎也。彝形，考《博古图》，或有耳，或无耳。今录其无耳者以示：则二兽，一为虎，一为蜼。蜼，《尔雅翼》（宋罗愿）云：尾长数尺，末有岐鼻向上。雨则自挂于木，以尾塞鼻。《江赋》云"迅蜼临虚以骋巧"是也。蜼，读如赠遗之遗。

此节前段亦有引述。据张氏注，《三礼图》所载乃彝器而非鼎器。林氏以鼎镂画无绘兽全貌质之《三礼图》，论证未密。张氏则指其疏漏，并取《博古图》出土器物补订之，显然更有凭据。

值得注意的是张氏补图有澄察精妙处，今可据出土器物确定无疑者。如"圭瓒"一图：

圭、璋二瓒，旧画俱有龙头。愚谓圭、璋之形，上文已明，此特用以为瓒之柄，安得生出龙头。且经文并无龙头之说，但言射四寸，明是以渐而剡贯瓒于中，安所施龙头哉。先郑于"衡四寸"，注衡谓"勺柄龙头"也。后郑已不然之。用龙头非古也。瓒形如盘什，谓瓒外又有盘，圭瓒口八寸，盘口一尺，亦非。圭瓒口亦未必有八寸之广，以璋瓒准之可见。

张鼎思此段乃融裁条贯《考工记》经文及注疏而成。《周礼注疏》之《考工记》"玉人之事"节"衡四寸"条下，先郑即郑众（郑司农）曰"衡，谓勺柄龙头也"，后郑即郑玄则注："衡，古文横，假借字也。衡谓勺径也。三璋之勺，形如圭瓒。"贾公彦疏更直言："'衡，谓勺柄龙头'，后郑不从。玄谓衡，古文为横，谓勺径，破先郑为勺柄。"①

至于"瓒形如盘什"以下，则出自郑玄注。郑玄于"祼圭尺有二寸，有瓒，以祀庙"句下注曰："瓒如盘，其柄用圭，有流前注。"贾疏曰：

① （清）阮元校刻《十三经注疏》，第 923 页。
② 同上书，第 922 页。

“郑注《典瑞》引汉礼，瓒盘大五升，口径八寸，下有盘口，径一尺。”[②]不过，郑玄已暗存疑，故言“三璋之勺，形如圭瓒”。贾公彦疏曰：“径既倍狭，明所容亦少，但形状相似耳。故云形如圭瓒也。”[①]张思鼎则直指此说的矛盾处，因为瓒口八寸，而圭、璋作柄，最长也就九寸，柄比口仅长一寸，比例显失当。以今出土的战国玉瓒考之[②]，玉瓒确无龙头。

以上可见，张氏进退去取之间，也本之经注及目验器物，足见其审慎的学风。张氏补图与林氏微异，然旨趣则同，皆欲使《考工记》一书昭然易晓而津逮学林。因此，补图当附林书而行，以成完璧。

此外，《考工记解》还有其他方面的价值。林希逸详加甄录有关《考工记》的古音义，这些音义不少为《经典释文》所无录。后学虽亦重视音注，如明林兆珂《考工记述注》即依林希逸所附的音注[③]，但这些音注在流传中不免有散佚，傅增湘曾据宋本校对《通志堂经解》本，补《经解》本脱文八行，全涉音注。[④]

傅增湘补辑仍有未备。国家图书馆藏该书清抄本，笔者遂至国图

① （清）阮元校刻《十三经注疏》，第 923 页。

② 闻人军译注，《考工记译注》，第 79 页。

③ 林兆珂言其因音注浩瀚，且家自为注，不可缕述，所以“今依林氏《礼解音义》而酌之”。（即《考工记解》的音义）见林兆珂撰《考工记述注》，第 11 页。

④ 按：今傅增湘撰《藏园群书题记》有录《校宋刊本鬳斋考工记解跋》一篇，傅氏以李湛侯所藏宋本校《通志堂经解》本，补《通志堂》本卷下脱文八行。此外，该书还录《重校查初白藏宋本鬳斋考工记解跋》一篇，傅氏言以查初白所藏宋本校《通志堂经解》本，补《通志堂》本《释音》上脱文九行。见傅增湘撰《藏园群书题记》，上海：上海古籍出版社 1989 年版，第 20–22 页。然笔者复核所列九行脱文，今康熙十九年《通志堂经解》本及文渊阁《四库全书》本皆存，并无脱文。今傅氏所题跋的《通志堂》本现藏于国家图书馆。笔者赴国图详审该书，发现傅氏所藏《通志堂》本卷上脱八十七页，而该页内容即是傅氏所言之脱文。傅氏于补文后也题“此释音半叶据查初白所藏宋刊本补钞”。因此，傅氏所言卷上释音之脱文，并非《通志堂》本失刊，而是傅氏藏本有脱页之故。

目验该书。该书扉页题作“影宋钞本鬳斋考工记解”下署“食旧德斋藏”。当是清末掌管内阁档案刘启端旧藏。笔者将该书与《通志堂经解》本（简称《经解》）对勘，于傅氏补辑之外，尚得脱文数条，现甄录如下：

卷上“辀人”节

楗：蹇，又卷，音如。(《经解》仅出“楗：蹇”)

卷下“玉人”节

肉：如字，又音柔，去。

“磬氏”节

端：端，又音穿。(《经解》仅出“端：端”)

“矢人”节

鍭：候，又音侯。(《经解》仅出“鍭：侯”)

笴：稾

比：鼻。

“旊人”节

髻：刮玄反，亦作䏶。(《经解》此条脱“玄反”二字)

暴：剥，又如字。(《经解》仅出“暴：剥”)

“梓人”节

却：却

糴：所教反，又音糴。

县：女。

玃：攫，又音䴗，九夫反。

其他尚有三条异文，抄本所录读音殊别，未详孰是，亦条陈如下：

“鲍人”节

抄本作“抟：面二反”;《经解》本作“面上反”。

抄本作“杼：综”;《经解》本作“杼：柱”。

抄本作“甑：精，去声”；《经解》本作“甑：去声”。

以上所补虽少，然吉光片羽，犹足珍视，上述音注或可备治古音义者之用。

总结：林希逸心契艺苑，学有根底，本其学派之积学以深治《考工记》一书。林氏多本郑注而绘古图，又以图彰其注，故其书深得《考工记》旨趣，致远不泥。因图有未备，明张鼎思加以考证及补绘。林氏《考工记解》及补图，疏通隐奥又简明扼要，既可备博览研习之助，也可窥测宋明治《考工记》的成就。

清代《郑志》辑本六种考论

内容摘要：本文辑录清儒辑补《郑志》六种，详录清儒批注内容，梳理各辑本传抄先后及其源流，可以发现，清儒辑佚《郑志》互相传录，故各辑本互为依傍。梳理辑本源流，也略见清初辑佚的经过。

关键词：《郑志》辑本；传录；源流

《郑志》十一卷，是东汉郑玄答弟子问五经大义的集录[①]，后由郑小同辑录。郑小同，郑玄之孙，魏高贵乡公时为侍中。

《郑志》全本今佚。《四库全书总目》以为亡于北宋初。四库馆臣据两江总督采进之抄本一册缮录辑补[②]，于乾隆四十七年三月校上。此本四库馆臣称作"旧辑本三卷"[③]，是《四库》各本之底本。又于乾隆四十二年刊入《武英殿聚珍版丛书》中。清儒钱东垣、钱绎和钱侗又补订殿本，详标引书，刊入《汗筠斋丛书》。[④]王复据之考订，撰《拾遗》一卷。浙江、福建及广雅书局重刊本增《校勘记》一卷，清孙星

① 范晔《后汉书·郑玄传》云："门人相与撰玄答诸弟子问五经，依《论语》作《郑志》八篇。"（清）范晔撰《后汉书》，北京：中华书局1965年版，第1212页。

② 吴慰祖校订《四库采进书目》，北京：商务印书馆1960年版，第35页。

③《四库全书总目》云："至《崇文总目》始不著录，则全佚于北宋初矣。"又以为"此本三卷，莫考其出自谁氏"，"知为好郑氏之学者惜其散佚，于诸经《正义》裒辑而成"。认为此辑本所载问答，"亦较他书所载为长。足证为旧人所辑，非近时所新编也"。（清）永瑢等撰《四库全书总目》，北京：中华书局1965年版，第269页。乾隆四十二年《武英殿聚珍版丛书》本《郑志》书前《提要》，字句微异。

④ 其他刊本的情况，参见（清）邵懿辰撰、邵章续录《增订四库简明目录标注》，上海：上海古籍出版社1959年版，第128页。

华撰。[①]

另有孔广林辑本、黄奭辑本和袁钧辑本。孔广林辑本刊刻较早，采摭未备。黄奭辑本，学者以为："实用孔本而参用王、钱二本，然较之袁辑仍有脱漏。"[②]袁均辑本较备。后来，皮锡瑞作《郑志疏证》即取袁本，又采纳成蓉镜《郑志考证》校订成果[③]，故皮氏辑本最为详备。

然而，乾嘉学者未刊刻的辑本，皮氏多未见。近人王欣夫汇录乾嘉学者卢文弨、吴骞、陈鳣、丁杰、段玉裁等补辑《郑志》的条文及其批注，于《蛾术轩箧存善本书录》云："乾嘉时，诸儒递有校补，考证，或刊未刊"，慨叹这些批注本为"成、皮二氏未之见也"[④]。孙启治于上海图书馆藏陈鳣、刘玉麐手校殿本后亦言："陈校引惠栋辑本数条，刘校引卢文弨校语数条，今皆未见其书。"[⑤]清儒早期辑本具有重要学术价值，值得梳理研究。

上海图书馆、复旦大学图书馆、南京图书馆尚藏有清儒辑补《郑志》六种，皆为各馆善本，入选《中国古籍善本书目》。今甄录各辑题跋批注，并考订辑本的源流，以略见清代《郑志》辑佚的学术进展及其成果。[⑥]

---

① 孙星华《校勘记》，乃合录钱东垣、王复诸人所加按语而成。孙启治、陈建华编《古佚书辑本目录附考证》，北京：中华书局 1997 年版，第 86 页。

② 孙启治、陈建华编《古佚书辑本目录附考证》，第 86 页。

③ 皮氏《自序》言："是书宝应成蓉镜尝作《考证》未毕，仅三十余纸，刊入《南菁书院丛书》，兹据袁本复加校订。"皮锡瑞撰《郑志疏证》之《自序》，见清光绪二十五年善化皮氏刻《师伏堂丛书》本，第二页。

④ 王欣夫撰《蛾术轩箧存善本书录》，上海：上海古籍出版社 2008 年版，第 774 页。

⑤ 孙启治、陈建华编《古佚书辑本》，第 86 页。

⑥ 下文国家图书馆简称"国图"，上海图书馆简称"上图"，南京图书馆简称"南图"。

一、清刘玉麐校跋本

清乾隆《武英殿聚珍版丛书》活字印本，白口，单鱼尾，四周双边，每半叶 9 行，行 21 字。一册，上图藏。①批注者：清刘玉麐校并跋。藏印有："武林叶氏藏书印""合众图书馆藏书印"。

卷末有刘氏跋文：

> 此用霅溪丁孝廉小山借曲阜孔氏（名广林）本校勘，辛丑正月之十日淮南刘玉麐识。

小山是丁杰初字。刘氏据丁杰补校孔广林本补订，也援据卢文弨校本。卢文弨校语（朱笔），则多援引惠栋辑本。比如：

（一）张逸问"豕生三曰豵"云云条，批注："卢弨弓校孔本云：惠本多二句，非。"

（二）赵商问《传》曰："凡土功水昏正而栽日"云云，批注："卢弨弓校孔本云：惠本、山西本俱引《左传》，是也。"

（三）其后补"六月织文鸟章""答张逸云：画急疾之鸟隼"云云，又批注："丁孝廉小雅云：亦见《尔雅·释天疏》。"

笔者按：山西本当是山西省呈送之"《郑志》三卷"，具体版本情况和辑者未详。②此本因入四库馆，清儒得以传录。

过录校补是清儒学术交流和传承的重要方式。据以上批注可知卢文弨所据底本是孔广林辑本。各家辑补先后次序如下：

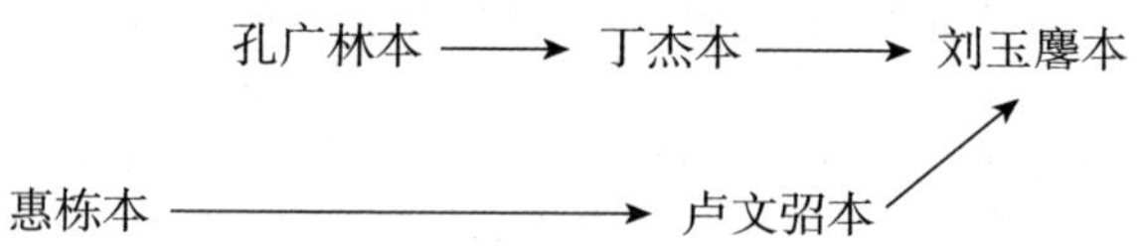

① 参见中国古籍善本书目编辑委员会《中国古籍善本书目》，上海：上海古籍出版社 1989 年版，第 353 页。

② 参见《山西省呈送书目》录"《郑志》三卷，魏郑小同著"，吴慰祖校订：《四库采进书目》，北京：商务印书馆 1960 年版，第 155 页。

二、清吴骞辑补，陈鳣辑校跋，清唐翰题题款本

清乾隆《武英殿聚珍版丛书》本。补一卷，清吴骞辑，稿本。上图藏。[①]清吴骞、陈鳣辑校并跋，清唐翰题[②]题款。藏印："槎""客""陈鳣""仲鱼""江山刘履芬观""海丰吴重熹印""精校善本得者珍之""景葵秘籍印"。[③]

（一）书衣页署作："《郑志》，槎客手校并抄补十二条，又司农《鲁礼禘祫义》。陈校款一行凡七叶。"

（二）卷末有吴骞所录题记：

> 乾隆四十五年九月七日，卢文弨阅于京师李倩邱舍。甲辰春二月二十又二日，吴骞从檠斋学士案头借临，丁君小雅同观。（末钤"槎"、"客"两方朱文印）

（三）卷末还有陈鳣的题记：

> 乾隆四十九年闰三月陈鳣借阅于武原客馆，并从雅雨堂刻《郑司农集》中《鲁礼禘祫义》参校一过。（末钤"陈鳣"白文印，"仲鱼"朱文印）

（四）卷末还录题记一则："新丰乡感化里人唐翰题藏"。

（五）卷上"答张逸云，风也、小雅也、大雅也、颂也，此四者，人君行之则为兴，废之则为衰"句，后补入："答张逸云，旧俗者，若晋有尧之遗风，先王之泽，卫有康叔余烈。"批注曰："惠本、孔本皆山西本，卫上有若字。"

---

① 参见中国古籍善本书目编辑委员会：《中国古籍善本书目》，第353页。

② 唐翰题（1816-1875）号鷦庵，别号新丰乡人。浙江嘉兴人，清代著名藏书家。其藏书多得之拜经楼。详见顾廷龙《唐鷦安先生藏书考略》，收入顾廷龙：《顾廷龙文集》，上海：上海科学技术文献出版社2002年版，第425-435页。

③ 傅增湘《藏园群书经眼录》收录此书，云："海丰吴仲怿遗书"。傅增湘：《藏园群书经眼录》第1册，北京：中华书局2009年版，第87页。

据上题识，吴骞校语实转录卢文弨校本。吴氏仅校补十二条，且以“吴骞按”别之。吴骞校补，仅为核对补注文句和次序，如《见三礼图》一条“大裘之上又有玄衣及裘同色”云云，骞按：“上三句下已见。”兹不具录。卷内批注无署名者，如上条，皆传抄自卢校语。

此吴骞藏本，吴寿旸所辑《拜经楼藏书题跋记》详记云：

> 《郑志》三卷，武英殿刻本。卢学士从孔氏本、惠氏本、山西本互校，多所增补。学士记卷上后云：“乾隆四十五年九月七日，卢文弨阅于京师李倩邸舍。”先君子借录于此，并手书言“至于漕”至“稍县都鄙”十二条及《禘祫义》三条于末。书云“甲辰春”云云（略，见上），简庄征君亦尝借校，题后云“乾隆四十九年”云云（略，见上）。[①]

笔者按：由此知丁杰本、吴骞本和陈鳣本之间，互相传钞和校录，皆有所依傍。

三、清陈鳣批校，并录清吴骞跋本

清乾隆三十九年古俊楼刻，清陈鳣批校，并录清吴骞跋。一册，上图藏。[②]黑口，单鱼尾，左右双边，版心有“北海经学七录”六字，藏印有：“槎”“客”“兔床过眼”“髯”“仲鱼”“张叔平”“蟫隐盦所得善本秘籍印”“精校善本得者珍之”。

（一）卷末附陈鳣过录吴骞题记和陈鳣题记两则：

> 甲辰春仲访卢檠斋学士于杭之抱经堂，学士时自晋阳归，以是

① （清）吴寿旸撰《拜经楼藏书题跋记》五卷、《附录》一卷，《续修四库全书》目录类第930册影印清道光二十七年海昌蒋氏刻本，上海：上海古籍出版社1995年版，第386页。

② 参见中国古籍善本书目编辑委员会：《中国古籍善本书目》，第353页。吴寿旸《拜经楼藏书题跋记》则题作“古隽楼”。

录见遗，盖曲阜孔莚谷农部新刻本也。并借得学士手校本临之，是日适莚谷讣到，为之怃然。吴骞记。（后有“槎”“客”两藏印）

后续陈鳣的题记：

是岁三月，鳣又从槎客先生借得校录于武原倪氏六十四砚斋，并临跋语于左，此本为丁小疋广文所赠。

清吴寿旸所辑《拜经楼藏书题跋记》卷一《北海经学七录》条辑录上跋。吴寿旸续加考订云：“此为古隽楼主人名继涑者所刊，非莚也。跋当改正。”①

（二）该书各卷末皆刊“《北海经学七录》，孔广林辑”，知此本据孔广林辑本重刻也。陈鳣用朱笔过录吴骞批注。吴骞批注又录自卢文弨校记，间有己见则以“骞按”云云别之。陈鳣的校语仅一条，以墨笔记于卷首“泠刚”条上：

吴骞临卢校云：“《周礼疏》作‘泠刚’，《诗正义》作‘泠刚’，当以泠为正，泠沦之后也。”陈鳣续批曰：“泠纶，《说文》作伶伦。”

笔者按：各辑补本之间关系密切。据陈鳣题记，梳理各家辑补先后次序如下：

四、清王振声校跋本

清钱东垣、钱绎、钱侗辑嘉庆三年《汗筠斋丛书》本，白口单鱼尾，左右双边，每半叶10行，行20字。一册，上图藏。②清王振声跋。藏印：播琴山馆。

① （清）吴寿旸撰《拜经楼藏书题跋记》五卷、《附录》一卷，《续修四库全书》目录类第930册影印清道光二十七年海昌蒋氏刻本，第386页。

② 参见中国古籍善本书目编辑委员会：《中国古籍善本书目》，第353页。

（一）全书末尾有跋文：

此书即以聚珍版本重刊而离问答之词为两行款，小异耳。其补注所出，亦未该备。余有旧藏孔广林所录《北海经学七录》所注较详。因引据补其阙，并欲以此书所引与今本诸经正义等书考其异同。至卷中未半，忽忽辍业。近夜稍暝，仅以卷中以后与聚珍版本校阅一过，略载《七录》所注及其异同，所云孔本是也。至前所欲为则姑俟诸异日。咸丰初元三九寒夜文村居士书。聚珍版本《郑志》假诸李叔兰，而此书则太仓季菘耘所赠。

（二）卷首附钱东垣《序》和钱绎《序》。王氏批（朱笔）前者云："此《序》考《郑志》为郑君晚年定论，最为有见。"批后者云："《题要》已详，复述无谓。"

笔者按：王氏以武英殿聚珍本及孔广林辑本对校之。聚珍本比较行款的差异；孔广林本则用于辑补条文。其跋云"至卷中未半"辍业，然检视全书，其校补条文仅见录于卷上数页，尚未至卷中。王氏间附案语，多节引经注以校勘字句异同，比如卷上"泠刚"条，云：

振声按：卢文弨云："阮元《礼记校勘记》作'冷刚'非，《周礼校勘记》则云：'监、毛本，冷误从水。'"考宋本两礼《正义》，皆同聚珍版本作冷，则卢校非也。

五、王欣夫临余姚卢文弨、海宁吴骞、归安丁杰、海宁陈鳣、金坛段玉裁、丹徒吴庠校本

清光绪十年鲍廷爵后知不足斋重刻嘉定秦鉴《汗筠斋》本。吴县王欣夫临余姚卢文弨、海宁吴骞、归安丁杰、海宁陈鳣、金坛段玉裁、丹徒吴庠校。[①]一册一函，藏于复旦大学图书馆。

① 参见王欣夫撰：《蛾术轩箧存善本书录》，上海：上海古籍出版社2002年版，第773页。

（一）卷末录四条识语：

乾隆四十年九月七日，卢文弨阅于京师李倩邸舍。

甲辰二月二十又二日，吴骞从檠斋学士案头借临。丁君小疋同观。

乙亥三月初四清明节临校讫，吴庠记。

后七年壬午春分吴县王大隆借录并记。

卷中录吴庠（字眉孙）的题记，详述临校各家校注的经过：

乙亥春，静盦四弟借得吴兔床临校本，用朱笔临校一过。丙子秋又借得段茂堂校本，用绿笔移写其校语。吴校用内聚珍本，与此本行款不同，兼有异文，因并校以存。段校用武虚谷本，与此本大同，故从略。吴校本阙《临难》之第四节，段校本内有丁小雅校语，举及此条，亟补录于后。甚矣书本贵多见也。两校本皆名贤手笔，可割让而索值颇昂，力不能购。吴本闻归陈澄中，段本不知为何人所得矣。辛巳正月廿五日重阅记。眉孙。①

段校底本“武虚谷本”，即武亿校本，其本未详。据吴庠上言“与此本大同”，其底本当亦源自秦鉴《汗筠斋》本。对校本则是丁杰补本。因丁杰本转录卢文弨校语，故以下段氏批补也多就卢校注而言。

（二）王欣夫云：“秦刻经钱氏昆季参校，最称善本，而昧其来源者尚不一而足。卢校则略无遗脱。段校引征群书，断以己意，语尤精辟。”②故今甄录各家批注如下，无署名氏者为卢文弨批注。③

（1）卷上“泠刚问”条，批注：“惠氏本作‘泠刚’，当是也。泠姓，出泠沦之后。《周礼·内饔疏》作泠刚，《诗正义》作泠刚，当以

① 王欣夫撰：《蛾术轩箧存善本书录》，第 774–775 页。
② 同上书，第 774 页。
③ 王欣夫所临校记无署名者，与上图藏本核对，即为卢文弨校语。

泠为正，泠伦之后。”

（2）“《易》‘归妹以须’，注云，须有才智之称，天文有须女，屈原之妹，名女须。”批注：“《易》归妹以须二十五字，是《诗正义》，自为引证不当入此，此已缺泠刚之问。”

（3）“答曰：日永星火，此谓大火也”云云，注文“《礼记·月令》正义载郑答孙颢”云云。批注：

孔本多一段，疑系《正义》所推衍，非《郑志》本文。又总为大火，下并引其曰：“大火之次有星者，《月令》举其月初，《尚书》总举一月，故不同也。”

（4）卷上“答曰：欲明诸侯守土之祀，故兼用《内传》《外传》语”云云。批注：

《外传》作“昔禹致群神于会稽之山”，又云“山川之灵，是以纪纲天下者，其守为神，社稷之守为侯”云云，则守土之祀无可疑。段。

（5）“《顾命》东房西房”条，“答曰：寝者，夹室与东西房也。周公摄政，致太平，制礼作乐，乃立明堂于王城”云云，批注：

《玉藻疏》引无“致太平”三字，段。

（6）“张逸问：《驺虞传》曰‘白虎黑文’，又《礼记》曰‘乐官备’，何谓”云云，批注：

王会有“白虎”，脱“黑文”二字耳。然王会无《驺虞》，今本脱欤。

（7）“张逸问‘有女同车’条后，段氏补云：

《甫田》，韦曜问曰：“甫田维莠，今何艹也。”答曰：“今之狗尾草也。”《太平御览》九百九十八。玉裁按：韦曜即昭，此《隋志》所云《毛诗答杂问》七卷，吴侍中韦昭，侍中宋育等撰也。《生民正义》亦引薛综答韦昭语，《艺文类聚》引韦昭《毛诗问》“魃，天旱鬼也”，皆非《郑志》。

后附小记："段校此条在'张逸问有女同车'后，庠记。"

（8）卷上第十四页"答张逸云，风也，小雅也"条上有批注：

惠本、孔本皆山西本。（笔者按：此卢校已见上。）

（9）"张逸疑而问"条，"许夫人伤宗庙之灭，又闵其民欲归行，其野视其麦，是时之忧思"至"未通于许夫人之意也"。

段氏删"思"字，注"孔作患"；删"也"字，注"孔无也"。又批："是时之'忧患'不作'忧思'，夫人之意下无'也'字。"

（10）卷上第五页"答曰：君父疾病方困，忠臣孝子不忍默尔"云云，段氏眉批：

《北海经学七录》"岂忠孝之志也"下有"然则命有定分"至"未必周公独为之。（见《正义》）"以"然则"观之，见《疏》语，惠本无。玉裁按："自古不废"云云，正答"自古以来，何患不为"也，"然则"下皆郑语。段。

（11）"张逸问云：《鬯人职》注云：'秬如黑黍，一稃二米。'按《尔雅》'秠，一稃二米'，未知二者同异"云云，批注云：

"鬯人"注及疏皆是"一稃二米"。丁小疋云："必非一秠，乃可通。"《诗正义》作"一秠"。段。

（12）"赵商问曰：'《校人职》六种'"云云，至"今大夫采地四甸，一甸之税以给王，其余三甸裁有马十二匹。今又就'校人'之职相校，甚异何？"

段氏上改"以"为"又"。改相校之"校"字为"觉"。批注曰：

觉即校，见《宋书·天文志》："斗二十一，井二十五，南北相觉四十八度。"在前赵岐注《孟子》"中也养不中"章，"富岁子弟"章，均有相校语。段。

（13）同上条，“答曰：此马之所制，非民之赋”云云，批注曰：

“此马皆君之所制，非民之赋”，《诗正义》作：“国君之制，非民之赋。”《北海经学七录》作：“此马皆君之所制为，非谓民赋。”段。

王欣夫过录本此条前有卢文弨校云：“《诗疏》作‘国君之制，非民之赋’，《校人疏》作‘国君之所制为，非谓民赋’。”段校本卢校。

（14）卷下第八页“三狄首服副，副，覆也”句，批注曰：

丁小疋云：“‘三狄首服副，鞠衣展衣首服编，禒衣首服次’三句，是《郑志》，余俱是孔颖达取‘追师’注文羼入。”疏家有此体。段。

（15）卷上“王瓒问曰：‘举于旌首，当以皮耶？尽之也？’答曰：‘皆俱举皮置于首，不尽。’”批注：

文弨案：《初学记》又引《周礼》曰：“析羽为旌”，此“羽为旌也”四字因此而误衍。

笔者按：底本无“羽为旌也”四字，卢校底本当有此四字。

（16）吴庠于卷末跋文也补入一条：

“军者，兵之大名。军礼重言军，为其大悉，故春秋之兵，虽有累万之众，皆称师。《诗》云‘六师’，即六军也。”然军旅、卒两皆众名，独举师者，案：《易·师·彖》云：“师贞，丈人吉，无咎。”军二千五百人为师，丈之言长也，以法度为人之长，故吉无咎。谓天子诸侯而主军，军将皆命卿，天子六军，兵众之名移矣。正言师者，出兵而多，以军为名，次以师名，少旅为名，言师，举中言之也。见《周礼·夏官·序官》疏，《诗·棫朴》疏。

丁小疋云：《诗·棫朴正义》“林硕并引《诗》三处‘六师’之文，以难《周礼》。郑释之云。”此段似不可省。此《临难》之第四节依丁小疋校本补录。庠记，丙子秋八月朔。

（三）卷末王欣夫所临题记云：

新丰乡感化里人唐翰题藏。江山刘履芬观六字朱文小长方印、海丰吴重熹印六字白文古印。

笔者按：王欣夫汇批本所据底本是“《拜经楼藏书题跋记》著录之本”[①]。即上文所录上图所藏吴槎客、陈仲鱼校本。以王欣夫过录语核对上图藏本，两者皆同，连卷末唐翰题的题款及藏印，王欣夫也悉录之，则上图藏本为王校底本无疑。因上图藏本底本即武英殿聚珍版本，故王欣夫过录校记也多出聚珍本作某字。

王欣夫过录本无《鲁礼禘祫义》一篇，王氏遂以别纸抄补，但未注何人所补，王氏《蛾术轩善本书录》亦未提及。上图藏吴、陈批跋本书衣即言“槎客手校并抄补十二条，又司农《鲁礼禘祫义》”，则此篇是吴骞所补。

丁杰辑补此书不止一次，王欣夫云：“段茂堂校用武虚谷本，亦有丁小雅语，与吴本所载不尽同，而《临难》之第四节，小雅据《诗·棫朴正义》所引补，则吴本所无也。”[②]又据以上刘玉麐校本，卢文弨校订也参考丁杰的意见，此尤见清儒辑佚方面，多彼此传钞互校。辑得一书，往往集数人之力。

卢氏校语云“孔本、惠本皆出山西本”，山西本不详何人所辑，当为旧辑本。武英殿聚珍版丛书本所据底本亦源于旧辑本，所刊《郑志》卷首四库馆臣《序》有言此辑本“较他书所载为长”，“足证为旧人所辑，非近时新出之本”。可见当时已有两种旧辑本流传。

《拜经楼藏书题跋记》言卢文弨“从孔氏本、惠氏本、山西本互校，多所增补”，又检视王欣夫所录各家校记，三者差异甚小。仅有四处：

① 王欣夫撰：《蛾术轩箧存善本书录》，第 774 页。
② 同上书。

一处次序不同；一处字词微异；其他两处，一为孔本比惠本多一句，一为惠本比孔本多一句。其四条如下：

（1）卷上第一页，"冷刚"条，惠本作"泠刚"。

（2）卷上第十五页，段氏眉批："忠孝之志也"，此条惠本无。

（3）卷下第十六页，"答曰：此本不误，转写益澄字耳。"此句惠本置末是。

（4）卷下第十二页，"刘德问曰：君吊，大夫迎于门外"云云条，惠有孔无当附后。

全书辑注上百条而仅此微异，不当是偶合。卢文弨言"孔本、惠本皆出山西本"之说有据。惠栋补本和孔广林刊本的底本即四库馆内的山西本，二者绝非无所依傍。

六、清辛绍业校，丁丙跋旧辑本

《郑志》三卷，郑小同撰，附录一卷。《中国古籍善本书名》题作："清钞本。清辛绍业校，清丁丙跋。"[①]一册，南京图书馆藏。藏印有："钱塘丁氏正修堂藏书"，"四库著录"。

（一）卷前贴有浮签云：

（1）《郑志》校毕，谨呈钧览，尚有可疑者，如"凌人"一条，前半段未见元文，不敢擅改。

（2）《春秋分记》、《春秋纂言》两种书，恳赐绍业一观。

（二）书中偶有朱笔批注，如"赵商问《甘棠》、《行露》之诗，美召伯之功"云云，又附小注："《诗传》及《乐记》，武王即位，乃分周公左，召公右，为二伯大王之时。""赵商"改作"张逸"，"好露"

① 中国古籍善本书目编辑委员会编《中国古籍善本书目》，上海：上海古籍1989年版，第353页。

改作“行露”。朱笔批言：“《诗传》至‘之时’二十三字俱正文，误作双行小字。”

（三）全书贴有五条浮签，共录七条题记，具录如下：

（1）补一条：“筮人九筮，一曰巫更”注：“更，谓筮迁都邑也。”答赵商曰：“若武王迁洛，盘庚迁殷之等则卜。”

（2）按：“或言说，说者说其形势也。或曰述，述者述其故事也”，系前注引《郑志》之词。“或云说者，说其形势也，或云述者，述其古事也。”系后注孔申《郑志》之词，宜从前注为是。（笔者按：即“张逸问：《传》曰‘山川能说’，何谓也？”条）

（3）《仪礼·丧服传》“君谓有地者也”，“天子之卿，其地见赐乃有，何由诸侯之臣正有此地。天子公卿大夫有采地，天子下有无地者也。（小字）”

（4）按：“答张逸”一条宜另行，于《笺》“路寝制如明堂”，答张逸云：“周公制礼建国土中，《洛诰》‘王入太室祼’，是也。《顾命》成王崩于镐京，承先王宫室耳。宣王承乱，未必如周公之制。”

（5）“咫长八尺”及《礼运注》两段俱与前复，虽有小异，系言有详略，非二事也，可删。

（6）按：“郑此答甫田”今录于左。《乡饮酒礼》注云：“《南陔》、《白华》、《华黍》，《小雅》篇也，今亡，其义未闻。”《诗》笺云：“孔子论《诗》，时俱在耳，遭战国及秦之世而亡，其义则众篇之义合编，故存。”

（7）答炅模云：“为《记》注时就卢君，先师亦然。后乃得毛公《传》，既古书义又当然。《记》注已行，不复改之。”

是书经丁丙收藏，丁氏《善本书室藏书志》卷四《郑志》条云：是编三卷，当为好古者摘录零遗而成。聚珍版、问经堂皆有印本。

此钞本甚旧，当在聚珍以前，不知谁氏所校。卷前记云："'凌人'一条前半段未见元文，不敢擅改。"则非草草收藏者。[①]

丁氏言"不知谁氏所校"，《中国古籍善本书录》题作"辛绍业校"，所据当是卷首"恳请绍业一观"的题记。

文澜阁《四库全书》原抄本佚，今存丁氏补抄本，"此当即补抄阁本所据之底本"[②]。然而，笔者取聚珍本对校，还发现上述漏辑条文和补注按语与聚珍本一致。上面签注第四条"答张逸一条宜另行"，第五条"非二事也，可删"。知辛绍业校勘此书，拟缮写刊行。又如上"赵商问《甘棠》《行露》之诗"云云，卷内朱笔批注："《诗传》至之时二十三字俱正文，误作双行小字也。"聚珍本正文小字批注："案:《诗传》至此二十四字，原本误作注文，今据《诗正义》校正。"又丁丙言"此钞本甚旧"，则此本底本可能即是四库馆臣所言的"旧辑本"；或二者同出一源。

续查辛绍业生平交游，辛氏与翁方纲私交甚密。翁氏推服其经学云:"知其经学最深,所与予校勘注疏《说文》诸条手记,皆存予箧。"[③]辛氏可能因翁氏的关系，得以入馆校补旧辑书。另外，浮签所云辛绍业索观《春秋分记》《春秋纂言》二书，即是翁方纲编纂。[④]

---

① （清）丁丙《善本书室藏书志》,《续修四库全书》927 册影印清光绪二十七年钱塘丁氏刻本，上海：上海古籍出版社 1995 年版，第 206 页。

② 崔富章《四库提要补正》，杭州：杭州大学出版社 1990 年版，第 190 页。

③ （清）辛绍业（1755 — 1814）,字服先,号敬堂。万载康乐人。嘉庆元年（1796）进士。官国子监助教。精通经学，宦京师十四年，与翁方纲交往甚密，二人常相质问学。详见翁方纲《复初斋文集》卷十四《国子监助教辛君墓表》。翁方纲《复初斋文集》,《续修四库全书》1455 册影印清李彦章校刻本，上海：上海古籍出版社 1995 年版，第 483 页。

④ （清）翁方纲著、吴格整理《翁方纲纂四库提要稿》之《别录》五《附录书目》,上海：上海科学技术文献出版社 2005 年版，第 1224 页。

综上所述：《郑志》一书，四库馆臣得两种旧辑本。清儒即以两种旧辑本或其补辑本为辑佚底本。清儒辑佚，多过录各家校记和辑补条文，而非无所依傍。传抄过录是当时学术交流和传承的重要方式。本文即梳理《郑志》清儒早期补辑本的学术成果和源流。

附：《郑志》早期各辑补本源流图：

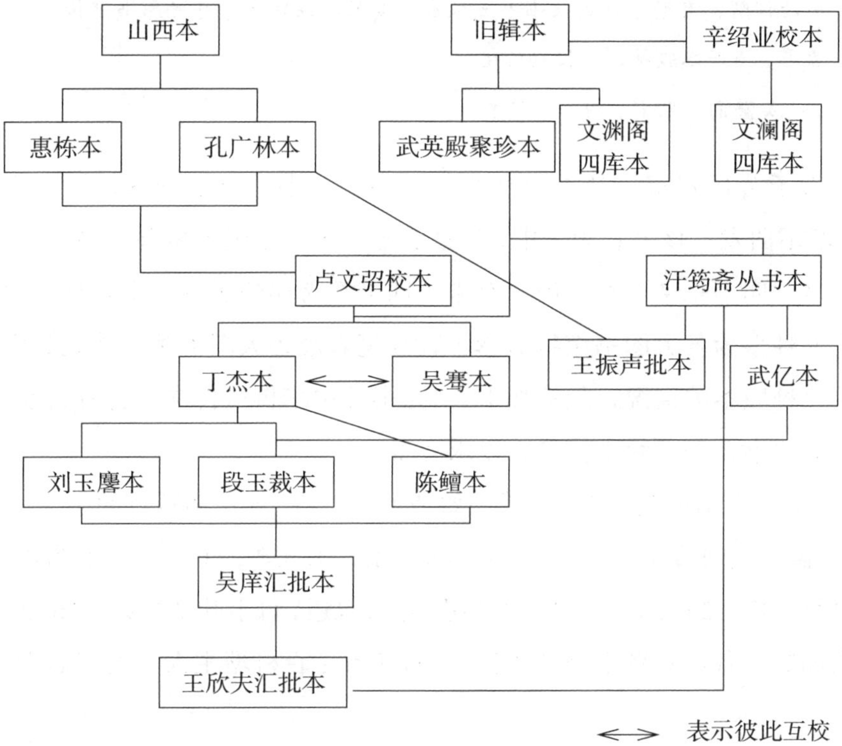

朱子四书类著述二十一种版本考录

内容摘要：朱子《四书章句集注》乃后代士子举业必读之书。官刻不绝，坊刻尤多，流传深广。国内各大图书馆所藏朱子四书类著述诸版本中仍有多种宋元旧椠，明清精刻、名家批跋本。这些版本或有句读训解，有助于研读此书；或录有重要的批注跋文，可考原书流传原委；或版本较早，有校勘价值。

关键词：朱子；四书；版本

朱子著述宏富，其《四书章句集注》一书，研治殊深，微言大义，靡不曲发。该书悬为令甲，泽披后学。今《中国古籍善本书目·经部》之“四书总义”类，尚录有朱子四书类著述的版本三十九种。此三十九种多为各大图书馆特藏珍本，今笔者赴各大图书馆，兹就其中二十一种版本的情况，爬梳如下。[①]是书《中华再造善本》多有收录，也核对原书，誊录版本信息，以求齐备。

一、《大学或问》二卷、《中庸或问》二卷、《论语或问纂要》二卷、《孟子或问纂要》一卷，（宋）朱熹撰，宋刻本，十二册。上图藏，索书号：829822-30。黑口，双鱼尾，左右双边，每半叶7行，行16字。字大如钱，各卷首题下署“朱氏”。藏印有：百柳塘主人，南阳居士，

① 著录版本时，提取最重要的版本信息，著录次第为：书名，卷数，撰者，刻本名称和年代，册数，今藏所，版式行款，藏印，存缺补配，各篇编次。如有未备，付之阙如。文中著录各书标题及卷数，大体依各图书馆馆藏目录著录，偶有与《中国古籍善本书目》所录有不甚一致之处。所录各书以刻本的时代先后为序，只能确定朝代而无具体年号的刻本，则以类相从，置于各朝刻本之前。以下国家图书馆简称“国图”，上海图书馆简称“上图”，南京图书馆简称“南图”。

忘百忧草堂藏书印，曾在张祝三处。存六卷：《大学或问》二卷（下卷残），《中庸或问》二卷（上卷残），《论语或问纂要》（残），《孟子或问纂要》一卷。

经文顶格，《或问》释文则低一格刊行，标墨底白文“或问”二字以区别之。全书末有墨笔题记：“吴兴张氏韫辉斋藏书”。

二、《孟子或问纂要》一卷，（宋）朱熹撰，宋刻本，三册。上图藏，索书号：796198–200。黑口，双鱼尾，左右双边。每半叶7行，行16字。藏印：葱玉，张珩私印，百柳堂主人，南阳居士。卷末有墨笔题识：“吴兴张氏韫辉斋藏书”。《中华再造善本·唐宋编·经部》有据上图所藏此本影印。

三、《论语集注》十卷，《序说》一卷，《孟子集注》十四卷，《序说》一卷。（以上宋嘉定十年当涂郡斋刻嘉熙四年淳佑八年、十二年递修本）《大学章句》一卷，《中庸章句》一卷。（以上宋淳祐十二年当涂郡斋刻本）各卷版心中有相应的书名，版心下记刻工姓名。凡补版者，皆于版心中出“重刊”二字，如“论语六重刊”。四函二十六册。“上图”藏，索书号：Z121/5213–133。白口，左右双边，双黑鱼尾。每半叶8行，行15字。①

各卷编次为：《读论语孟子法》，《论语朱子集注序说》十卷，《孟子朱子集注序说》十四卷，《大学章句》一卷，末有金华马光祖的行草跋文。《中庸章句》一卷，末附《补音释》一篇，乃是刊者据他书续补朱子注文的读音，共四条：

> 第十三章，“言顾行行顾言”，《释文》：“行皆下孟反，或读如字。”
>
> 第十二章，注文“跆踬也”，踬音致，与疐通，碍不行也。

---

① 《中华再造善本·唐宋编·经部》有据“国图”馆藏本影印，影印本仅有“北京图书馆藏”藏印一枚。

第二十七章，注文“温犹燖温之温”，燖音寻，火熟物。

第二十九章，注文“射音妬，《诗》作斁”，斁诗音亦，《集传》叶丁故反。

《大学章句》的版心题“晦庵大学”，《中庸章句》版心则题“晦庵中庸章句”，而前两书各页版心则无刊“晦庵”二字。

《大学章句》后马光祖跋文内容如下：

当涂郡斋旧有文公《语孟集注》，注文与本文皆大字，于老眼为宜。盖正肃吴公所刊，见谓善本。先应揭来假守，依仿规制，取《中庸大学章句》并刊之，足成《四书语孟》。岁月浸久，间有漫灭，就加整治。是书在天地间无穷达，老少皆不可一日废，熟复玩味则施之行事，其有不敬且畏哉。淳佑壬子孟秋朔旦金华马光祖敬识。

此书递经瞿镛收藏，今《铁琴铜剑楼藏书目录》有录此书，题作“《四书章句集注》二十六卷，宋刊本”。瞿镛将《论语集注序说》及《孟子集注序说》合作一卷，故为二十六卷。所录版式，行款，乃至跋文皆同，瞿氏所见本即此本。瞿氏以通行本校此书，（未详何本，仅言“今本”）择其精要异文详录之。以为此本与清初翻宋本及吴氏真意堂所刊本不同，也非瞿灏《四书考异》所见宋本。最后瞿氏断言：

是本为诸家所未见，故并无题识及收藏印记，而间有妄加涂改之处。然楮墨完好，字大悦目，真宋椠之上品也。①

笔者按：此本卷内马氏跋文虽提及前两书据当涂郡本规制，然后两书（《大学、中庸章句》）则不知据何本并刊；又据瞿氏所言“间有妄加涂改之处”，则马氏影刊也并非俱依其旧。今《中国再造善本》影印本题后两书作“宋淳佑十二年当涂郡斋刻本”；然依上所述，则

①（清）瞿镛：《铁琴铜剑楼藏书目录》，《续修四库全书》目录类第926册据清光绪常熟瞿氏家塾刻本，上海：上海古籍出版社1995年版，第130–132页。

当题作“宋淳佑十二年金华马光祖家刻本”为宜。

四、《四书章句集注》三十卷，（宋）朱熹撰，元刻本，十册。上图藏，索书号：773610-9。黑口，三鱼尾，左右双边。每半叶 11 行，行 22 字。明魏校批。题跋者：袁克文跋，并封面题款。藏印：周良金印，昆陵周氏九松迂叟藏书记，八经阁，寒云秘籍珍藏之印，寒云，袁克文，百宋书藏。附注：有抄配页。《中华再造善本·金元编·经部》有据以影印。

封面有题记：“宋椠《四书》十册，明魏庄渠句读批抹，周九松旧藏，今归百宋书藏，寒云。”然今《中国古籍善本书目》则录作“元刻本”。

扉页有袁克文的跋文：

《四书集注》宋刊传世以淳佑本为最善，此南宋刊之绝精者，与淳佑本悉合，从未见于著录；况经明代巨儒魏庄渠先生精楷批注，益增珍贵，洵希世宝也。周九松藏书无下乘，信然。寒云记于百宋书藏。

其后则有墨笔题“大学”二字，左上贴有签条云：“魏庄渠先生句读批抹”，今书内不仅有魏庄渠的批注语，也有其手绘《人之所得乎天》图一幅，其后是魏氏《批点四书例》，其云：

句读　句：举其纲，文义断。读：者也相应，文义不断，复举上文，反言而下正，上有呼下字，下有承上字。

点抹　点：红：字义，字眼。墨：补不足。

抹:黄:纲，凡例。 红:警语，要语。墨:考订，制度。

尝再校句读，读多而句长者，盖欲以脉贯而文势读也。上标而下抹者，又欲训释辨而微意明，非为初学设也，学成者又不必观也。有志于读此书者愿详写。

此书各篇编次如下：《大学章句》一卷，后刊《大学或问》（分上下章）二卷，《中庸章句》一卷，后刊《中庸或问》（分上下章）二卷，《论语朱子集注序说》及《论语集注》十卷，《孟子朱子集注序说》及《孟子集注》十四卷。

五、《四书章句集注》二十八卷，（宋）朱熹撰，元刻本，十四册。“南图”藏，索书号：0110103。白口，双黑鱼尾，左右双边，每半叶 7 行，行 15 字。《孟子集注》卷三、卷四有配咸丰九年钞本。①卷前有丁丙的跋文，卷末有蒋培泽，高望增两跋。藏印：我生之初岁在庚辰，彦冲，泳之私印，滌叡子，曾望。

莫有芝《宋元旧本书经眼录》有著录此书，然题作“宋本”，其后云：

> 每半叶七行，行十五字。经、注皆有句读，注及序有□抹，其文字异今本处，与元和吴氏所言宋本大同，蓋即其所据也。序后及每卷末皆附音考、于名物制度亦有补益，不知何人所为。音考字形狭而活，蓋本书系用旧本翻雕，所附音考，则当在用以取士，时称淳熙本则未确。项氏旧藏后归蒋氏，今归钱塘丁氏。卷中有“万卷堂印”、“项氏少溪主人子信警周家藏”、“鸿城蒋怀堂珍藏”、“袁又恺藏书”、“吴越钱氏鉴藏书画”、“芥青”、“拳石山房”、“项氏世家”八印。②

丁丙于此书前也有跋文云：

> 《大学章句》一卷，《中庸章句》一卷，《论语集注》十卷，《孟子集注》十四卷，元刊宋本。袁又恺藏书。
>
> 是书版心均题晦庵大学、中庸、论语、孟子等字。每叶十四行，行大字十五。小字双行。鱼尾上有字数。每卷后有音考。凡一节之义，一章之旨，一篇之凡皆有旁抹衍文，加圆圜。误字，加方围。

① 定配钞本作咸丰九年，此据中国古籍善本书目编辑委员会《中国古籍善本书目·经部》，上海：上海古籍出版社 1985 年版，第 317 页。

②（清）莫有芝撰，邱丽玟、李淑燕点校：《宋元旧本书经眼录》，《中国历代书目题跋丛书》第三辑，上海：上海古籍出版社 2009 年版，第 24 页。

注意字眼，加上下圆圜。其中《大学》“维新”作“惟新”，《中庸》“蛟龙”作“鲛龙”，“考诸三王而不谬”，“谬”作“缪”。《论语》“女得人焉耳乎”，“耳”作“尔”。“忽然在后”作“忽焉”。“没阶趋进”，无“进”字。“冉子退朝”作“冉有”。《孟子》“古公亶父”作“亶甫”。“井地不均”作“不钧”。“有小人之事”作“小民”。“此率兽而食人”，“兽”上有“禽”字。“必至于彀”，作“必志”。其注之异者：《大学》“中欲其必自慊”作“欲其一于善”之类，皆与陈鳣《经籍跋文》所记淳佑本合。又考杨士奇《东里文续编·四书集注跋》云：“句读旁抹之法，兼取勉斋黄氏、北山何氏、鲁斋王氏、导江张氏诸本之长，宣城张师曾为之参校，加以音考，盖今之最善本也。刻版在常州府学。”此则句读、旁抹、音考一一脗合。《中庸》末有“平江章有常刊“六字，其为常州版所出无疑矣。有万卷堂印，吴越钱氏鉴藏书画，顾曾寿，项氏世家，项氏少溪主人，子信家藏，袁又恺藏书，卷石山房，鸿城蒋培泽印，介青诸图记。又有高望曾为介青藏护是书题记。少溪主人者，明嘉兴项梦原别号也。梦原为笃寿之子，万历己未进士。

丁丙跋文提及的“介青”，即为蒋培泽之子。此书递藏经过，详见卷末二则尾跋：

曾王父讳升瀛，号步蟾，一字怀堂，又号采若。南宋希鲁公之二十世孙。世居吴淞之邓巷村。公自幼励志读书，性冲粹，好施与。早岁有声黉序，旋贡成均，栽培弟侄辈成立者颇众。日以书史自娱，当代名公咸乐与交。后迁入城萧家巷，辟镜古斋，藏书多宋椠本。郡守鳌石苏公重刊《魏公谭训》称“寿松堂蒋氏宋本校刊”者，即公所藏也。淳熙《四书》，江南相传仅二部，一藏艺芸书舍汪氏；一即此部。惜佚《公孙丑》二卷，余尝以为憾。因遍访收藏家。于咸丰己未借虞山瞿氏本影抄，得成完璧。瞿本盖即汪氏所藏者。此书在余家，传至余儿芥青，凡五世。敬谨什袭，不敢忘先人遗意。庚申之变，转展迁徙，家之所有荡焉泯焉。唯祖遗书籍，命芥儿好为护持，所在辄随，因得免于浩劫。是芥儿实有功于是书。今余幸还故土，而芥儿遽化，睹物触情，能毋于邑。且余未有嗣，则此书将来又谁为之护持耶？噫，余虽以不克承先贻后为憾，而物无常主，但得珍藏家金匮玉函，守之弗失，余亦可无负于此书也已。丙寅仲夏下浣，培泽敬识。仁和高望曾填讳，并志眼福。（笔者按：莫友芝《宋元旧本书经眼録》亦收录此跋。）

同治丙寅，余客吴门，蒋丈方抱西河之痛，无以自释，嘱记介青护书之劳。是冬余游闽疆，为刺介青遗诗以寄丈，丈老病日甚，音耗遂阻。光绪纪元乙亥夏自闽旋里，假榻八千卷廔，复睹是册，窃幸藏得其所，亦足为丈慰也。望曾记，时六月二十五日。（笔者按：此条莫友芝《宋元旧本书经眼録》无录。）

六、《四书章句集注》十九卷，（宋）朱熹撰，元至正二十二年武林沈氏尚德堂刻本。两函十册。“上图”馆藏《中华再造善本》影印本，索书号：Z1Z1/5213-1474。《中华再造善本·金元编·经部》据山东省博物馆藏本影印。书前标签“四书集注”已漫漶不清。黑口，四周双边，双鱼尾，每半叶11行，行20字。影印本仅有“山东省博物馆藏书记”朱文藏印一枚。

各篇编次为：《大学章句序》《论语朱子集注序说》《读论语孟子法》，后有牌记：“至正壬寅武林沈氏尚德堂刊”。其后才是《大学朱子章句或问》一卷。《章句》与《或问》的条文合刊一处，先《章句》后《或问》，《或问》的内容前标以黑框白底墨字“或问”二字，以示区别。其后分别是《中庸章句序》及《中庸朱子章句或问》一卷、《论语朱子集注》十卷、《孟子朱子集注序说》及《孟子章句》七卷。

七、《孟子》七卷，（宋）朱熹集注，（宋）熊禾标题，元刻本，一册。上图藏，索书号:773625。黑口，双鱼尾，左右双边，每半叶10行，行17字。存一至四卷。

卷一标题下署“朱熹集注，建安后学熊禾标题”，卷前《孟子朱熹集注序说》及其后正文皆有眉栏，眉栏处有刊文，分别以“国”“学”“事”等墨栏白文标识，以诠解朱子注文的大义、音训及典故等。此类批注即为熊禾所撰，故卷首标题下署“熊禾标题”。全书无序跋。

八、《孟子》四十卷，（宋）朱熹集注，元刻本，两册。上图藏，索书号:758558-9。白口，单鱼尾，左右双边，每半叶8行，行15字。附注：刻公文纸印，存卷七、卷八。无藏印。

九、《大学章句》一卷，《或问》一卷、《中庸章句》一卷、《或问》一卷。（宋）朱熹撰，明刻本。六册。上图藏，索书号：776144-49。黑口，双鱼尾，四周双边，每半叶9行，行17字。各页眉端有刊经注音训，以墨框嵌附上栏。藏印有：盐官蒋氏渊芬草堂三世藏书印，子周。后附：《论语集注》十卷，《孟子集注》七卷。

十、《四书集注》三十卷，（宋）朱熹撰。明刻本，十二册，上图藏，索书号：848498-503。黑口，双鱼尾，四周双边。每半叶8行，行正文大字14字，注文小字18字。无序跋。藏印有：谦牧堂藏书记，谦牧堂书画记，寿椿堂，光绪初书归黄县王氏海渊阁。

十一、《四书章句》三十一卷，（宋）朱熹撰。明覆宋刊本，十六册。上图藏，索书号:443109-24。黑口，双黑鱼尾，四周双边，每半叶8行，行大字14字，小字18字。藏印：阮元私印。

十二、《孟子》十四卷，（宋）朱熹集注，明刻本，六册。上图藏，索书号:849694-99。黑口、双鱼尾，四周双边，每半叶8行，行14字。藏印：阮亭、同嘏书屋珍藏。

卷前有收藏者的朱笔题记:“《大学》一本、《或问》一本,《中庸》一本、《或问》一本、《论语》五本,《孟子》七本,共十六本。”其左下则墨笔题记云:

右《四书》十六本,又《东莱读诗记》二十本同为真州阮氏藏书。定为南宋精椠不知何据,庚寅春日记于东亭。朱字为阮氏之旧。

全书无刊者的序跋,也无阮亭的题署。

十三、《四书章句》二十八卷,明刻本,六册。上图藏,索书号:834728-33。黑口,双黑鱼尾,四周双边,每半叶8行,行大字14字,小字18字。仅有上图藏印一枚。此本版式与以上明覆宋刊阮元收藏本几至全同,唯册数、装帧不同。全书六册:《大学章句》与《或问》一册,《中庸章句》与《或问》一册,《论语集注》四册。缺《孟子集注》一书。全书无序跋,也不详版刻年代。今上图著录者定其为明刻本。

十四、《四书集注》三十卷,(宋)朱熹撰,明成化十六年吉府刻本,十册。南图藏,索书号:0110106。粗黑口,双鱼尾,四周双边,每半叶8行,行14字。

卷前有丁丙跋文:

《四书》二十六卷,明吉府翻正统经厂本。《大学朱子章句》前有淳熙己酉二月甲子新安朱子序,后附《大学或问》。《中庸朱子章句》前有淳熙己酉春三月戊申新安朱子序,后附《中庸或问》。《论语》十卷前有《朱子集注序说》。《孟子》十四卷前有《朱子集注序说》,后附《读论语孟子法》。有“吉府图书大方印”。按:周宏祖辑《古今书刻》:吉府刊《四书集注》,当即翻正统司礼监刊本,故盖印于每卷之前。[①]

---

① (清)丁丙《善本书室藏书志》,《续修四库全书》927册影印清光绪二十七年钱塘丁氏刻本,上海:上海古籍出版社1995年版,第210页。

十五、《四书章句集注》二十八卷，明嘉靖二十七年伊藩刻本，丁丙跋，五册。南图藏，索书号：GJ/EB/110107。四周双边，黑口，双黑鱼尾。每半叶8行，行14字。藏印：虎，伊国图书，循理乐善，游心经史。

书前有丁丙的跋文，丁丙则题作二十六卷，即《论语集注序说》及《孟子集注序说》不独自成卷。其跋文云：

《大学章句》一卷，《中庸章句》一卷，《论语集注》十卷，《孟子集注》十四卷，明伊藩翻正统本。

各书前均有朱子《序》及《序说》，又《读论语孟子法》，并有嘉靖戊申十月伊藩掌国正泒体玄子亲笔撰序于钦赐正谊楼。云予于嘉靖乙巳奏请颁降五经四书等书，以备观览。既而小儿辈少知向学纪善，伴读等官持南版四书以进，纸粗字讹有误。后学因命工正官将原颁官本四书翻刻，传之子孙，贻于后世云。所谓原颁官本四书，即正统间司礼监所刊之五经四书也。行宽字大，橅印颇精，翻刻悉仍旧观，惟无"大学、中庸或问"耳。

卷前伊藩掌国正泒体玄子的《序》云：

《伊国重刻四书集注序》：予自幼冲之年，承教育于先考敬王，膝下使之习读经书。书皆圣朝御制颁降。初不知外有南板梓行于世，后因年久书残，予于嘉靖乙巳奏请颁降五经四书等书，以便观览。既而小儿辈少知向学纪善。伴读等官持南板四书以进。予视良久，见其纸张粗薄，字多舛讹。其间有脱落数字，或遗失一句，甚有误于后学。予甚恶之，乃命工正官率诸工作，将原颁官本《四书》誊录翻刻，欲以传之子孙，贻于后世，是亦博爱之一端也。岂无益而加灾于梨枣哉。于戏！圣贤之道，如日丽天；经书之学，如水行地，何往而非道，何莫而非学。然而此书明道经世，开物成务，以觉万世之愚蒙，岂可鱼鲁亥豕，错误一字于其间。刻既完，伴读官捧书以进，予因序其翻誊锓梓之原意云。嘉庆戊申十月壬寅伊藩掌国正沠体玄子亲笔撰于钦赐正谊楼。

十六、《大学章句》一卷、《或问》一卷、《中庸章句》一卷、《或问》一卷。（宋）朱熹撰，明嘉靖吉澄刻本，一册。上图藏，索书号：807900。白口、单鱼尾、左右双边，每半叶9行，行16字。藏印：鄞蜗寄庐孙氏藏书。附注：《论语集注》十卷，《孟子集注》七卷。版心下记刻工，天头刊有眉栏，眉栏内刊注音。缺《论语集注》十卷。卷末有牌记：“巡按福建监察御史吉澄校刊”。

十七、《四书集注》四十卷。（宋）朱熹撰。明嘉靖应槚刻本，十六册。上图藏，索书号:775825-40。白口、单鱼尾，四周双边。每半叶9行，行18字。藏印：蒋光焴印，盐官蒋氏渊芬草堂。存三十八卷。版心下记刻工姓名。卷首《大学章句序》下记：“提督直隶学政监察御史余姚闻人诠校正”，“直隶常州府知府遂昌应槚刊行”。

十八、《大学章句》一卷、《中庸章句》一卷、《论语集注》十卷、《孟子集注》十卷，（宋）朱熹撰。（明）黄河带撰《字辨》。明万历刻本，六册。上图藏，索书号：824040-45。白口，单鱼尾，四周单边。每半叶9行，行19字。藏印：余姚谢氏永耀楼藏书。附注：《四书字辨》一篇，各页眉栏上刻字音。卷前有《序》云：

黄河带曰：往予睹科斗漆书诸文字，虽近古，然又以为未甚布用于世。予私心姑寘之亡暇论次焉。至制书则经生学士所属目，异日者，将厝管以应。假令悖法，上其一一绳问之；且不用顾场屋三试四书，首之厥典，良至重哉！兹取燕时所网罗白文字共若干，如难者为之音；疑者即锱铢；稍缪悉协之正韵。研加校定而昭之册佥，谓之曰：“讵不大，助科场也匪轻乎？”予想修业之士多谅此，则予其果非无所用心之流乎。然乎或又病鲁鱼不得入中秘，见全书于此，亦有慰已。

其后是黄氏所撰的《四书字辨》，末署："万历已亥孟春之吉休阳居安黄氏忠恕堂次辑"。

十九、《四书集注》二十一卷，（宋）朱熹撰。清康熙十年朱氏崇道堂刻本，五册。上图藏，索书号：N004131。白口，单鱼尾，左右双边，每半叶9行，行17字。清戴有祺批。版心下刻"崇道堂镌"四字篆文。藏印有：文公十七世孙，锡旗之印，有祺私印，戴有祺印，紫阳后裔，孔易。卷七《孟子》卷末，有刊"康熙辛亥夏仲文公十七世孙朱锡旗敬镌"的题记。

卷前《朱氏经书启》和《抄录邸报》，叙述康熙三年三月刊行清国子监本五经的经过。后又有朱锡旗所撰的《凡例五条》，《凡例》第一条即言："兹照国子监本四书五经校订模勒"，则此本即本清国子监本。

书内眉端常有行草朱批，然无署名。著录者盖因卷前篆文"有祺"藏印，故认定其为戴有祺的批注。批注内容是对注文大意的分析归纳，间附己意。今择录三条如下：

一、"大学之道，在明明德，在亲民，在止于至善"句，批注云：

"明明德"、"新民"二句已是说极至处，即至善也。"止至善"句只重"止"字。若"至善"在"明明德"、"新民"之前，则开端二句说得不完全矣。注云："必至于是而不迁"，"必至于是"已在上两句内，"不迁"则"止"字正解也。

二、"知止而后有定，定而后能静，静而后能安，安而后能虑，虑而后能得"句，批注云：

定、静、安俱要切知讲。今人非，文太讲得深。竟是得"止"

字地位无?

三、“物有本末,事有终始,知所先后,则近道矣”句,批注云:

此先后只是结上两节,不是起下两节,此是纲领之先后;故曰:“本始所先,末终所后”。下是条目之先后,则本之中有先后,末之中有先后,岂得去此皆先后字乎?今人于此处者欠理会。

二十、《四书集注》二十四卷,(宋)朱熹撰。清乾隆刻本,十册。上图藏,索书号:T20315-24。白口,单鱼尾,四周双边。每半叶9行,行17字。藏印:王立承,孝慈,鸣晦庐珍藏金石书画记,鸣晦秘宝。封面为黄皮。

二十一、《孟子集注》七卷,(宋)朱熹撰,清乾隆二十年周氏万卷楼刻本,两册。上图藏,索书号:818878-79。白口,四周双边,无鱼尾。每半叶9行,行17字。卷一有缺页,以墨笔抄补。眉端有录清方婺如《集虚斋四书口义》相应内容。

综上所述,国图所藏旧题“宋淳祐十二年当涂郡斋刻本”的《大学章句》和《中庸章句》二书,宜题“宋淳佑十二年金华马光祖家刻本”。袁克文跋本《四书章句集注》题作“宋本”,而《中国古籍善本书目》则题作“元本”,具体版本情况待考。蒋培泽、高望增题跋的元本《四书章句集注》,经莫友芝过眼,后为丁丙收藏。丁丙定其为精善之本,且有举证,治学者不可忽略此本。至于所录明清诸刻本,虽刊者不同,版式亦异,然多与当时举业关系密切,刊者多钩玄提要且详加音注,而非仅刊经注原文。由此,也可略窥当时读书治学的方法。

古籍经部影印本四种指瑕

内容摘要：近年来，各大图书馆重要的经部批跋本多已影印，收录于各种丛书中。然各大丛书在影印中，或有所遗漏，或有所删削，或凭己意径改之，以致相关《书目》的记载与影印本有所出入，影印本书前题跋与书内批注内容不能对应。抵牾互见，不免使经部影印本有失本真。今举四例，以示经部古籍影印当严谨不苟。

关键字：学易慎余录；砚北易钞；大学说；古易世学

一、《学易慎余录》四卷

此书《续修四库全书》24册有影印南京图书馆藏清抄本，扉页仅题作："《学易慎余录》，清叶佩荪撰。"[①]《中国古籍善本书目》则具体题作："清叶佩荪撰，钱大昕批，王鸣盛批并跋。"[②]

然该书卷一末尾却有题记：

> 此书前有钱辛楣先生跋，后有王西庄先生跋尾，而不著其名，未知出自谁手。中间辟宋人《先天图》之说当矣，而不复依傍汉人，欲尽空而代之说，似失于粗。独《卦体乾坤说》一篇，独能抉发透彻，要亦卓然于流俗者。因附论其概卷一之末，欲讲求易学者要当有所取耶。

此跋已言钱辛楣先生、王西庄先生，显非出自二人之手；又因

① （清）叶佩荪《学易慎余录》,《续修四库全书》第24册影印南京图书馆藏清钞本，上海：上海古籍出版社1995年版。

② 中国古籍善本书目编辑委员会《中国古籍善本书目》，上海：上海图书馆1989年版，第91页。

“不著其名”，则不知此题跋何人所作。今《中国古籍善本书目》也仅言“钱大昕批，王鸣盛批并跋”，无录第三人批跋。今适至南京图书馆目验原书，方知影印本略去该书的书衣，书衣即有墨笔题署：“钱大昕、黄易、王鸣盛辈手批校。”今查检全书批跋，无有署“黄易”者，则此题记当为黄易所作。黄易乃钱、王二氏之同辈，为清代著名的金石家。黄易（1744–1802），浙江钱塘人，字大易，号小松，又号秋盦。今翁方纲《复初斋文集》卷十三有《黄秋盦传》，对黄易的学行事迹有详考。[①]

此外，以上黄易跋文明言书前尚有“钱辛楣先生跋”，今检全书，并无钱大昕的题跋，则此题跋当已脱佚。今《续修四库全书》影印本阙前书衣，影印本扉页也仅题：“据南京图书馆藏清钞本影印”。亦不详是否有钱大昕的题跋。

此书卷末有王鸣盛手书行草《跋》文一篇，识读不易，然可资考证该书著者及全书主旨，今识录如下：

> 予与叶大兄为同年，数十年而不知贤深于《易》。没后，始从世兄读《慎余录》，方吁骇为拔俗，但以针砭邵、朱之纰缪则有余矣，仍痛辟孟、京卦气，及辟卦，则仍无得学。试思自田何受《易》，传至施、孟，原流井井，实即孔子及七十子余论，岂可辟之？幸而惠定宇先生《汉易考》及《周易述》，现已流传，想不至于亡灭，易道终有复明之日耳。吁九原不可复作，而予又以望八之年，桑榆甚迫，奈何奈何！年愚弟西沚王鸣盛拜读并识。

王鸣盛言“予与叶大兄为同年”，王鸣盛乃乾隆甲戌进士，该书

① （清）翁方纲《复初斋文集》，《续修四库全书》第1455册影印清刻本，上海：上海古籍出版社1995年版，第471、472页。另参见陈乃乾《清代碑传文通检》，北京：北京图书馆出版社2003年版，第273页。

尚有“甲戌榜眼”藏印。续查《乾隆十九年甲戌科》，与王鸣盛同榜的即有叶佩荪、钱大昕。叶佩荪是浙江湖州府归安人。[①]叶氏精于易学，朱骏声《近时说易家》言：“叶佩荪以移易为宗旨，而不取变易。”[②]可见叶氏治《易》有自己的创见。

此书后来似无刻本流传，孙殿起《贩书偶记续编》记有：“《学易慎余录》四卷，清归安叶佩荪撰。无刻书年月，约嘉庆间刊。又名《易守》。”[③]然《易守》乃叶氏所著另一书，孙殿起误记此也。今《续修四库全书》24册有影印清嘉庆十五年慎余斋刻本《易守》三十二卷、《易卦综论》一卷，即可参看。

将卷末王氏跋文的笔迹与全书批注比对，知全书的批注多出王鸣盛之手。然亦有署名钱大昕的批注三条。此外还有一条批注题“绍纶案”，不详何人所作。各批注多夹草字，且影印本各批注又模糊难辨，今据原胶卷详录如下：

钱大昕的批注主要是评析与增注正文。

（一）卷二《卦德说》：八卦中惟坎险可以言用（险之时用大矣哉），而不可以言德，故《师》曰“行险而顺”，《坎》曰“行险而不失其信”，《节》曰“说以行险”，盖不以险为德，而以能行险为德，即卦辞“习坎”之义也。

批注曰：剖析最精细。大昕。

（二）卷二《卦时说》：《易》以时为重，故曰：“时义”“时用”“时物”。圣人尤兢兢焉，盖卦有卦之时，爻有爻之时。

① 江庆柏《清朝进士题名录》，北京：中华书局2007年版，第520页。
② （清）朱骏声《六十四卦经解》，《续修四库全书》第29册影印浙江图书馆藏稿本，上海：上海古籍出版社1995年版，第5页。
③ 孙殿起《贩书偶记续编》，上海：上海古籍出版社1980年版，第5页。

批注曰：通达贯串，纯而不杂。大昕。

（三）卷二《卦位说》：是初始、上终俱为阳位，不可谓之无阴阳定位也。爻《传》于《需》之上六直指之曰“不当位”，此义例之明显无疑者，至《乾》之上九亦曰“贵而无位”者，考之《传》曰“卑高陈，贵贱位矣”，又曰“列贵贱者存乎位”，阳为贵，阴为贱。《乾》上即谓之贵，是即阳贵之位矣。而又云“无位者”，盖以上九过五而亢盈，不可久无居中用事之位，不得以文害意也。

批注曰：《需》上六之“不当位”，《乾》上九“贵而无位”，此贵贱之位，非阴阳之位也。二与四、三与五称“同功而异位”，而初、上不言位，此其证矣。《京房传》“初为元士，二为大夫，三为卿，四为诸侯，五为天子，上为宗庙”，初、上无位之义，汉儒详言之矣。大昕。

笔者按：此条钱氏看法与叶氏不同，且引易例及京氏《易》辅证之。影印本割裂注文，将“汉儒详言之矣，大昕”数字置于后一页，致使此条批注者名氏不可考。

“绍纶”批语一条，详见卷四《河图洛书》云：“阮逸伪撰《关子明易传》，以五十五数为《河图》，四十五数为《洛书》。蔡季通信之，朱子主张其说，以弁诸易图之首。而后此黑白圈点者，儒家竟尊为性命之宗，而易道遂顿增数十重雾障矣。”

王鸣盛的批注曰：“快哉此论。”其前另有小字细批：“绍纶案：今《本义》所载九图，或后人所加尔，未可定。毛奇龄有《河图洛书原舛篇》。”

笔者按：此“绍纶”无姓氏，不详何人。影印本又割裂此条批注，将“毛奇龄有《河图洛书原舛篇》”一句，置于后面三页，以致此数字不知所云。

至于王鸣盛批注，偶有校文，多激赏之词：

（一）卷二《卦体乾坤说》篇上批曰："此篇抉剔穿穴，如睹掌上罗纹，真乃发先儒所未发，可以传矣可也。"

（二）卷三《十二月卦说》篇："言之本于圣人者，虽历万世而不可易也。言之不本于圣人者，欲徇儒先之余绪以窃附其后，至宁显背乎圣人，而不稍异乎诸儒，此噉名徇俗之见，所谓德之弃也。由汉以来，京房之卦气、杨雄之《太玄》、魏伯阳之《参同契》、一行之《大衍历》、陈抟《先天图》，流别异名，要其始，皆起于月卦，而月卦则又创之孟喜。"

夹文批云："欲守家法，必须如此，宁道周、孔误，讳言郑、服非。讳言郑、服非则家法定矣。周、孔在其中。"后又批云："实孟喜，非京房，大兄究心《易》理，已考到六、七分，若能深经孟喜，则得矣。"

（三）卷四《先天图》：河图、洛书本全无关于《易》，徒足以迷后学之心。先天诸图则更剽窃经文，而将以乱圣人之道，故其为害滋甚也。

批注曰："妙绝。"

王鸣盛批注亦杂有驳正及诠解之语：

（一）卷一《易原》：卒未有知其为易道之原者，经师既失其传，而好异者，在汉则有卦气、爻辰之术；在宋则有河洛、先天之图，燕石登橥，崑瑜韫椟不能不为所掩也。

批注曰："此误"。

（二）卷一《易原》：汉学如京、扬之徒，虽好言小数，终未敢别为方位，屏此八卦于羲皇之后。至宋伪撰先天图，而抑此为文王后天，以为入用之位。只从中半说起，不识向上根源，于是此卦位之于《易》遂蔑视之，如附枝旁派而大原终塞矣。

批注曰："当云虞翻，尚看李鼎祚《集解》。汉学当以孟喜为主，京氏辅之。虞翻极明家精，若荀爽、郑元亦堪孔圣事，扬只是杨雄，未考。"

（三）卷一《周公作爻辞说》:《明夷》六五"箕子之明夷"，武王观兵之后，箕子始被囚奴。

批注曰："箕子当作荄兹。"

（四）卷二《反复二卦说》篇上批曰："此篇不好，然尚是先人绪论。"

（五）卷三《古本周易说》篇上批曰："伏读《周易折中》独用朱子《本义》之旧，而以《程传》及诸儒之说于后，实为至当。奈何以朱子之本为驳古耶，此论大谬，此篇当删。"

（六）卷三《十二月卦说》篇：今之月卦，即京房每月之辟卦，或自孟始传之，而京复私广之为卦气者。要之，孟喜已为当时公论之所不齿，而京房又为传孟学者之所非，其矜小智而乱圣道，本不足以欺一时，而反得以愚后世者，特以汉自元、成而后，崇尚纬候、图书之学。非言谶，则无以弋名干禄，故京学大行。虽扬、郑之精专，而亦踵谬承讹而不觉。

批注曰："班固妄言，岂可信哉？"

笔者按:王鸣盛亦辟图书之学，故多从叶氏之论;然王氏不弃汉易，特别是推重孟喜卦气之说，与叶氏所见略有不同。此外，王氏熟知《本义》经传分行之说渊源有自，时行经传相合之本倒经后人淆乱；故直言该书《古本周易说》篇当删，亦契合实际。

今笔者重撰南京图书馆馆藏此书提要如下：

《学易慎余录》四卷，清钞本，钱大昕批注、黄易题识、王鸣盛批注并跋。据王鸣盛卷末《跋》文，该书乃王氏同年叶佩荪所撰。此书《续修四库全书》影印本略去书衣，以致此书各批注的原委不可考。又割裂批注的一条署名，使原署钱大昕的批注亦难辨。今存该书已脱佚钱大昕跋文一篇。全书有钱大昕批注三条，“绍纶”批注一条，王鸣盛批注九条。

叶氏以义理解《易》，其义理能融洽精微，自成一家之言，故钱、王皆推赞有加。辟图书之说，也为王鸣盛肯定。然叶氏常将汉易卦气之说与图书之说等同而摒弃之，此论则与王鸣盛不同，故王氏多有驳正之言。此书从易学史争鸣的问题入手，以各个小专题的形式成篇，剖析诘难，常见其精妙卓识处，故此书当引起研习者的重视。

二、《砚北易钞》不分卷

此书《四库全书存目丛书》33 册有影印浙江图书馆藏清抄本，《四库全书存目丛书》扉页题作：“《砚北易钞》十二卷，清黄叔琳撰。”然《中国古籍善本书目》则题此书作：“《砚北易钞》不分卷，清黄叔琳撰，翁方纲签注，文素松、王礼培跋。”①

据《四库全书存目丛书》影印本，扉页有二则识语：

其一

黄崑圃《砚北易钞》不分卷，翰林院励守谦交出进呈，四库馆臣翁覃溪等校正，书中笺条下有“复初斋”印，即覃溪所校。据笺条有“俟临刻时更正”云云，信为未刊之秘籍也。甲子初春湘乡王礼培记。

其二

按：黄叔琳，大兴人，康熙进士，累官詹事，尝以文学政事受知康熙、雍正、乾隆三朝，当代推为巨儒，世称北平黄先生。著有

① 中国古籍善本书目编辑委员会《中国古籍善本书目》，上海：上海图书馆 1989 年版，第 85 页。

《砚北易钞》《诗经统说》《夏小正传注》《史通训故补注》《文心雕龙辑注》《颜氏家训节录》《砚北杂录》等书。此书为呈进本，经翰林院编修励守谦交出，复经翁覃溪签注，其珍重可知，十七年冬在沪厲以重价收之。萍乡文素松。

两跋后有小题识："签纸'复初斋'小印系翁覃溪。"其下复有题记："翰林院编修励守谦交出《砚北易钞》。"

然而笔者细查影印本，全书无一处便签及翁氏的题记。文、王二氏所言，全无着落。遂至浙江图书馆查此书底本，发现此书共十册，也未分卷。有翁氏的批注甚多，翁氏的批注，多以签条标示于注文之上，偶也有直接批注于底本上。翁氏的批注，不仅关系到校勘此抄本引文的讹舛，也涉及到重新抄录和刊刻此书的体例及称谓的问题。校正讹舛的签条有：

如第一册《乾》卦"元亨利贞，六爻不变者也；见群龙无首者，六爻全变者也"句上，有贴浮签："不字改全，全字改不，凡引用诸说写正本时，宜取原书查对。"翁氏校记示已改原文。今查影印本该句，则直接将前者"六爻不变"改作"六爻全变"，"全"字旁注"不"字；后者"六爻全变"改作"六爻不变"，"不"字旁注"全"字[①]，如此则将翁氏校过的文字改回去。续查全书，凡翁方纲校定讹舛之字，影印本皆径改之。

然而，翁方纲浮签还探讨抄录全书称谓体例的问题，如其后"孔易曰：此释《乾·彖辞》"云云，有浮签曰："凡引前人书，皆称某氏曰，此条独称孔易曰，宜改。"后面又有"皆称云峰胡氏，称仲虎，不画一。内应画一处甚多。"

---

① （清）黄叔琳《砚北易钞》十二卷，四库全书存目丛书编纂委员会《四库全书存目丛书》经部33册据浙江图书馆藏清初钞本影印，济南：齐鲁书社1997年版，第101页。

全书引文于著者姓名中多夹“氏”字，如“丁氏易东”，而此处仅言“孔易”，体例不甚统一。今查影印本该句，则仍作“孔易”未改。[①]影印本虽径改底本，然全书称谓不一的字句却未改定。此外，翁氏签条尚有言“庙讳、御名、圣讳，集中有者未能遍摘矣。”今影印本亦一仍其旧。

《易钞》所引《程传》《本义》诸书，皆常见书，即便不改动误字，亦无大碍。然影印本尽删翁氏其他签注内容，则使全书两题跋不知所云。读者更不知此书实为四库馆臣收录之本。今影印者径改底本用字而不加说明，恐为不妥。

《四库全书存目丛书》后附的提要有言：

> 《砚北易钞》十二卷，编修励守谦家藏本。国朝黄叔琳撰，叔琳字昆圃，大兴人，康熙辛未进士，官至詹事府詹事。乾隆辛未恩加礼部侍郎衔。是编用注疏本，以《程传》、《本义》为主，杂采诸说附益之，中多朱墨校正商搉之处，盖犹未定之稿也。[②]

今影印本并无朱墨校正处。续查浙江省图书馆所藏之底本，此本即四库馆臣所言的励守谦家藏本，抄本十册，誊抄工整，眉清目秀，并无朱墨删改。全书最后两篇，一为《杂卦传》；一为摘录清陈祖范所撰《经咫》的相关条文，也首尾完具，并非未完稿。故四库馆臣所言不实。

今笔者重撰浙江图书馆馆藏此书提要如下：

《砚北易钞》不分卷，十册，清黄叔琳撰，翁方纲签注，文素松、王礼培题识。该书乃翰林院励守谦呈进本，书内多夹翁方纲的校记及

---

① （清）黄叔琳《砚北易钞》十二卷，第 102 页。

② 同上书，第 388 页。另参见（清）永瑢等《四库全书提要》卷九经部九，北京：中华书局据浙本影印 1965 年版，第 75 页。

签注，主要涉及引文的讹舛，也提及引文称谓的问题。全书首尾完备，正文无朱墨校记，当属黄氏誊清初定之稿。翁方纲所加签条，如“分行写”等签注，本为馆臣抄录此书而备。然此书最后却未入《四库全书》，只列入《四库存目》。盖该书卷帙浩繁，共十册，而又属摘录汇编之作，所引之书皆常见书，馆臣惧其繁琐，不欲钞录。然该书又以程、朱易理为旨归，馆臣不敢妄加微词，姑且以黄氏“未定之稿”言之而入《存目》也。

翁方纲校对条文，欲刊此书，盖以此书虽题“易钞”，实则以宋代易学为主，又不涉图书、象数之学，而以程朱义理之学为旨归。所引各家，串通大义，简明易晓，可为研习宋易的入门书，故此书亦不可偏废也。

今《四库全书存目丛书》有影印此书，删去翁氏所有浮签、校记及藏印。原书引文与所引之书用字不一，影印时则径改此书原字而不出校记。此外，翁氏所言原书引文称谓不一的问题，影印本也存在而未解决。

三、《大学说》一卷

清惠士奇《大学说》，此书《续修四库全书》159册有影印上海图书馆藏稿本，影印本扉页言“据上海图书馆藏稿本影印”，副页小记：“原书附纸签一条，今检出移置书末，编以序号，并在书中标明位置。”[①]不言有他人校跋。《中国古籍善本书目》则题作：“清钱大昕校，清段玉裁跋。”[②]

笔者至上海图书馆查看此书之底本。书内有一条浮签，上题：“由

---

① （清）惠士奇撰《大学说》，《续修四库全书》第159册影印上海图书馆藏稿本，上海：上海古籍出版社1995年版。

② 中国古籍善本书目编辑委员会《中国古籍善本书目》，第315页。

是天变于上至莫能为之谋矣，此六句去之亦可。”影印本将其置于全书后，其字迹与卷末段玉裁跋文不同。全书仅此一条无署名浮签校记，全书也只有“惠震之书”、“玉裁”、“虞山李氏”藏印，并无钱大昕的藏印，更无其题署，不知《中国古籍善本书目》题作“钱大昕校”有何依据。

全书卷末段玉裁的跋文言：

《礼说》最为典雅而版已久亡，吴君锦峰乃重梓，以惠士林。吾友周君漪塘（锡瓒）家藏半农《大学说》，素无刻本。漪塘曰：《大学》本《大戴》之一篇，宜附《礼说》之后，锦峰乃并梓之。

底本“锦峰”二字并无朱笔涂抹，而是其旁注“纯甫”二字被朱笔抹去。今影印本却只抹掉“锦峰”二字，旁亦无注文[①]，则重梓此书者，反为周漪塘所为。然若周氏所为，此处言“并梓之”又作何解。原书旁注“纯甫”二字或即吴锦峰之字。

四、《古易世学》十七卷

笔者至上海图书馆查看馆藏明丰坊《古易世学》十七卷，与今影印本及各《书目》著录有异，现叙如下：

《古易世学》十七卷，明丰坊撰，明钞本，蓝格纸。20册，上图藏。藏印：四明山人、子睿、四明卢氏抱经楼藏书印。

全书已无书衣，钞本卷前副页贴有一题跋，其文为：（原跋单行小字改作括号小字）

《古易世学》十七卷，明范钦天一阁钞本，二十本。（顶格）

明丰坊撰。坊生平喜作伪书，于诸经皆窜乱篇第，别为训诂，

① （清）惠士奇《大学说》一卷，《续修四库全书》第159册影印上海图书馆藏稿本，上海：上海古籍出版社1995年版，第200页。

诡言古本以欺世，此其一也。（录《四库目录》）

丰坊，（明）熙子，字存礼，后更名道生，字人翁。别号南禺外史。嘉靖进士，除吏部主事，以吏议謫通州同知，免归。坊博学工文，尤善书。家有万卷楼，蓄书万卷。性介僻，滑稽玩世。居吴中，贫病以死。有《易辨》、《古书世学》、《鲁诗世学》、《春秋世学》、《诗说》等书。（以上见《中国人名大辞典》一七二五页。）

以上跋文不详出自何人之手，其所录明丰坊条文，今查对，即出自近人方宾观等编纂的《中国人名大辞典》的相应条目[①]，则此跋文出自近人之手可知也。卷前唯存此题跋，复细查全书，并无何焯跋文。此书今《中国古籍善本书目》题作："《古易世学》十七卷，明丰坊撰，明抄本，佚名录清何焯跋。"[②]不知《中国古籍善本书目》著录者何据。

以上题跋详言此钞本本自"范钦天一阁"，因此钞本已佚去书衣及卷前的序文，题跋者盖见全本，当有所据也。今《四库全书存目丛书》第5册有影印上海图书馆藏此书，内容及藏印全同，书前扉页也仅题"上海图书馆藏明钞本"[③]，不言"何焯跋"。今影印本略去副页所粘跋文。故笔者详录此跋以补全。《四库全书存目丛书》泛言"明钞本"也未妥，宜具体题作"天一阁钞本"。

至于《古易世学》其他各版本，《四库全书》只言及"两淮盐政采进本"，据《两淮盐政李呈送书目》载："《易世学》十七卷，明丰坊，十二本。"[④]《四库总目提要》即据此著录，然版本也不明确。崔富章

① 方宾观等《中国人名大辞典》，上海：商务印书馆1921年版，第1725页。

② 中国古籍善本书目编辑委员会《中国古籍善本书目》，第67页。

③ （明）丰坊《古易世学》十七卷，四库全书存目丛书编纂委员会《四库全书存目丛书》经部5册据上海图书馆藏明钞本影印，济南：齐鲁书社1997年版，第179页。

④ 吴慰祖《四库采进书目》，北京：商务印书馆1960年版，第56页。

《四库提要补正》又记:“浙江馆藏明范氏天一阁兰格抄本存十五卷(卷三至十七)十一册，有‘天一阁’、‘四明范氏图书记’二印，萱萌楼旧藏。北京馆藏明抄本全，题明丰坊撰、谢少南续。《故宫善本书目》载‘《古易世学》六卷八册,明丰坊撰,兰格旧抄本’,今不知落何所。”[①]“浙江馆”即浙江图书馆。《浙江图书馆古籍善本书目》亦有著录该书。[②]台湾《故宫博物院善本旧籍总目》记有:“《古易世学》六卷,蓝格旧钞本,八册。”[③]当即为《故宫善本书目》所载之书也。杜泽逊《四库存目标注》云:“清吴焯《绣谷亭熏习录》著录此书，云:‘是本篆书为礼部真迹，体势诘曲，终卷若一。其著述未免欺人，其翰墨洵可传世也。今藏赵氏小山堂。’《八千卷楼书目》著录残钞本。”[④]

---

① 崔富章《四库提要补正》，杭州:杭州大学出版社1990年版，第47页。

②《浙江图书馆古籍善本书目》题作:“《古易世学》十七卷，明鄞县丰坊撰，明范氏天一阁抄本，十一册，存十五卷，三至十七。”浙江图书馆古籍部《浙江图书馆古籍善本书目》之《经部·易类》,杭州:浙江教育出版社2002年版，第11页。另见中国古籍善本书目编辑委员会《中国古籍善本书目》,第67页。

③ 台湾故宫博物馆《故宫博物院善本旧籍总目》，台北:台湾故宫博物院出版社1983年版，第22页。

④ 杜泽逊《四库存目标注》第一册《经部》，上海:上海古籍出版社2007年版，第19、20页。

戴震、二王著述批跋本十三种叙录

内容摘要：清代徽学宗师戴震、王念孙、王引之的各种著述已刊布传世，然今《中国古籍善本书目》尚收录有戴震、二王校跋本和批注本数种，今笔者择戴震著作校跋本一种，二王著作批注本十二种，辑录各书批注题记，以助于考索各书之流传原委。

关键词：戴震；王念孙；王引之

休宁戴震，高邮王念孙、王引之为清乾嘉时著名的朴学大师，也是皖派学者的宗师。戴氏、二王于秦汉古籍研治殊深，其学通训诂，精考据，津逮后学甚多。戴氏、二王各类著述多已刊布，然今《中国古籍善本书目》尚有其经部著述善本多种，已为各大图书馆特藏珍本。今笔者赴北京大学图书馆、国家图书馆和上海图书馆，查阅三馆所藏珍本。此类善本，或为二王撰述之底本，或为二王和其他学者的校注本。兹就戴震校跋本一种、二王批注本十二种的版本概况，爬梳如下。[①]

一、《经考》四卷

清戴震撰，清钞本。北大图藏，二册，索书号：7998。《北京大学图书馆藏古籍善本书目》题作："邵二云校，柯邵忞跋"。[②]藏印有

---

① 文中著录各书标题及卷数，大体依各图书馆馆藏目录著录，偶有与《中国古籍善本书目》所录不甚一致之处。以下国家图书馆简称"国图"，北京大学图书馆简称"北大图"，上海图书馆简称"上图"。

② 北京大学图书馆《北京大学图书馆藏古籍善本书目》，北京：北京大学出版社1999年版，第53页。

木犀轩藏书，李盛铎印，木斋审定善本。

卷末有题记:“是书从河间纪先生处借录,经余姚邵二云手校一过,无甚讹错矣。乾隆己丑九月十八日益都李文藻记于城虎坊桥北百顺衙同寓舍。”

题记后还有柯劭文跋文：

右戴先生《经考》六卷，世无刊本，此本乃益都李先生从纪文达家钞出，余姚邵学士以朱笔校之，后展转归潍县高氏。壬午冬劭文属宋晋之孝廉假来，因写一副本。原钞夺误过甚，劭文据所引诸书，复是正数十事，又有李本不误，而学士误校者，如第四卷“扱地拜以手至地”,学士谓“手”字应作“首”;第六卷“桓公之生以世子之礼”，学士谓“桓公”应作“庄公”，皆失之，辄并为改订。又第一卷,先生据吴氏《两汉刊误补遗》,正《艺文志》“十篇文言”为“之言”之误。按:《前汉纪》卷二十五“费直治易，徒《彖》、《象》、《系辞》十篇,《文言》解说上下经”，知《文言》字不误,吴改亦非是。先生又谓:“宋宝佑中克斋董楷正叔纂集《周易传义坿录》。”按:董书成于咸淳丙寅,实度宗二年。亦小有舛误。第二卷引《尧典正义》“《尚书》二十四篇目”,《冏命》宜作《毕命》；引《艺文志》“《欧阳经》三十一卷”，宜作三十二卷。此二事，宋于庭、陈恭甫已正之，皆可裨先生之未逮，坿缀于此，俟览者采焉。光绪癸未二日朔胶州柯劭文跋。

据以上跋文，知此本为柯劭文录李文藻钞，邵晋涵校本的过录本。今《续修四库全书》第172册有据北京图书馆李文藻家抄本影印。《戴震全书》点校本也以北图李文藻家抄本作底本。[①]因北图所藏李文藻

① (清)戴震，周兆茂:《戴震全书》第2册修订版，合肥：黄山书社2010年版，第192页。

家抄本无柯氏跋文，今唯录该跋文以备参考。

二、《谐声类篇》四卷

清丁履恒撰，一册，手稿本。上图藏，索书号：T11175。蓝框。批校者：清王念孙批注，清刘逢录校。藏印：杭州叶氏藏书，密香仙馆。附注：附清王念孙信札一通。

卷前有刘逢禄的题记："辛巳九月既望年愚弟刘逢禄校勘一过。"卷前还粘有王念孙的书信一通，云：

> 大著不同者，谨附签卅五条，未知是否，仍希高明教正。大著一并缴还，专此谢并问日安不一。 年愚弟王念孙顿首。

笔者按：由此乃知该书尚有王念孙批注三十五条，可与以下佚名过录王念孙批本互校。

三、《谐声类篇》四卷

清丁履恒撰，一册，清钞本。佚名校。上图藏，索书号：T11176。卷前有清赵之谦的题识。附注：佚名过录清王念孙、刘逢录校语。

书衣有赵之谦的题记："是书包慎伯僎《墓碑》，书作《说文谐声类篇》，同治戊辰九月得于京师㧑叔记。"

书内有佚名朱笔校记，所录刘、王二氏的批注也多有删定。比如卷内签条有"念孙案：《易·晋》'裕'协'考'，'考'益'咎'字之讹"云云，下有朱批云："此条原本未见，当为钞手夺去，故中有误字未校正。"此本当是上述稿本的过录本。刘、王二氏之签注多辨证该书的内容。笔者不知此书是否尚有誊清本，也未见刊本行世。

四、《新刻绝代语释别国方言》十三卷

汉杨雄撰，晋郭璞注。明胡文焕刻格致丛书本，一册。上图藏，索书号：820952。白口，单白鱼尾，左右双边，每半叶10行，行20字。

清王念孙校，潘景郑题签。附注：卷十三有清钞配页。

封面有签条，绿色函套，各页眉端有王氏据宋庆元本《方言》及他书引文所作的校记，其中较长的校记有二条：

（1）念孙按："由女出为嫁"，"由""犹"古字通言。自家而出谓之嫁，亦犹女出为嫁耳。女出为嫁，文义甚明。若云"女而出为嫁"，即不成语。然《尔雅疏》引此已有"而"字。盖后人不知"由"即"犹"字，而以"由女出"三字连读；以为由女而出，正与自家而出，文义相同，故妄增"而"字。而邢疏遂仍其误。观《尔雅》注引此原无"而"字可证。

（2）"怜忾惓爱也，东齐海岱之闲曰亟。注：欺诈也"条，批注云：

念孙按："亟"字原注作"欺诈也"，"也"字乃妄人所加；至"欺诈"二字，则不误。盖"亟"又音"欺诈"也。"欺诈"二字非释其义，乃释其音，犹言诈欺之欺耳。前"庬"字注云"鸱䳕"，般字注云"般桓"，正与此同。考《集韵七》有"亟"字，音"丘其切"，是其证。今以"诈欺也"为"欺革反"之讹，非是。

以上批注，首条收录于王念孙所撰的《方言疏证补》。至于后条，《方言疏证补》则转从戴震之说，作"欺革反"，可知王念孙后又修订此说[①]。此条可见王氏学术观点的转变。

五、《说文解字》十五卷，《标目》一卷

汉许慎撰，宋徐铉等校定，明末虞山毛氏汲古阁刻本。王念孙批校，《标目》有抄配，十五册。北大图藏，索书号 5418。以上据李盛

① （清）王念孙《輶轩使者绝代语释别国方言疏证补》一卷，《续修四库全书》193 册影印民国二十七年严氏贲园刻本。上海：上海古籍出版社 1995 年版，第 521 页。

铎《木犀轩藏书书录》所录，然北大馆藏该书卷首则题作："《说文解字》三十卷，王引之校刊本，十五册二函。"此书递经李盛铎收藏，李氏《木犀轩藏书书录》云：

> 汲古阁刊本，王怀祖先生父子朱墨二笔校。后归湘潭袁氏，手题"卧雪庐藏"、"宝汉楼藏书"等字。有"袁芳瑛"白文、"漱六"朱文二方印。[①]

此书既有王氏父子二人批注，题作"王念孙、王引之批注本"为宜。今细检此书，全书尚有五处题识，今著录如下：

卷首《说文解字标目》下有墨批"卧雪庐藏"；卷四上有墨批"雪楼藏"；卷七上有墨批"孔传班史杜诗楼藏"；卷十上有墨批"宝汉楼藏书"；卷十三上"湘潭袁氏藏书"。书内批注甚多，略择如下：

> 走部"⿺走厥"字上批：《汉书·甲屠嘉传》"材官蹶张"，如淳注云："材官之多力，能脚蹋强弩张之，故曰蹶张。律有蹶张士。"孟康注云："言张强弩。蹶，其月反。《汉令》曰：蹶张士百人。"案：蹶或作⿺走厥，跳起也。居越切。⿺走斤。

"言"部中粘签纸一张，分析"晋胥童之昧"此条，其案语云：

> 童子之童训为昧，犹幼子之幼训为冥也。《诗·小雅·斯干篇》"岁岁其冥"，《毛传》云：冥，幼也。皆无知之意也。童蒙为叠韵而义相近。童蒙之言童矇也。《说文》："矇，童矇也，一曰不明也。"《周易·蒙·彖辞》："匪我求童蒙，童蒙求我。"陆德明《音义》引《广雅》云："童，痴也。"《诗·郑风·褰裳篇》"狂童之狂也且"，《毛传》云："狂行，童昏所化也。"《晋语》"僮昏不可使谋"，僮、童古字通。贾谊《新书·道术篇》"反慧为童"，皆昧之义。

---

① （清）李盛铎，张玉范：《木犀轩藏书书录》，北京：北京大学出版社 1985 年版，第 85 页。

笔者按：此条批注原文多有修订，今誊录如上。今《经义述闻》卷二十二有“晋胥童，字之昧”条，此批注当为其蓝本。

字“不思称意也。从言此声。《诗》曰：‘潝潝訿訿，将此切。’”王念孙墨笔删去“不”字，又于其上批注云：

《一切经音义》卷二十引《说文》“訾，思称意也”，无“不”字。卷十八引《说文》“訾，思也”。又“不訾重器”，郑注：“訾，思也。”犹今人言滔滔不绝也。

字“规蒦，商也”上批注云：“念孙案：蒦从萑声。萑读若和，故与蒦声相近。”

此外，部条目后，王氏父子以工楷抄录金坛段玉裁《订说文显然误字说》一篇全文。王氏父子亦重订《说文》用字，凡考订者，则以墨笔将所订字书于眉端，另附小字注之。此书批注多经反复修订，其精要处，已见录于王氏父子《读书杂志》《广雅疏证》《经义述闻》等书。此书当为王氏父子著述之底本。此书天头地脚皆有蝇头细批，然装帧有疏失，各条批注多被截去头数字，以致各批注多无全文。

六、《经传释词》十卷

清王引之撰，二册。上图藏，索书号：T06787-88。清道光二十七年，守山阁刻本。白口，单鱼尾，左右双边，每半叶10行，行21字，叶景葵批点并跋。藏印：杭州叶氏藏书，景葵手校。

卷首有叶氏题记：“原刻本已罕见，此守山阁本，讹字尚少，壬申季秋点读一过，备作家塾参考书。景葵。”

七、《经义述闻》不分卷

清王引之撰，六册。上图藏，索书号：T05766-71。清嘉庆二年刻本。白口，双鱼尾，四周双边，每半叶10行，行21字。藏印：古娄唐模梧荪校勘书籍章，武林叶氏藏书印。

八、《经义述闻》十五卷

清王引之撰，六册。上图藏，索书号:T253829-34。清嘉庆刻本。黑口，单鱼尾，左右双边，每半叶 10 行，行 21 字。藏印有：蒋抑卮藏。书衣有顾廷龙的题识："此十五卷本，难得。"

九、《广雅疏证》十卷

清王念孙撰，王引之续撰。高邮王氏刻本，六册。北大图藏，索书号：NC5160.8/1181.1。前有清嘉庆元年（1796）王念孙的《序》，其后录乾隆辛亥（1791）八月金坛段玉裁的《序》。白口，单鱼尾，左右双边。每半叶 10 行，行 21 字。藏印：星、鉴、清河博士后裔，石庵室，燕京大学图书馆章。中华书局 1983 年有影印嘉庆年家刻本，然将卷前王念孙的《序》调至段玉裁《序》后。

卷首有张星鉴的题跋：

> 星鉴曩闻诸陈征君硕甫云：石臞之治是书也，日课疏三字，历十余稔而卒业。晚年手自校勘，始付梓人。故是书为先生精力所萃。版存天长孙之乡家祠，江淮沦陷，已遭灰劫。即流播世间者，亦不及《读书杂志》之多。去冬偶游厂肆，得是书于同文堂，重为装订，藏诸行箧。未几晤先生之曾孙孟海兵部，称述家学，知先生未成之作尚有《小学钩沉补》一书，坿记于此，俾读王氏□□知所考云。同治元年，岁在壬戌六月，后学张星鉴识□都正阳门东偏实事求是之室。

此书后又附《博雅音》十卷，隋曹宪撰，清王念孙校。无序跋。白口，单鱼尾，左右双边。每半叶 10 行，行大字小字皆 21 字。卷首封面有张星鉴墨笔题记："《博雅音》十卷，王氏《广雅疏证》后附刻本，甲午十一月既望，估人持售，以其不害单行，故留之。”藏印：独山莫氏藏印。则此本递经清莫友芝所藏。

十、《广雅疏证》十卷

清王念孙撰，《博雅音》十卷，隋曹宪撰，清嘉庆刻本，清李慈铭校，十二册。国图藏，索书号：02126。白口，单鱼尾，左右双边。每半叶10行，行21字。各卷前皆署云：“李悉伯读”。藏印：会稽李氏困学楼藏书印、慈铭私印、柯山李生、李悉伯读书记、悉伯手校、时官户部。全书唯有李氏之句读，无校记，更无批注题跋。后附《博雅音》十卷，则句读、校记皆无。

十一、《广雅疏证》十卷

清王念孙撰，清嘉庆刻本，清洪亮吉点读并跋，八册。国图藏，索书号：3021。白口，单鱼尾，左右双边。每半叶10行，行21字。藏印：翔鸾阁精鉴鉨，陶光。

卷首扉页标题下有墨笔题款云：“己未四月十日怀祖给事贻本。”旁粘有一签条云：“同治甲子除夕读于婺州试院，后学吴葆检恭志。”此本卷九上阙第六页。于眉端批注云：“校缺此页，依敝藏原印本照录以补之。又书首尚有段玉裁《序》一页又一行半。书后尚有曹宪《博雅音》校定本十卷，为一册坿刊此本，盖属初印，故皆无。庚辰八月，诸可宝注。”则此本尚经诸可宝递藏。卷六上“腜腜”条上有墨批：“按：腜腜与膴膴同”云云。其内容今见于洪亮吉《晓读书斋杂录》初录卷上。

此书各卷末皆有洪亮吉的题款，略述校此书时的各种琐事及变故。时间从己未四月（1799）至甲子七月（1804）。此六年洪氏遭遣戍之难，此书题识亦言及当时心态的变化。今详录于此，以备治洪氏年谱者参考：

卷一上卷末批注：已未四月廿七日校竟，时借寓京城铁厂戴同年敦元寓。是日陶孝廉登云始迁去，儿子饴孙同年也。先是偕从舅氏蒋先生蘅暨表甥程璐并儿子五人，自三月十六日从贡院南太清宫小寓移至此。舅氏以年过八十，恩赏检讨。前六日与程甥由水路回南时，见儿子亦遣往南宫深州，有所索尚未还。独居校书，斜阳在牖，颇有闲趣。乙丑六月十八日早凉校在经川志馆。

卷一下卷末批注：端午前一日点竟，新雨初晴，冷暖适中。是日饭后至《实录馆》定《凡例》条目，拟于初七日移寓内西华门外南池子关帝庙，以便至馆咫尺。六月十九日志馆校。

卷二上卷末批注：五月十一日点竟，时移寓内西华门外南池子关帝庙。是日奏派教习庶吉士分教汤金钊等十三人。同里张君惠言预焉。午后微阴，风甚劲。廿日巳刻校，早凉曾望北关看泾水，时久姓，水势乍缓，清澈可见底也。

卷二下卷末批注：十五日未刻点竟，时炎暑。颇忆江南水乡。差喜无蚊蚋耳。廿一日晨刻校，时天气久姓，禾苗甚茂。

卷三上卷末批注：廿四日未刻点竟，时南中续寄到冬夏衣共五十件曝于庭，气候炎煦，已若六月矣。廿二日午后校。六月中，此日最热。昨湾沚族侄西序寄到西瓜十六校花红一篓。

卷三下卷末批注：廿九日未刻竟，时酷暑前半日，崔二礼卿来访。廿三日巳刻校，大热时，翰林朱理琦之祖欲入乡贤，因大宴宾客满室。满堂又别宴余于义学三碧轩地，稍凉爽。

卷四上卷末批注：六月初二日申刻点竟。是日酷暑，课所派教习庶吉士到者十一人留饭，始去。内白镕朱蒉二人以事未至。题为夹竹桃赋五星连珠五言诗八韵。廿四日午校竟，姓热。

卷四下卷末批注：六月初四日未刻点竟，早间雨午后酷暑。廿五日巳刻校。甡热。

卷五上卷末批注：初九日申刻点定，时积雨乍晴气颇凉爽。廿六日晨刻校。乍曙即起，乘早凉出泾县东门瑞道坊，看白荷花甚盛。回涂又诣赵家宗祠并关神武庙看荷花。

卷五下卷末批注：十三日未刻点竟，晴爽。廿六日饭后校。阴云满空，或将甚雨。又冀一涤烦暑也。

卷六上卷末批注：十六日申刻点竟。炎暑早间得赵安阳希璜札云：已为亡友黄仲则全刊诗集至八百首，可喜也。并索其所作词。行当作书，促其子乙生以本寄来，再付赵君耳。时乙生在兴化令颜君崇椝处。

二十八日辰刻校，自十三不雨，迄今日山田望泽殊甚，断屠已。而日望之望之。

丙寅六月廿四日在宣城志馆，又校至此，亦望雨殊切。

卷六下卷末批注：十七日申刻点竟。晴明无雨，法祭酒饷禄鱼。

廿八日巳刻校，时半月不雨，山田因待泽甚殷，不仅炎暑困人也。而广文又来访。赵明经绍祖亦来。

廿五日又校，望雨之至。

卷七上卷末批注：廿二日未刻点竟。时大雨新霁。廿九日饭后校。雷雨已骤下，约半寸而止堂廨，爽豁殊服清凉散也。

廿六日昃校昨大雨达旦，震雷激电，彻夜有光。今午后雷声，又在檐矣，岁事可十分也。

卷七下卷末批注：七月初四日铺时点竟，酷暑已十日矣。江南不过尔尔。又六月初二日巳刻校，连日得雨，人心已定。天宇亦稍凉。王教谕崇兰将以早甡觞我于学宫荷花池上。

又七月初二日，日昃校至此，时连雨二日。围田又虑浸浸。幸向晚有晴意矣。

卷八上卷末批注：丙寅七月七日，又校。昨游三天洞回，得诗六首。时天宇姓爽。望家中食物未至。

七月十七日申刻点竟。秋雨乍凉，颇有季鹰之思，时已定于九月杪恭送纯皇帝梓宫。后乞假挈儿子南下矣。又六月初四日未刻校，时三日不雨而山田又复望泽。书竟，忽雨从东南来，约半寸许。暑气亦少收。雨后又雨，多者至四、五寸不等。

卷八下卷末批注：十九日铺时点竟，大雨如注。家瘗漏者三处。初五日昃校，时雨后家瘗亦漏数处，家中遣香桂奴子至此。

卷九上卷末批注：七月廿八日申刻点竟。自《实录馆》回，热甚。初五日申刻大雨中校。雨彻夜不绝，三田大足矣。初八日午校竟，姓大热。

卷九下卷末批注：八月初三日申刻点竟。是日午刻，扬州旧友潘茗庵、汪剑谭及剑谭二子相率见访，因留饮至申刻甫散并记。又六月六日申刻校，雨连绵不绝。七月初九日又校，姓。

卷十上卷末批注：上半卷系己未八月廿日外校，未几即获罪，蒙恩遣戍伊犁。此册即怔忪入箧中，为儿子饴孙携归，至癸亥长夏甫检得之，始获校竣。隔别五、六年往还三万里，又死生忧患间之，可嘅也矣。

又六月初九日未刻校竟，时积雨而乍晴，坐冰鉴堂中，颇觉烦燠。日昨家中遣奴子双桂来，以儿子符孙欲娶妇，索费以修志。余乙百不足以复，以卖文钱补之。初七早方遣回也。十一日又校。姓热。

卷十下卷末：

八月十一日午初校竟，秋气阴况不雨。前六日家仆不戒于火，延烧墙门西廨三间，幸工匠在家，又水龙五皆坌至，得以扑灭。虽事由仆夫，余则引以为己咎也。

又六月十二日未刻坐冰鉴堂校竟。秋气瑟然，盖后日即立秋矣。拟于立秋日宴客，用一品菜。一品菜者，俗所云佛跳墙也。

七月十四日校竟。是夕宴客。十六日又将自宣城往泾县也。天甚炏热。

十二、《太岁考》二卷

清王引之撰。清刻本，李锐签注并跋，二册。国图藏，索书号：1609。卷首题“太岁考”下记“经义述闻，高邮王引之”。四周双边，黑口、单鱼尾。每半页10行，行21字。书前扉页有题记：“丙子六月元和李锐尚之、仁和龚丽正暘谷、龚自珍瑟人同读一过。尚之签出若干条。”《太岁考》条文今收录于《经义述闻》，然卷次和各标题有异。以下所录卷次及标题，则悉按《太岁考》刻本的次序。

卷首“第一论太岁之名有异而实同”条，有签注云：

《潜研堂文集》乃谓太阴、岁阴非太岁。案：岁星在丑，太阴、岁阴则在寅。《淮南天文训》“太阴在寅，岁星舍斗牵牛”，（斗牵牛即星纪丑也）《史记·天官书》“岁阴左行在寅，岁星右转居丑”，《三统》推元封七年（即太初元年）岁星在星纪；故《汉书·律历志》云：“至于元封七年，复得阏逢摄提格之岁。（即甲寅）”《史记》亦云：“太初元年，岁名焉逢摄提格。”此一事也。又岁星在丑，太岁则在子。郑康成《周礼》注：“岁谓太岁，岁星与日同次之月，斗所建之辰也。岁星为阳，右行于天；太岁为阴，左行于地。”《三统岁术》“岁星所在，数从星纪起，太岁数从丙子起。”《世经》“太初元年，岁在星纪，婺女六度。”故《汉志》曰：“岁名敦。（即子也）”此又一事也。此二事，皆以岁星为据，判然不同，而并行不悖。故《律历志》于

“复得阏逢摄提格”之下，又云“太岁在子”。钱詹事谓“太阴、岁阴非太岁者。”其说如上。今王通政则谓“纪岁之法有二：一为与日月同次，即郑氏之说也。一为隔次晨见。”则通政心得也。如岁星在丑，与日月同次之法则为子，隔次晨见之法则为寅。纪岁之名有六：太岁一；太阴二；岁阴三；天一四；摄提五；青龙六。纪岁之法虽有二，无论为寅、为子，而六者之名可以通称。且谓太初元年名甲寅者，殷历也。名丙子者，汉历也。又因改秦十月岁首之故，名甲寅者，兼乙卯；名丙子者，兼丁丑。通政所见，与钱詹事不合者，大略如此。（笔者按：王通政，以下批注复见，即指王引之）

“颛顼数元乙卯兼甲寅表”条有签注云：

颛顼数元乙卯兼甲寅表，案：乙卯，颛顼历元也；甲寅，殷历元也。据《续汉志》所称：“颛顼乙卯元所起，在殷数甲寅元后六十一年。”然则乙卯、甲寅两元，夐乎不同，谓颛顼数元乙卯是也，而云兼甲寅，恐非。（王引之《经义述闻》有引此条[①]）

乙卯岁星与日隔次晨见之月。此隔次晨见法，通政之创获也，说在弟九条下。

夏正太岁在卯，秦正则统于甲寅年。案：正朔递改，岁名当有一定。今以一年十二月，分前若干月属寅，后若干月属卯，立说似太奇。

“汉数丙子元出殷数甲寅表”条有签注云：

殷数太初元年甲寅兼乙卯。案：阴历推太初元年岁在丁丑，不特非乙卯，亦非甲寅也。

“弟九论岁星晨出东方之月”条签注云：

---

① （清）王引之《经义述闻》,《续修四库全书》第 175 册影印清道光七年王氏京师刻本，上海：上海古籍出版社 1995 年版，第 266 页。

十一月当正月云云。案《淮南子·天文篇》曰:“太阴在寅,岁屋舍斗牵牛,以十一月与之晨出东方。”此即与日同次之说也。十一月日在丑,岁星亦在丑,故云与之晨出东方,谓日与岁星也。《说文》“晨,早昧爽也”;“夕,莫也”。五星晨始见,在东方;金、水夕始见,在西方;晨夕与昏明意同,推步家日入后二刻半为昏;日未出前二刻半为明。惟岁星与日同次,故日将出时,与岁星同出东方。若改十一月为正月,则岁星在丑,日在亥,中隔一次。夜半后,岁星已出,不得云晨出。至晨日出时,岁星已由东而南,亦不得云“晨出东方”矣。《潜研堂文集》谓《史记》“岁星正月晨出”,“以天正言之,其实与《淮南子》无别。”斯为不刊之论矣。(此条王引之有节引,然王氏认为“李说非”,详见《经义述闻》卷三十“第十论岁星晨出东方之月”该条注文。①)

“十一月则与日同次,其光不能见矣。”案:一次有三十度奇,五星去日半次而见。三统四分等术皆如此。

“第十三论郑氏《周官注》误合二法为一”条签注云:

“郑康成云云”,案:隔次晨见之法,乃通政之创获,未可以此议论郑氏。

“第廿四三统数上元非丙子”条有批注云:

“三统数上元非丙子”,案:三统上元起丙子,《三统历》有明文,安得云非丙子。

“若欲以丙子为上元”至“太岁在癸卯矣”,案:太初元年,距上元十四万三千一百二十七岁置此数,以岁星岁数十七万二十八去之,余一千四万三十一,以百四十五乘之,如百四十四而一,得积

① (清)王引之《经义述闻》,《续修四库全书》第175册影印清道光七年王氏京师刻本,上海:上海古籍出版社1995年版,第286页。

次一千四万四十，副之，以十二除积次，适尽，得岁在星纪。以六十阴其副，亦尽，得右岁日丙子。是三统本法，上元及太初元年，皆为丙子也。通政以四分以后不超辰法推之，故云：太岁在癸卯。（今王氏《经义述闻》卷三十有“弟廿二论三统数上元丙子即庚”条，然注文有不同。[①]）

“弟廿五论《续汉志》天纪岁名首庚申，不首甲子”条，批注云：

“弟廿五论《续汉志》”云云，案：此篇所论，与钱詹事《续汉书考异》，大略相同。

“弟廿七《说文》误解岁字”条注文“孙叔然释《尔雅》‘夏曰’，象是推日月之行，亦谓之步”云云，上批：

文公元年《左传正义》曰：“日月运转于天，犹如人之行步，故推数谓之步数。”

笔者按：此书为王引之《太岁考》之初刻本，后来《经义述闻》收录其条文时又有所修订。李锐批注于王氏注文多有驳正，王引之《经义述闻》亦引到李锐注文两条，今将李锐批注辑录如上，以备参考。

十三、《周秦名字解故》二卷

清王引之撰，清嘉庆刻本。王引之订补，二册。国图藏，索书号：7303。黑口，双黑鱼尾，左右双边。每半叶10行，行20字。藏印：涵芬楼、海盐张元济经考。

卷首有眉批云：“凡转引之书，直引某书而无出处，旁注于下。凡引《左氏春秋》正文偕不载公与年，旁注于下。凡引《诗》《书》《易经》不言《诗》《书》《易》。《公》《谷》则称《公羊氏春秋》,《谷

---

① （清）王引之《经义述闻》,《续修四库全书》第175册影印清道光七年王氏京师刻本，上海：上海古籍出版社1995年版，第294页。

梁氏春秋》。”云云。

此本为最初刊本，今王引之《经义述闻》(简称《述闻》)有收录该书各条文。然与《述闻》相比，王氏删去《周秦名字解故》一书不少注文，且字里行间续加补注。删注者，如卷首“鲁公夏首字乘”条，《解故》后有注文“初生曰首，增加曰乘”云云，王氏批注云“阙疑”，今《述闻》则刊去此条下所有注文。删节注文者，如“郑游吉字子大叔”条，《解故》该条下引“《周礼·天官》‘太宰正月之吉’，郑注云：吉谓朔日”云云，王氏批注删去此注，今《述闻》亦刊去。补注文者，如王氏用签条补注曰“曲礼不敢与世子同名。郑注曰：世或为大”云云，其后断定“然则古者世之与大字义通也”。今《述闻》“郑游”条目下亦见此注文，且直言“大、世古通用也。”

由上可知，王引之《周秦名字解故》此本可与《经义述闻》相为表里。比对二书条文，可见王氏观点的演变。

现存《古文尚书》《古文春秋》、《古文论语注》旧辑本检讨及其相关问题的探讨

内容摘要：《古文尚书》《古文春秋》《古文论语注》三种旧钞本皆题宋王应麟撰，然今历来学者对此多有质疑。笔者赴各图书馆汇考三书现存各批本，详录各批本特征，考索各本间的关系，推求清儒撰述之底本。认为此三书确非清儒所辑。又综考王应麟的学行和著述，以为三书属王氏为应考和撰述所作的资料长编。清儒如惠栋、严蔚、宋翔凤、陈鳣等依傍王应麟旧辑本，或刊行其书，或续加补治，然而诸家却隐没王应麟旧辑本的助益。此三种辑本为清代辑佚考据学之嚆矢，清儒研治三书古义能后出转精，实蒙王应麟辑本膏泽甚多。

关键词：古文尚书；古文春秋；古文论语注；相关之辑本；三书辑者考

《中国古籍善本书目》收录有《古文尚书》《古文春秋》及《古文论语》旧辑本数种[①]，此数种旧辑本之间的关系错综复杂。清儒得旧辑本，往往互相传录，手自校勘，为其撰述之蓝本。传钞过录可谓当时学术交流和传承的重要方式。清儒搜得这些流传的旧辑本，又续加补治，得以免却爬梳文献的辛劳。从学术史角度上看，对这些辑本的梳理和研究，也可深化对清初辑佚学的起源、经过的认识。总之，全

① 中国古籍善本书目编辑委员会《中国古籍善本书目》，上海：上海古籍出版社1989年版，第102、237–238、303页。

面探讨现存各辑本，也尤为重要。

各本或是批注本、或属过录本，彼此辗转传抄，关系复杂，且今所存古辑本皆为各大图书馆馆藏珍本，启钥为难，外人难见；因此笔者只能以“检讨”的方式，详细甄录各本的特征，校识批注跋文，其后续加按语，来考镜源流，厘清各本之间关系。此外，以下各旧辑本皆未公布，笔者也唯以目验手录才得以裒辑全备，故所录批跋，也可备版本研究之参考。

此三种旧钞本原皆题“王应麟辑”，卷内案语亦署“应麟案”，然历来学者多目为惠栋挖名之作。今笔者考察各旧辑本之间的渊源、王应麟的学行事迹，以及《玉海》《困学纪闻》与此类旧辑本的引文方式，以为此类旧辑本属王氏备博学宏词科考的册子，其后复作考订之资。此三种旧辑本当为王应麟所撰。

一、古文尚书

一、《古文尚书》十一卷，汉郑玄注，宋王应麟辑，清抄本，上海图书馆藏。上图馆藏目录还题作：佚名校补。索书号：793633。今《中国古籍善本书目》则题作“清翁方纲跋”[①]。今笔者至上图目验此书，书衣题作：“《尚书郑氏注》，王伯厚撰集，凡十一卷，一册。”全书眉批均无署名，也无藏印，不详《善本书录》题作“翁方纲跋”有何依据。

书名页题作：《古文尚书》卷一，郑氏注，浚仪王应麟撰集。正文前已钞录《尚书》今、古文诸篇目，篇目前尚有硃笔眉批云：

> 《古文尚书叙录》，《考异》曰“叙录”二字，增新题也。此篇所列今文、古文篇第，盖惠氏辈所加，非王氏旧文。惠名栋，

① 中国古籍善本书目编辑委员会《中国古籍善本书目》，第102页。

字定宇，元和人也。

笔者按：此书批注者认为王氏原辑本只录辑文，而略正文前各篇目，此本所录今、古文篇目为惠栋所增补。批注者又认为“叙录”二字本自梅鷟《尚书考异》，此书原题《古文尚书》，后人又据《尚书考异》新增“叙录”二字。此两句中间似有节略。

全书共十一卷，正文前均列各篇篇名。然全书并无《叙录》一篇，《古文尚书叙录》当即《古文尚书》。此抄本各篇皆无惠栋之名。全书多见佚名的批注，其注文多出自明梅鷟《尚书考异》。

据以下《古文论语注》一书，丁杰校语有“梅轩先生”，则此处“熷”或指陈熷。陈熷字梅轩，浙江秀水人。学问渊博，由进士授湖北长阳知县。制军毕沅委修《湖广通志》，沅刻书籍，多与商榷。署德安府同知，后改教职回籍，著有《梅轩初续集》。光绪《嘉兴府志》卷五十三《文苑》有传。[①]

二、《古文尚书》十一卷，汉郑玄注，宋王应麟辑，清乾隆三十九年钞本。钞本分作十一卷，二册，河南省图书馆藏[②]。国图有购该书胶卷，索书号：S2605。有“桐封珍藏”“河南省图书馆藏书”二藏印。卷内偶见补注条文。

（一）书名页题作：“《古文尚书》卷一，郑玄注，浚仪王应麟撰集。”并无“叙录”二字，可知以上上图钞本“叙录”二字乃后人所增。末尾题识：“乾隆甲午春借钱待庵坫本钞”，乾隆甲午即乾隆三十九年。

① “熷”字，《嘉兴府志》原文作“增”。许瑶光等修《浙江府志辑》，《中国地方志集成》第13册影印光绪四年鸳湖书院本，江苏古籍出版社、上海书店和巴蜀书社1993年版，第531页。

② 另参见中国古籍善本书目编辑委员会《中国古籍善本书目》，第102页。

（二）卷首“《古文尚书》篇目”，具体题作：一、伏生口授二十八篇，下列二十八篇篇名，又补“《大誓》第二十九，马融曰：《大誓》后得”一条，共二十九篇。二、“孔氏《古文尚书》五十八篇”，下列具体篇目。

笔者按：此书清时无刊本，今所存两种钞本均录自古钞本，又皆存卷前之篇目次第，上图钞本批注者认为篇目乃惠栋所加，恐是其臆断之词。

此书有三条“应麟案”，一条无署名案语，今择录如下：

（1）《虞书·益稷》“在治曶，以出纳五言”条，“曶者，臣见君所秉，书思对命者也。君亦有焉，以出内政教于五官。（钞本误作“五言”）”《史记》注。应麟案：古“忽”与“曶”通。《论语》“仲忽”，《古今人表》作“曶”。师古曰：“曶”与“忽”同。

笔者按：《九经古义》有录此案语，且详注“师古曰”以下云云。

（2）《夏书·禹贡》“蔡、蒙旅平，和夷厎绩”条，“《地理志》：‘蔡、蒙在汉嘉县。’‘和，上夷所居之地也。和，读曰桓。《地理志》曰：‘桓水出蜀郡蜀山西南，行羌中。’”见《史记注》《水经注》三十六。

应麟案：如淳《汉书》注曰：“陈宋之俗言，桓声如和，故桓表或谓之和表。”《东京赋》云：“叙和树表”，是桓与和通。

笔者按：《九经古义》全录此案语，编次亦同。

（3）《周书·酒诰》“明大命于妹邦”条下，应麟案：《诗》“成王不敢康”，与此同义。

笔者按：《九经古义》无录。

（4）《夏书·禹贡》“均于江海，达于淮泗”条，《释文》云“郑本作松，松当为沿，马本作均，云均平。”案：此则“均”当作“松”也。

笔者按：《九经古义》无录。

该钞本有四张行草浮签：两条引自《尚书》孔传与孔颖达疏，一条郑注《尚书序》，一条按语，可与本书互相参证，现校识辑出如下：

（1）“吕侯（《书序》作穆王）训夏赎刑，王耄荒，度作详刑，以诘四方。”谓周穆王老，耄乱荒忽，犹能用贤，量度详审之刑，以诘谨四方。（《周礼·秋官大司寇》首下疏）《孔传》：“吕侯以穆王命作书，训畅夏禹赎刑之法，更从轻以布告天下。”

（2）《书序》“巢伯来朝”（在《金縢》上）注“巢伯，殷之诸侯，闻武王克商，慕义而来朝”，此皆致南方。《象胥》疏，又《大行人》“蕃国”疏。按：《书序》“武王既胜殷，巢伯来朝”，注云“巢伯，南方之国，世一见者”，沈廷芳云：五字（“武王既胜殷”五字）系《分器》序，贾君本而言之，非本《序》正文也。

（3）《公羊》宣十六年，“成周宣谢”疏：郑注《书序》云：“居摄七年，天下太平，此邑成，乃名曰成周也。”

（4）《尚书序释文》：“郑云‘以书书木边，言其事，刻其木，谓之书契也。’”“《帝告》《厘沃》《阳征》《汝鸠》《汝方》”，郑以为《商书》。（《释文》原作《夏书》。）

正文批注也补入三条，两条引自《经典释文》，一条引自《三国志》注。此外，正文夹行间也偶见按语，如卷六《周书下·洪范》云“惟辟作福，惟辟作威，惟辟玉食”，郑氏云：“此凡君抑臣之言也，作福专庆赏，作威专刑罚，玉食备珍美。”按语云：“沈廷芳云：‘凡’当‘亢’之误。”

全书最后还抄录郑玄《书赞》云：

孔子撰书，乃尊而命之曰《尚书》。“尚”者，上也。盖言若天书然。（《经典释文序录》、《尚书正义》）三科之条，五家之教。（《尚书正义》）我先师棘下（一作子）生安国，亦好此学，自世祖兴后汉卫、贾、马二三君子之业，则雅才好博，既宣之矣。（同

上）欧阳氏失其本义，今疾此蔽冒，犹复疑惑未悛。（同上）

以上四条，皆出《尚书》正文“虞书”二字下孔颖达的疏文。今《玉海·艺文》有出“汉郑玄《书赞》”条，该条辑录以上第一、第三句而略其余二句。以上《书赞》注文连属而下，王氏必见之，《玉海》引文实为王氏节引。其后《玉海》又录孔疏引郑玄注《书序》具体注文，如“郑玄注《书序》、《舜典》云‘入麓伐木’”云云。盖《玉海》本为博学宏词科考而作，故条文多节引大义，其后复加举证即可。

二、古文春秋

一、《古文春秋左传》十二卷，宋王应麟辑。旧抄本，三册。北京大学图书馆藏，藏书号：NC0735/1100。[①]全书无批跋，不详何人所钞，藏印有："熙征私印”“燕京大学图书馆”。书名页题作“《古文春秋左传》”“宋浚仪王应麟撰集”。钞本各页书口左上方皆记“《古文春秋左传》”。全书第一册卷前数页、第三册卷末数页有残损。卷内所钞误字则以硃笔校改。

全书辑引贾逵、服虔注《左传》之文甚多。凡辑文见于多书者，则于文后附以双行小注，以比较引文异同。全书无王应麟案语。此书《中国古籍善本书目》失收。

二、另题《古文春秋左传》一卷。（汉）贾逵、服虔等撰，（宋）王应麟辑，（清）惠栋补辑，稿本。[②]无边框，藏印：虞山李氏。上图藏，一册，索书号：773405。书内钤“淑照堂丁氏藏”。此为惠栋著述的稿本，书内遍满批注。此书递经潘景郑收藏，潘景郑《著砚楼书跋》之《惠氏古文春秋左氏稿本》条即言：

---

① 北京大学图书馆编《北京大学图书馆藏古籍善本书目》，北京：北京大学出版社，第26页。

② 中国古籍善本书目编辑委员会《中国古籍善本书目》，第237页。

此册为先生手采贾、服旧注，不自立说，其为《补注》獭祭之业，无疑问也。卷耑初题曰：《春秋左氏集注》，后改题曰：《古文春秋左传汉学》，复涂乙“汉学”二字。眉端行间，先生手迹殆遍。

后面又言：

此书及《补注》稿本，俱为故人丁初园先生旧藏。此本有虞山李氏藏印，初园先生盖得诸乡里者。[①]

今复核上图此书，批注及藏印皆一一对应，此即为潘氏所藏之本无疑。该书卷内书名页署作：“浚仪王应麟撰集”，并不署惠栋之名。潘氏不言撰集者存有争议，直题作《惠氏古文春秋左氏稿本》，即认为辑本出自惠栋之手，为其著《左传补注》的资料长编。今将全书版本情况详录如下：

（一）此书为抄本，正文皆用工楷端正书写（似非惠栋手迹），批注则为惠栋行书手迹，且有按语，直署“栋案”，则知批语确为惠氏所书。

卷一书名页题：“春秋左氏集注，浚仪王应麟撰集”。惠栋用硃笔圈去“春秋左氏集注”六字，另题作“古文春秋左传汉学”，复抹去“汉学”二字。

笔者按：惠栋虽改易书名，但并不另署“惠栋补辑”，书名页也仅录王应麟之名。今上图馆藏目录署“惠栋补辑”，或是据潘景郑之说增之。

（二）“百雉”，贾逵、马融、王肃以为古学者皆云雉长百丈。《春秋正义》《异义》《古春秋左氏说》云：“百雉为长三百丈，方五百步。”《孔子闲居》正义。

惠氏于“《异义》”下硃批：“此叔重说”。于“古春秋左氏说”旁批：“《古春秋左氏说》当是刘子骏”。

① 潘景郑《著砚楼书跋》，上海：上海古籍出版社2006年版，第7页。

笔者按：此处可见惠栋还须考索王氏辑文的出处。若以上文句为其所辑，惠氏断不必自作此揣测之语。

（三）“诸侯以字为谥，因以为族。”服虔云：“公之母弟，则以长幼为氏，贵统，伯、仲、叔、季是也。”

“贵”字后补“适”字。惠氏硃批：“做注，‘谥’当作‘氏’”。

笔者按：此校勘之语。

（四）“旝动而鼓”贾逵以旝为发石。一曰飞石。引《范蠡兵法》作飞石之事以谨末。（《春秋正义》）

惠栋删去“为”字、“作飞石之事”五字、改“以”作“曰”字。该条引文改作：

> 《范蠡兵法》曰：“飞石重十二斤，为机发，行二百步。”《汉书·甘延寿传》注。《说文》用贾侍中说。

笔者按：贾侍中即贾逵，此详校具体引文。

（五）“见大豕，从者曰：公子鼓生也。”服虔曰：“公见彘，从者乃见彭生，鬼改形为豕也。”《齐世家》注，即（《史记·齐太公世家》）

惠氏改“鼓”作“彭”字，硃批曰：

> 左氏好博异说。故《墨子》有《尚鬼》之篇，恃异说。史官所以垂戒后世，而墨子尚之，过矣。

（六）“是无若我何？”彭仲传云:“当言是无我若何”，我母无我，当如何？“我”字当在“若”上。（《春秋正义》）

栋案：彭汪字仲博，汝南人，见《经典释文》。

笔者按：以上补注彭氏传记。

此批注本硃墨灿然，夹行间也常见“倒乙”符号。惠氏补注引文出处，校订字句讹舛。惠氏所补各条批注，多入其所撰《春秋左传补注》中。

此本批注条文虽多收录于惠氏《左传补注》中，然细审以上五条例子，可知此书决非惠栋自辑自注，而惠氏增是旧题王应麟辑本的增补本。复次，以上批语简略，而《左传补注》相应条注则较详备，可知批语尚属草创，后来多有修订。

总之，惠栋撰《春秋左传补注》亦有所依傍，所据即为旧题王应麟的旧辑本，犹如惠栋《周易郑氏注》一书，王氏前发其轫，而惠氏后出转精。

三、《古文春秋左传》十二卷，汉贾逵、服虔等撰，宋王应麟集辑。清钞本，王大隆跋。[①]二册。国家图书馆藏，收藏号为:3743。有"铁琴铜剑楼"白文印一枚。书名页题作：浚仪王应麟撰集。

副页王大隆（即王欣夫）题跋曰：

此宋王伯厚辑《春秋左传古注》及《论语郑注》，皆吾吴惠定宇征君所讬名者也。前人虽有知之而不能甚悉，故袁陶轩（袁钧）于《论语》，又疑为出于严厚民（严杰），惟劳季言（劳格）决其为惠氏辑本，并言鲍以文曾有刻本，今未见。《春秋》则余昔于亡友丁君初我（丁祖荫）处，见原稿本，想即此本之所自出也。顷以严豹人（严蔚）辑《左传注》,（即《春秋内传古注辑存》三卷）宋于廷（宋翔凤）辑《论语注》,（即《论语郑注》）与此本比勘，大致皆无异。严、宋二家序中皆不言有惠氏书。二人素称藏书家，又为同郡后学。于惠氏辑本，不但未见，且又未知。岂以托名伯厚，故遂无注意及之者耶。尝思惠氏托名伯厚之故。其以伯厚辑有《郑氏易》,《三家诗》，故托以为重耶。以惠氏之笃古，似不宜出此，或本非定本，未经付刊，偶题古人之名，而后之传钞者遂亦仍而未改欤。固与有心作伪者有异矣。且较攘窃他人著述而自名者何

① 参见中国古籍善本书目编辑委员会《中国古籍善本书目》，第237页。

如也。余服膺惠氏之学，近辑《松崖读书记》，观书于铁琴铜剑楼。凤起吾兄出此见示，以余审知其详，属为跋尾，遂书臆见于此，乙亥三月十一日王大隆记。

笔者按：王大隆题跋，实则涉及两书。另外一书即国图收藏自铁琴铜剑楼的《古文论语注》，国图收藏书号也为3744，也钤有“铁琴铜剑楼”白文印一枚，与以上钞本行款皆同。该钞本无题跋及批注。今检视国图藏书号，实则国图《古文论语注》钞本原与《古文春秋左传》钞本合编一册，不当分置。故王欣夫上言，曾取严氏《左传注》和宋氏《论语注》二辑本与“此本比勘”。今王氏跋文亦就两书而论。

二书出自瞿镛，今《铁琴铜剑楼藏书目录》有录此书云：

> 《古文春秋左传》十二卷，钞本。宋王应麟撰，是书搜辑贾氏逵、服氏虔旧注并郑康成、马季长、王子雍之说。诸家书目俱未著录。吴中惠氏藏有钞本，其辑《左传补注》，如“邱赋卒两”之说，不从杜。“遂扶以下”作“遂跣以下”，以为燕饮解韈之证。皆本之。[①]

据瞿氏所言，《古文春秋左传》为王应麟所辑，惠栋藏有钞本，其作《左传补注》，即依据此书。

四、《古文春秋左传》十二卷，汉贾逵、服虔等撰，惠栋辑。清钞本。陈鳣、吴骞、吴昂驹校补。[②]二册。国图藏。藏印：“吴昂驹读”“盐官蒋氏衎芬草堂三世藏书印”“臣光焴印”“寅昉”“陈鳣印信”“馥”。

然书名页却题作“浚仪王应麟撰集”，并无“惠栋辑”的题署，

---

① 清瞿镛《铁琴铜剑楼藏书目录》，《续修四库全书》第926册影印清光緒常熟瞿氏家塾刻本，上海：上海古籍出版社1995年版，第125页。

② 另见中国古籍善本书目编辑委员会《中国古籍善本书目》，第237页。

不知国图馆藏目录及《中国古籍善本书目》题“惠栋辑”，有何依据。今藏书目录宜改作“宋王应麟辑”。卷内校补条文不类陈鳣手迹，且无其署名，知陈氏仅收藏此书，著录者盖据藏印而补陈氏之名。

（一）卷首题识，笔迹类似卷中吴骞的笔迹，然全无署名。其文曰：

此亦惠定宇所辑，不出王厚斋手，丙申（1776）春传写程渔门（程晋芳）本，庚子（1780）夏粗阅一过，其秋九月以钱可庐（钱大昭）手辑本互校。初七上册校毕，十五下册校毕。

贾、服好引二传，为杜氏所诃，《公》《谷》疏中当采撷之。贾、孔疏中推原贾、服意者，用小注为安。钱本贾、服各自为书，故遇两家注同者必重载之。又马氏、王氏、孙氏诸家说不载，又不注书名。大约不出《正义》及惠氏《左氏补注》两书。

何休《公羊序》云：“贾逵缘隙奋笔，以为《公羊》可夺，《左氏》可与。”《公羊疏》贾逵作《长义》四十一条，云：“《公羊》理短，《左氏》理长。”《左氏》僖十五年《正义》云：“服虔《解谊》，其文甚烦。”昭十六年《正义》言服虔“尚未能离经辨句，复何须注述大典？”

《后汉书·马融传》：融尝欲训《左氏春秋》，及见贾逵、郑众注，乃曰：“贾君精而不博，郑君博而不精。既精既博，吾何加焉。”但著《三传异同说》。

《服虔传》：虔入太学受业，作《春秋左氏传解》，行之至今。又以《左传》驳何休之所议汉事六十条。中平末，拜九江太守。

《世说新语·文学》：郑玄欲注《春秋传》，尚未成时，行与服子慎宿客舍。先未相识，服在外车上，与人说己注《传》意。（《汉南记》曰：服虔字子慎，河南荥阳人。少行清苦，为诸生，尤明《春秋左氏传》，为作训解。举孝廉，为尚书郎，九江太守）玄听之良久，多与己同。玄就车与语曰：吾久欲注，尚未了，听君向言，多与吾同，今当尽以所注与君。遂为服氏注。

服虔既善《春秋》，欲参考同异。闻崔烈集门生讲《传》，（挚虞《文章志》曰：烈字威考，高阳安平人，骃之孙、瑗之兄子也。灵帝时官至司徒太尉，封阳平亭侯）遂匿姓名，为烈门人赁作食。每当至讲时，辄窃听户壁间，既知不能踰己，稍共诸生叙其短长。烈闻，不测何人，然素闻虔名，意疑之。明蚤往，及未寤，便呼子慎，子慎不觉惊应，遂相与友善。

《隋书》：诸儒传《左氏》者甚众，其后贾逵、服虔并为训解，至魏遂行世。晋时杜预又为《经传集解》。服虔、杜预注俱立太学而后学惟传服义，至隋杜氏盛行，服义寖微，今殆无师说。

《北史》：河北诸儒能通《春秋》者，并服子所注；其河外诸生俱服膺杜氏，大抵河北所为章句，好尚互有不同。江左《左传》则杜元凯，河洛《左传》则服子慎。要其会归，殊方同致矣。

《经典释文》：贾逵《左氏解诂》三十卷；服虔《解谊》三十卷；服虔《音》一卷。

《隋志》：《春秋左氏长经》二十卷，汉侍中贾逵章句。《春秋左氏解诂》三十卷，贾逵撰。《春秋左氏传解谊》三十一卷，汉九江太守服虔注。《春秋杜氏服氏注春秋左传》十卷，残缺。梁有服虔《杜预音》三卷亡。《春秋释训》一卷，贾逵撰。《春秋左氏经传朱墨列一卷》，贾逵撰。《春秋左氏膏肓释痾》十卷，服虔撰。梁有《春秋汉议驳》二卷，服虔撰，亡。《春秋成长说》九卷，服虔撰。《春秋塞难》三卷。《春秋左氏传贾服异同略》五卷，孙毓撰。（以下为《旧唐志》所录，题者略其名又误合上文）《春秋三家经本训诂》十二卷，贾逵撰。《春秋左氏长经章句》三十卷，贾逵撰。《春秋左氏解诂》

三十卷，贾逵撰。《春秋左氏传解谊》三十卷，服虔注。《春秋左氏音隐》一卷，服虔撰，《春秋成长说》七卷，服虔撰。《春秋左氏膏肓释痾》五卷，《春秋塞难》三卷，服虔撰。《春秋左氏传贾服异同略》五卷，孙。《何氏春秋议驳》（当署《何氏春秋汉记》）十一卷，服虔撰。

《新唐志》：贾逵《春秋左氏长经章句》二十卷；又《解诂》三十卷；《春秋三家训诂》十二卷。服虔《左氏解谊》三十卷。又《膏肓释痾》五卷；《春秋成长说》七卷；《塞难》三卷；《音隐》一卷；《驳何氏春秋汉议》十一卷。孙毓《贾服异同略》五卷。

《通志》：《春秋左氏长经》二十卷，汉侍中贾逵章句；《春秋左氏解诂》三十卷，贾逵；《春秋左氏传解谊》三十一卷，服虔；《春秋左氏膏肓释痾》一卷，服虔；《驳何氏汉议》十一卷，服虔；《春秋塞难》三卷，服虔；《春秋左氏传贾服异同略》五卷，孙毓；《春秋三家经本训诂》十二卷，贾逵；《春秋外传国语》二十卷，贾逵。

《续汉书·仪礼志》注补：《春秋释痾》文曰：汉家郡守行大夫礼，鼎俎笾豆，工歌。

《东观汉纪》："建初元年诏贾逵曰：南宫云台使，出左氏大义。"（《诣建平王上书》注）

（二）书内的批注又有两种形式：一是直接批注于书内天头地脚处，主要辑补古注条文，无校补者按断，兹不细录；二是以浮签贴于书内，详录如下。书内批注字体不一，浮签字体也不一，两者均非出于一人之手。其浮签有以下批注：

（1）卷三内的浮签云：

骞按："公传夺卜齮田"，服注上云："公即位时年九岁。"丁云：九岁是似八之误。（笔者按：丁当即丁杰。）

（2）卷三又有二条浮签：

1. 贾、服注何以两条及五，岂肃引其语耶？当考。兔床。

2.“唐人是因，以服事夏商”条，服虔曰：唐人即是刘累《春秋正义》。所夹浮签曰：唐人谓陶唐之允，刘累。拜经楼本有“也”字。骞按：《郑世家》作“子孙以服事商”者，此“夏”字疑衍。明北监本有“夏”字。

（3）卷九也有浮签云：

按：《小戎正义》，服又云：“两轭叉马颈也。”兔床。

以上四条显属吴骞的按语，然各浮签更多的是另一种笔迹，其中即有：

驹案：“子罕，戴公子乐甫术之后”一条系误入，当删。

显然以上浮签乃吴昂驹所作，书前“吴昂驹补注”藏印可相印证。书内吴昂驹的签批，主要是标注引文出处。比如：十五年《传》，“高下在心”注：“高下犹曲申也。”浮签标注曰：“‘高下在心’注，《正义》不载，疑同下条本《御览》。”

至于所涉及的参校本，浮签中唯提及拜经楼本。比如：

（1）卷九有条“襄十年。陈氏《乐书》，服虔一县十九钟”。拜经楼本补在“会吴子”上。

（2）京城北十一年，拜经楼本无服氏之经。作京城北二句，下注无二传作京句。

（3）拜经楼本顶格写：“四翻不跸，《周礼》‘缝人’注”“翻所甲”次行低二格。驹案：此注应在次行白文下。

以上浮签多出自吴昂驹之手。吴昂驹补注，多取自《史记》注文、以及《经典释文》《太平御览》等书。除此之外，浮签还常注出《古注辑存》的异文。具体覈查相关引文，所言的《古注辑存》即严蔚《春秋内传古注辑存》。吴氏校订严氏之书与该抄本引文的差异共19处，主要是征引文字的微异，以及各条编次前后的差异，今不细举。

（三）此钞本批注有言“拜经楼本”，今续查吴寿暘所辑的《拜经楼藏书题跋》卷一“群经小学”条下即录《古文春秋左传》钞本一种，其曰：

> 右十二卷，王应麟撰集。先君子从小疋学博钞校识，后云：乾隆癸卯秋日从归安丁君小疋借录，九月晦日校于皋亭道中，乌桕醉霜青山如画。①

以上吴骞传钞自丁杰之本当即是“拜经楼本”。此上图钞本递经吴骞收藏，吴氏又参校以过录自丁杰的“拜经楼本”，则以上吴骞批注所引“丁云”，当指丁杰无疑。

乾隆癸卯即乾隆四十八年，吴骞此时才借得丁杰本钞录，而此国图此钞本卷前题识（见上），钞校时间分别为丙申、庚子年，即乾隆四十一年和乾隆四十五年，远在吴骞钞丁书之前。笔者以为此钞本卷首所录的题识当是丁杰所作，吴骞先过录于“拜经楼本”，如以上“先君子从小疋学博钞”之语可证。后又辗转传钞至此本，故题识无署吴骞之名。

吴昂驹，即为吴骞的侄子，《拜经楼藏书题跋》卷五“别集总集类”的《明诗综》条即有：“（吴骞）因令犹子昂驹录其经解笔记，虽尚阙而不全，已足见前辈为学之勤。”又据钱泰吉《甘泉乡人稿》及《曝书杂记》“汲古阁史记”条目下，皆记“吴君春照字子撰”云云，“吴君为兔床先生之姪，擩染家学，校雠极精审，其兄醒园昂驹，亦好古

① （清）吴寿暘《拜经楼藏书题跋记》五卷、《附录》一卷，《续修四库全书》目录类第930册影印清道光二十七年海昌蒋氏刻本，上海：上海古籍出版社1995年版，第380页。

籍”。[1]由此可知吴骞有两侄，长者为吴昂驹，少者为吴春照。

此钞本浮签补注虽多出于吴昂驹之手，然亦如以上《明诗综》条下所记，多承吴骞之意而为之；因此，吴骞与吴昂驹的批注也可不必详分。

三、古文论语注

一、《古文论语注》二卷，汉郑玄撰，题王应麟辑，清钞本。一册，国家图书馆藏。[2]书号为：3744。藏印有“铁琴铜剑楼”白文印。

卷首书名页题作：“《古文论语》，浚仪王应麟撰集”。后附有《论语序》《论语孔子弟子目录》。钞本的行款为每半页十一行，行二十一字。内有虚线横格。行款与上国图所藏王大隆题跋的《古文春秋左传》抄本同（索书号3743），卷中字迹亦同，书中无批注及题跋。据上面王氏的题跋，此书与国图藏《古文春秋左传》钞本原本合编一册，经瞿镛收藏，今《铁琴铜剑楼藏书目録》有录此书云：

> 《论语郑氏注》二卷，钞本。郑氏原书十卷，见《唐书·艺文志》。《宋志》不载，则亡于五代时。此本出深宁叟搜辑，亦未见诸家书目。乾隆间，江宁严用晦从秦中王端毅家（王恕）录得，遂有传本。[3]

据瞿氏所言，《论语郑氏注》也是王应麟所辑，此钞本最早出自明人王恕家中，此说本自卢文弨，详见下文。

二、《古文论语》二卷，汉郑玄撰，题王应麟辑，旧钞本。二

① （清）钱泰吉《曝书杂记》卷二，《续修四库全书》第926册影印清道光十九年《别下斋丛书》本，上海：上海古籍出版社1995年版，第28页。（清）钱泰吉《甘泉乡人稿》卷八，《续修四库全书》第1519册影印清同治十一年刻光绪十一年增修本，上海：上海古籍出版社1995年版，第331页。

② 《中国古籍善本书目》录作《古文论语注》二卷。中国古籍善本书目编辑委员会《中国古籍善本书目》，第303页。

③ （清）瞿镛《铁琴铜剑楼藏书目录》，《续修四库全书》第926册影印清光緒常熟瞿氏家塾刻本，上海：上海古籍出版社1995年版，第130页。

卷一册。台湾“中央图书馆”藏，索书号00742。末附清方楘如叙。[1]每半页九行，行大字二十五字，小字不等，玄字缺末笔。藏印：邵氏二云朱文方印。

卷首书名页题作：“《古文论语》，郑玄注，浚仪王应麟撰集”。卷内多有小楷细字补注，或举出处，或增广注文，或间附考证。其中较长的补注则是卷上末“山粱雌雉”条，其注文“孔子山行，见一雌雉，食其粱粟”，旁附补证云：

按：粱、梁二字相通，汉《羊窦道碑》“故吏粱汜”，《汉隶字原》曰“粱汜”，盖姓也，字却从米。又范云《州名诗》云“逸豫诚何事，稻粱复宜敦”是也。但今《文选》及《释文》引郑注作“粱粟”，不作“梁粟”云云。

据卷末方氏《郑注拾渖自叙》，以上此类批注，是其增补。卷末方氏《自叙》云：

往往捽草杷土得旧人尊、卣、敦、盂与其鐶印，或钱布之品，下乃逮瓦釜，他物杂色，至琐细不足名，又为草土气相侵入，刻画崖窾模糊瘢胝，然且拾为己宝，遇好事者，即传观之。有指为汉魏以来，则喜无量，古诗所谓“一日三摩挲，剧于十五女”也。书传残阙，幸而零行依附，时时见于他说，其可贵重抵一珍珠船。不啻苟有好古博雅君子，爬梳剔抉，获则取之，当不余力而让。然卒未有生意者，何也？北海郑康成博稽六艺者，撰凡百余万言，今行于世者，《三礼注》、《毛诗笺》而止，他固未暇论；而即所注《周易》与《尚书》二十八篇阙然都不见，予惜焉。唐李鼎祚集《易解》自云：

① 方楘如，字若文，浙江淳安人，康熙四十五年进士，少受业于毛奇龄，博闻强记，经史百家，靡不淹贯，于汉儒笺注，尤能指其讹舛，古文与方苞齐名。参见王锺翰点校《清史列传》卷七十一，北京：中华书局1987年版，第5822–5823页。

“辅康成之逸象。”宋王应麟、明胡震亨因之，于《郑氏注》旁罗曲摭，递加详矣，然尚有遗者。《尚书注》亦杂见诸经疏中，其他背毛腹毳，所在而有。不揆梼昧，左右采获，一言半词，毛举件系。其文有详略，或大小同异者，则两俱存之。呜呼！宋儒火燄燄久矣，汉人解经不播国序。如去墠而鬼，谁办一盂麦饭浇之。今郑氏《诗》《礼》注故在也。诸生家率鱼愕鸡睨，震于怪物。而况收合余烬，欲燃死灰之已溺而传于为薪，其不唾而不顾者有人矣哉。抑欧阳子云：“予于郑氏之学，尽心焉耳。”斯则区区之心，所愿为执鞭者也。康成别有《六艺论》，驳许叔重《异义》，及为何邵公《发墨守》、《针膏肓》、《起废疾》诸书，又门生相与撰其答问，作《郑志》，并经典羽翼，今经疏中亦并有存者，端居多暇，尚当铅椠摘之，略备一家之学。乾隆柔兆涒滩十一月冬至前五日录于京都宣武门外扬州会馆之西偏昆陵杨廷锡问虞氏识。

此书题署作“王应麟辑”，方氏只是就旧抄本续加补治。《自叙》言“宋儒火燄燄久矣”，尊汉抑宋，特推重郑学，由此可略窥当时治学风气之转变。钱林《文献征存录》言方桑如“尝辑郑康成注为《拾渖》一卷”[①]，今未见此书刊本，此批注本或为其撰述底本。此跋也未见载录，今具录之，以备参考。

三、《古文论语注》二卷，汉郑玄撰，宋王应麟辑，清嘉庆十六年（1811）醉经堂刻本，北大图书馆藏。藏书号：李4609。书衣题作：“古文论语郑注，嘉庆辛未秋镌”。则此书刊于嘉庆辛未（1811）。单鱼尾，每半页十行，行二十三字，版心下有“醉经堂校本”，左右双边。正文题作“浚仪王应麟撰集”。此书《中国古籍善本书目》误录作“清

① （清）钱林辑《文献征存录》卷五，咸丰八年有嘉树轩刊本，第63页。

钞本”[①]，《北京大学图书馆藏古籍善本书目》也漏收。

卷首有《古文论语序》曰：

“仲弓、子游、子夏等所撰定”。（《经典·序录》）“书以八寸策。”（《北史·徐遵明传》）《钩命决》云：“《春秋》二尺四寸书之；《孝经》一尺二寸书之。”（《左传序正义》）《易》、《诗》、《书》、《礼》、《乐》、《春秋》，策皆二尺四寸，《孝经》谦，半之，《论语》八寸策者，三分居一，又谦焉。《仪礼·聘礼疏》应麟案：谦读为减。

《古文论语序》各钞本多置于书后，唯此刊本移置书前。今《玉海》卷四十一《艺文》有“汉《郑玄注论语》、《论语释义》、晋《论语注赞》”条，于《郑玄注论语》的流传原委有详考，该条即引郑玄《古文论语序》。与上《序》相比，《玉海》少《经典·序录》一条，其他编次、引文则相同。上《序》其后又言“应麟案”，则笔者以为此书若非王应麟，其辑者亦当参考《玉海》该条目，想不至于从经史注疏中重辑各条。

四、《古文论语注》二卷，附录一卷。汉郑玄注，宋王应麟撰，清乾隆鲍氏知不足斋刻本。题作：清陈鳣、吴骞校补并跋，陈鳣录丁杰校补题识，莫棠跋，一册，国图藏。[②]索书号 15065。藏印有：仲鱼过目、精校善本得者珍之、独山莫棠、独山莫祥芝图书记、独山莫祥芝善征父读过、莫棠所藏、独山莫氏铜井文房藏书记。以上王欣夫引劳格之语云，鲍廷博（1728–1814）曾刊《古文论语注》，此即鲍氏刊本也。内封面题作“《古文论语》，郑氏注，浚仪王应麟撰集”，版心下刻“《知不足斋丛书》”。

副页有题识：“此陈仲鱼校而有吴槎客、丁小疋二家笔迹。”其后

① 中国古籍善本书目编辑委员会《中国古籍善本书目》，第 303 页。
② 另见中国古籍善本书目编辑委员会《中国古籍善本书目》，第 303 页。

又有三条识文：

（1）此本鲍氏刻而三十集丛书未尝有也。海昌陈简庄征君手校增集，复有丁小疋、吴槎客两先生参订手迹，致可重矣。近代敦煌石室出诸古本书。罗叔蕴摹其残卷《论语郑注》以传。昨阅肆买一册，归涂遗于车中，更须再致耳。丙辰十月棠海上廌斋记。（朱文藏印“独山莫棠”）

（2）余氏《古经解钩沈》，谓郑注《尚书》、《论语》，贾、服注《左传》，皆厚斋原本而定宇补之。然《宋史·艺文志》、《儒林·王应麟传》无文；王圻《续文献经籍通考》、焦竑《国史经籍志》，亦不言厚斋有此三书也。观《尚书·禹贡》“和夷厎积”夹注所谓“应麟案”者，乃出惠氏《尚书古义》中，然后知《钩沈》之言妄也。朱文游先生未必有心欺人，盖为余君所误尔。余近得《驳异义》、《箴膏肓》数书抄之，闻亦出惠家。岂可云此亦厚斋元本耶！戊戌冬至前一日，丁杰（元名锦鸿）记。

（3）孙颐谷侍卿谓细观此书，恐并非定宇所辑，当自有见。骞记。

卷末复有丁杰的题记：

颐谷校补《论语郑注》。丁未正月，抱翁以孙校示，匆匆不及照临，略撮前数如左。

此刻本前刊金榜的《论语郑氏注书后》及卢文弨的《序》，两《序》可资考订该书的流传情况，现录如下：

（一）《论语郑氏注书后》：

自何平叔《论语集解》盛行于世，皇侃作《义疏》、陆元朗作《音义》，而《郑氏注》寖微，其廑有存者，不过间见于群经义疏而已。《曲礼》曰“下卿位”，注云：“卿位，卿之朝位也。君出过之而上车；入未至而下车。”《正义》：“卿位，路门之内，门东北面位，故《论语·乡党》云‘入公门’，又云‘过位，色勃如也’，注：‘过位，谓入门右，北面君辑之位。’故《燕礼》、《大射》：‘卿大夫门右，北面。公降阼阶，南乡尔卿’是也。”郑氏释《乡党》“过位”，为卿大夫朝位，在路寝庭正，与下经“没阶”、“复位”，文义相属；然则入公门而过位为入路门无疑也。而《集解》绝不之及，盖《郑氏注》湮没失传者不可胜数矣。是本所存殆未及十一，然郑氏一家之学，略见于是，良足宝贵。郑氏就《鲁论》篇章，考之齐、古为之注，具见于《集解·序》及《经典释文·叙录》、《隋书·经籍志》，而《论语音义》云：“案：郑校周之本，以齐、古读正凡五十事。（如注云：《鲁》读“传”为“专”，今从古；《鲁》读“崔”为“高”，今从古之类）”其言尤凿。然可据此题为《古文论语》，盖失考。丁君小山（丁杰）方肆意搜辑，冀为是书补缀阙遗。因书于后，质之小山为何如也。乾隆乙巳歙金榜书于游文塾。

笔者按：该序据其内容本当在书后，然今刻本不知缘何置于书前。此跋言郑玄注《论语》，虽参考《古论》，然尚不足称其书作《古文论语》。该页的版心下刻“小西山房藏板”。“小西山房”乃丁杰书斋名，此书具体刊正事宜恐多经丁杰之手，鲍廷博或据丁杰藏板复刻而已。

（二）其后卢文弨的《序》：

康成注《论语》十卷，自周、齐至隋，盛行于人间，《唐书》犹著录，至赵宋始不以入《志》，则书之亡也，其在五代之际乎？金陵严侍读东有（笔者按：即严长明）自秦中归，从三原王端毅（笔者按：即明代王恕）后人处，钞得王深宁所辑《古文尚书》郑氏注，《古文左传》贾、服各家义；而此书亦其所编缀者也。《郑氏注》在今日诚如椎轮耳，使其书尚在，举业家亦必不好，而志古之士要不忍使其坠遗。深叟勤勤搜采于亡佚之余，厘为两卷，此书之不终泯，王氏之力也。其训“不时不食”，谓“一日之中，三时食”，“不时”

谓“非朝夕日中也”。于“人而无恒，不可以作巫医”，则“巫医不能治无恒之人”。以“子贡方人”谓“谤人”，皆与朱子义异，然亦未尝不可以备一说也。王氏又尝辑《郑氏易》及《诗考》，世多有其书，而此三书，即吾乡藏书家亦未备，故浙江《通志》中亦未以之入录。侍读一见而传其本以归，可谓知所宝矣。余次第录之，适此书先竣，遂序其缘起如此。乾隆四十有二年三月二十九日范阳卢文弨书于钟山书院之须友堂。

卢氏认为郑注多存古义，且举三例以示辑郑注《论语》的意义。又据卢氏见闻，《古文尚书》《古文春秋左传》《古文论语注》三书最早出于关中明王恕后人处，则此三书辑者至少可上溯至明代。此三书涉及四部典籍众多，若非深究经书，广备典籍者，不能为之，当非王恕后人托名之作。此三辑本既为藏书家所祕藏，流传甚罕，故史志目录、地方志目录皆不录，也难怪以上丁杰跋文中有此疑问。

此书递经卢文弨之手，各条下偶见卢氏案语。卢氏校毕此书，又付予孙颐谷校补，孙颐谷校本复归卢氏后，卢氏又延请丁杰是正。丁杰将孙颐谷校补语复誊录于全书后，共辑得十八条，并附自己的案语一条，共计十九条。丁杰还附三条补正，两条夹注于书中，一条则以浮签的形式贴于书末。（见下）

书后附有《古文论语附录》，内容包括：《论语序》和《论语孔子弟子目录》两部分内容。（北大本《论语序》置于书前）书中孙颐谷的补注，丁杰复誊录于《古文论语附录》后的副页上。书内丁杰的三条补正如下：

（1）卷一“孟懿子”条，丁云：当在“孟庄子”下。

（2）“无适也，无莫也”。注文:“莫音慕，无所贪慕也《释文》。文弨案：陆氏以其义，知其读何字耳。他如反切，更非郑氏本文，

读者须善会。”“他如”二字似可商。（丁杰笔迹）

（3）“崔子”条下：“《鲁》读崔为高，今从《古》。《释文》。”应麟案：“《论衡》云‘犹吾大夫高子也’，此据《鲁论》之文。”

小山云：以《九经古义》证之云，此案实出定宇手。

此外，卷末所贴一条浮签批注云：

小疋云：“无所取材”注，“一曰”以下，似何平叔引他人说，松崖混入郑注，亦不是。

孙颐谷的补注共有十八条，其中二条附有案语：

（1）“子说”条，“善其志道深，《集解》。”孙云：何、裴两《集解》俱不作“喜”字，亦无“也”字。

（2）“由也好勇过我，无所取材”，注文“子路信夫子欲行”云云，又有“一曰子路闻孔子欲浮海，便喜不复顾望”。孙云：“一曰”下非郑注。（以上丁杰浮签批注即针对此条而发。）

（三）书中正文后，《古文论语附录》前有陈鳣的题跋：

乾隆四十八年七月既望，从群经注疏并《史》、《汉》注等书共补采数十条，复从丁小山先生（即丁杰）补正本合校，计先后所得凡四十条，此书益加详矣。小山先生补正本与家梅轩先生（即陈熷）同作，惜乎梅轩病废，不能就正焉，新坡陈鳣记于武林金声馆。

四十九年正月既望海盐馆中阅皇氏《义疏》，又续采得十条，时兔牀客阳羡，小山客武林，他日相见，必为狂喜也。鳣记于六十四砚斋。

据此跋文，陈鳣乃据王应麟旧辑本补辑数十条，又合校丁杰补正本，初得四十条，后再据皇侃《义疏》，续补十条，共计五十余条。若非见全书，仅据此跋，易误认定此辑本乃陈鳣过录本，然目验全书，却多孙颐谷、丁杰手迹，知此本非过录本，实则是孙颐谷先校补，丁杰续补码条，复过录孙颐谷补正语于卷末副页，陈鳣复取孙颐谷、丁杰校本而增益之。比如卷内孙颐谷、丁杰校补条文为行楷草就，与陈鳣工楷字迹不同，且卷末有丁杰跋文，其笔迹对比即知。《中国古籍善本书目》即录作“陈鳣录丁杰校补题识”，不确。副页莫棠题识以为陈鳣增集，丁杰、吴骞后参订之言，亦未确。宜题此本作陈鳣得孙颐谷、丁杰校补本复加补正之本。

今将此书的流传经过略梳如下：

王恕后人——严长明——鲍氏刊刻——金榜、卢文弨序补——孙颐谷校补——丁杰校补——陈鳣补正收藏——莫棠收藏。

（四）南宋时，皇侃《义疏》已亡佚，故王应麟旧辑本阙之。《义疏》至乾隆年间由日本回传，故丁杰、陈鳣据此增补。此外，陈鳣补注也参校日本正平本《论语集解》,（陈鳣题作高丽本）以及《初学记》《文选》郑注《三礼》等书。

陈鳣所录各条校补语，悉入其《论语古训》中。比如《里仁》篇“子曰里仁为美”条:“里者,民之所居,居于仁者之里,是为美也。《集解》、《文选・闲居赋》注。”陈鳣于前“居”字前补“也”字，“美”字旁注异文“善”字，又批注云：“鳣案：《文选》注亦作善，与《皇疏》同。”此即见于《论语古训》。陈鳣当以王应麟旧辑本为基础而作《论语古训》一书也。

今陈氏于《论语古训序》仅略言此书“托名王应麟”,又云“今以《集解》为本，考诸载籍所引遗说，旁搜坿益为《古训》十卷”。并不言其书有参考此辑本之处。然而国图所藏此补辑本所辑条文，及各家校补条目，足以知陈鳣受王应麟旧辑本裨益良多。比如郑注部分，王氏辑本实已完成十之六七，孙、丁二氏又补益十之一二，陈氏由此续补其余部分，才得以毕其功。陈鳣反是以此辑本为主，复采《集解》及各家引文，特别是《论语古训》后附《论语叙》和《论语孔子弟子目录》二文，全袭王应麟辑本引文，陈氏还将王应麟案语“谦读为减”录入其案语中而不出王应麟之名。因此不能偏信陈氏《序》言也。

以上题识，丁杰言此书惠栋所辑，陈鳣补注虽不涉此书辑者，然其《论语古训序》则言此书为“托名王应麟”之作。

然而吴骞识语即言孙颐谷并不以此书为惠栋所辑，吴骞当亦同孙说。卢文弨《序》文直言此辑本出自王伯厚，且溯此辑本远出明代。丁杰则以为王应麟辑此书之说出自余萧客，今复查余氏《古经解钩沉序》，余氏仅言其交朱太学文游，从其处得见“王应麟集郑玄《尚书》注之类”[①]云云，全《序》并无朱氏认定此书是王应麟所辑之语。

此外，此书丁杰副页题识所言亦与以上陈鳣所藏《古文春秋》一书副页题识“此亦惠定宇所辑，不出王厚斋手”的题记相应，更确知《古文春秋》的题识，其内容本自丁杰，后经吴骞摹写其上。

四、相关之辑本

一、《春秋内传古注辑存》三卷，清严蔚辑，清乾隆二酉斋刻本，臧礼堂校补，三册，收藏于北京大学图书馆。[②]藏书号：李7630。白口，左右双边，无鱼尾。每半叶十行，行二十字。

该书书衣署“臧和贵手稿”[③]，此书题作“《春秋内传古注辑存考正》”。然卷前副页则题作“校《春秋内传古注辑存》三卷全”，卷内

---

① （清）余萧客《古经解钩沉》，济南：山东友谊书社影印乾隆六十年刊本1993年版，第24页。

② 北京大学图书馆《北京大学图书馆藏古籍善本书目》，北京：北京大学出版社，第29页。

③ 臧礼堂，字和贵，常州武进人，臧镛堂弟。臧礼堂学行事迹，参见（清）王引之撰《王文简公文集》卷四《臧礼堂小传》，《续修四库全书》第1490册影印民国十四年罗氏铅印高邮王氏遗书本，上海：上海古籍出版社，第402页。

书名页再题作“《春秋内传古注辑存补正》”，盖臧氏欲补注此书，然于书名仍踌躇未定。该书版心下记“二酉斋”，故又称作二酉斋本。

该书前有王鸣盛、钱大昕和卢文弨的三篇长《序》，极推赞此书。

王鸣盛重视贾、服之注，其《序》言：

吁！左学以服为首，杜解中攘窃其义甚多，顾隐而不言，明系忌服名高，作此狙诈耳。孔颖达《疏》附会之云：“杜以先儒之内四家差长，故特举其同异，自余服虔之徒，殊劣于此辈，故弃而不论。”此等梦呓之谈，将谁欺乎？

又言：

严生豹人安贫乐道，笃志耆古，作《春秋内传古注辑存》，汉人家法，藉以不坠。此书出，彼杜氏之苟驳前师，乡壁虚造者，尚能以惑人哉？且夫学莫善于有本，而功莫大于存古。九经《疏》，汉学佚其四，而《谷梁》之用范宁，犹为稍可；其佚而可惜者，《周易》、《尚书》、《左传》也。《周易》有李鼎祚、王应麟所辑；《尚书》有予所辑，汉学略具梗概。惟《左氏》未有辑本。曩者叙生所辑鲁、齐、韩三家诗，曾反复低回，属望之。生果能践此言，再有此辑。彼《诗》有毛、郑岿然在，生所搜罗厥功差小。若此编继绝表微，功视《诗》尤伟矣。

钱大昕的《序》亦言：“豹人笃于信古，乃刺取《经典释文》、群经《正义》，参以他书，采获若干条，所师不专一家，要皆汉儒旧义。”又言“予尝有志裒辑而未逮也”。

书前卢文弨的《序言》：

东吴严子豹人蔚，其治经也深，惩专已守残之陋，而于《左氏》用功尤深。始灼见杜氏之弊，有违礼伤教者，有肆臆妄说者，慨然思汉人之旧，于是凡唐人《正义》及《史》、《汉》、《三国》旧注与夫唐宋人类书所引，综而缉之。贾、服两家而外，若王肃之《注》、孙毓之《异同略》、京相璠之《土地名》，虽已并佚，偶有一二言之见于他说者，亦不忍弃也。①

严蔚《春秋内传古注辑存例言》曰：

蔚居贫多暇，采录群经《正义》及《史记》、《后汉书》、《三国志》及唐人类部诸书所及《内传》汉注，共得若干条，虽非全书。然尝鼎一脔，足知正味，学士勿以缺而不完束之高阁。

严氏辑本，于《左传正义》所引贾、服注文遗漏甚多，臧礼堂补入《正义》引文达40条之多。比如“初公传夺卜齮田”条，臧氏后补足“公不禁”，又补注文曰:“服虔云:公即位，时年九岁。《正义》。”严氏所辑引的《史记》注文亦多缺漏。此外，臧氏还批评严氏的辑文，有意引又不注书名者，比如“谓之浑敦”条，注文云：“服虔以为，驩兜人面马喙，浑敦亦为兽名。”臧氏批注曰：“用《山海经》，当检本书。”（笔者按:此条即出自《左传正义》引文，乃服氏引《山海经》原文，当在服氏后添《山海经》）也有补订严氏论断者，如昭七年《传》云:“余敢忘高圉亚圉”条，注云:“周人不毁其庙，报祭之”。蔚案:“此注孔氏虽不撰明为谁氏之义，然说与马季长同。”臧氏批曰：“杜无此言，孔氏不合郑说。”

笔者按：王鸣盛、钱大昕、卢文弨皆提及辑《春秋》古注的重要性。但辑此书不易，钱氏还慨叹自己拟辑而未成。又从臧氏的补文来看，严氏辑本引文，恐非如其《例言》所言，采录于群经《正义》，倒更像是从他书转写而成。只是严氏全书，一改楷书为篆书，连前面三家

① 以上王鸣盛、钱大昕和卢文弨的《序言》，另见清严蔚撰《春秋内传古注辑存》，《续修四库全书》第122册影印南京图书馆藏清乾隆二酉斋刻本，上海：上海古籍出版社1995年版，第1–4页。

《序》言亦不例外，殊不易读。

从两书的辑文中试可举证，如《隐公元年》“不及黄泉，无相见也”该条，王辑本正文出“黄泉”二字，条注“服虔曰：天玄地黄，泉在地中，故曰黄泉”，其后双行小注：“《郑世家》注。一云泉注地中，故曰黄泉。《文选·缪熙伯挽歌》注。《古诗》注引服说与《世家》注同。又杨子云《剧秦美新》注同。”今严辑本正文出“不及黄泉”四字，以下注文则全同，唯将《文选》“泉注地中”的异文置于服注“泉在”二字之下[①]。又如，王辑本正文出“同轨”二字，条注“服虔以轨为车辙也”，小注“同上”。即条注出自上条《春秋正义》。严辑本正文出“同轨毕至”，其下条注及按语全同。实则此条孔疏转引服氏注，其原文作“服曰：轨车辙也”，出自《太平御览》五百五十三。清李贻德《春秋左氏传贾服注辑述》即取此原文。此外比较两书，王氏辑本所引《太平御览》的各条目，严本袭之全无增补，故臧礼堂得以补之。此书若严氏所辑，则两书引书，各条引书编次，甚乃引书省语，引他书之条目皆相同，岂有如此之巧合。

王欣夫比对王应麟辑本与此辑本，以为两书“大致无异”，“唯彼本（即王应麟辑本）有引《御览》数十条，此本无之”[②]。吴骞、吴昂驹又取严书复校王应麟书，也仅校得 19 条字句微异处。此外，从内容上看，严氏于《左传正义》引文多有遗漏，辑文也多节引。若视此书为其读书札记，未为不可；然若本辑佚而为之，尤为失当。

笔者以为严氏与王应麟辑本不当有如此多巧合，何况王应麟辑本在严氏辑本之前，已有流传；因此，笔者推定严辑本实抄录王辑本，

① 严蔚撰《春秋内传古注辑存》，第 8 页。

② 王欣夫撰《蛾术轩箧存善本书录》之《春秋内传古注辑存不分卷》条，上海：上海古籍出版社 2008 年版，第 1436 页。

又将十二卷增补文句，改作三卷。

二、《论语郑注》二卷，清郑玄撰，清长州宋翔凤辑，清嘉庆四年浮谿精舍刊本。王欣夫批注本，复旦大学图书馆藏。[①]

王氏取铁琴铜剑楼所藏（即今国图所藏本）《古文论语注》一书与宋翔凤《论语郑注》比勘，云：

> 余读《瞿氏铁琴铜剑楼藏书目录》有钞本，云出深宁叟搜辑，为从来所未闻。于一九三五年二月，亟向凤起假读。则与惠栋《古文春秋左传》、江声《论语竢质》合订一册，疑亦惠、江师弟所辑。检劳季言批注《田裕斋藏书记》云："此亦惠征君栋辑本，鲍渌饮曾刊之，板式与丛书同，却罕见。"则信乎其为定宇所辑，而讬名厚斋也。取宋辑本比勘，乃宋辑与惠本十九相同。而《序》中并未言及惠本，颇有掠美之嫌，遂手校一过。[②]

此跋王氏有臆断处，国图所藏瞿镛藏本王氏跋言，已明言"此宋王伯厚辑《春秋左传古注》及《论语郑注》"（见上），至此跋则改题作"惠栋《古文春秋左传》"。

王氏以为此书乃惠栋讬名王应麟之作，又有劳格断语证之，故王氏于《蛾术轩箧存善本书录》题此书作"自据惠栋辑旧钞本校"。且王欣夫复举证云：

> 至定宇案语，皆题应麟名。如《公冶长》"崔子"条，"应麟案《论衡》"云云，与宋辑引"惠氏栋曰"云云同，可证应麟之确为讬名。又如《宪问》"子路宿于石门晨门曰"条"应麟案，《太平寰宇记》曰"云云，与宋辑自案语同。又可证于庭之确见惠本。[③]

---

① 《中国古籍善本书目》录作《论语郑氏注》二卷。中国古籍善本书目编辑委员会：《中国古籍善本书目》，第303页。

② 王欣夫撰《蛾术轩箧存善本书录》，上海：上海古籍出版社2008年版，第404页。

③ 王欣夫撰《蛾术轩箧存善本书录》，第404页。

王氏所据瞿氏藏本各条按语均题“应麟案”，宋翔凤辑本各按语也题作“应麟案”，两者并无不同。“《太平寰宇记》曰”此条，宋辑本即题作“应麟案”，非自按语，王氏举例不确。实则宋辑本录“应麟”案语共五条，与瞿氏所藏钞本全同。宋氏显然曾见王应麟旧辑本。

王欣夫以为此书为惠栋托名之作，故其《善本书录》所举各条按语皆去“王应麟”之名。此五条案语中确见于惠栋《九经古义》之《论语古义》者仅有二条。惠氏作《论语古义》，可能也依傍王应麟辑本，犹如以上惠氏补辑本《古文春秋左传》一书。

现将宋翔凤书中涉及“王应麟”的条注和案语辑出，具体分析如下：

其中按语如下：

（1）卷一“崔子弑齐君”条，郑曰：“鲁读崔为高，今从古。”（《音义》）案：惠氏栋曰：王充《论衡》曰：“仕宦为吏，亦得高官将相长吏，犹吾大夫高子也，安能别之。”盖用《鲁论》语之言。

应麟案：《论衡》云“犹吾大夫高子也”，此据鲁论之文。

笔者按：《九经古义》惠栋案语亦收此句。王应麟按语断章节引且直下断言，而惠栋按语则增补前后文句，又用“盖”字作推测语。两相比较，王氏案语简略在前如札记，惠氏按语详尽在后，更似依前者增订而成。该钞本明引“应麟案”，惠栋断不必以如此武断的按语托之古人。

（2）“《诗》《书》执礼皆雅言也”条。

应麟案：“左史倚相能读三坟、五典、八索、九丘，是正言其音也”，此说与文公异。

笔者按：此条不见《九经古义》，为应麟所注。

（3）“好行小慧，难矣哉”条。

应麟案：篆文叀与彗同。

笔者按：此条《九经古义》惠栋按语作："篆文叀与彗同。《汉书》'昌邑王清狂不惠'，义作慧。"此盖惠栋本王应麟案语而增补之。

（4）"子路宿于石门，晨门曰"条。

应麟案：《太平寰宇记》曰：古鲁城凡有七门，次南第二门名石门。

笔者按：此条《九经古义》也无录。

（5）此外王应麟还有一条案语，王欣夫无举。现亦录如下：卷末《古文论语序》中注文："《易》《诗》《书》《礼》《乐》《春秋》策皆二尺四寸，《孝经》谦半之，《论语》八寸，策者，三分居一，又谦焉。《仪礼·聘礼疏》。"

应麟案：谦读为减。

笔者按：此条《九经古义》也无收。

复次，王欣夫取瞿氏藏本与此宋辑本对校。以批注方式补辑文两条，以及注明行款差异二处，今辑出如下：

（1）"畏大人，郑康成曰：大人谓天子诸侯为政者"条。

前补充入"狎"，注："狎，惯忽之言，惯见而忽也。"《书·大禹谟正义》、《泰誓正义》。

（2）"泳而归"条补：王充曰："泳，歌馈祭也。歌咏而祭也。"

（3）"狎大人"条，钞本与上并。"柳下惠为士师"钞本移在前。

最后，书后还附有王欣夫题记：

惠定宇辑《论语郑注》，讬名王伯厚。铁琴铜剑楼有旧钞本，与辑本《古文春秋左传》，江艮庭《论语竢质》合订。取校此宋辑本，十九符合。颇疑宋氏亦见惠辑而序中未言及，未免掠美之嫌矣。乙亥二月二十六日补安王大隆校记。

笔者按：宋翔凤辑本与王应麟辑本内容几乎全同，且全刊王应麟案语，则宋氏定见王应麟辑本。宋翔凤刊刻此书所据王应麟辑本，辗转传抄中尚有脱漏，王欣夫据瞿氏所藏王应麟辑本补宋辑者共七条，又言“各条增补，所引书目尤多”①，而宋辑本多缺之，足见宋翔凤此书所据王氏辑本不善。宋氏全刊王氏书而无校补，故王欣夫不免有所讥评。

宋翔凤辑本刊有王应麟简略案语五条。其中三条，不见于惠栋《九经古义》。其余两条，惠栋《九经古义》似据王应麟案语而增补引文及其出处。

三、《论语郑氏注》二卷，清郑玄撰，宋翔凤辑，清嘉庆道光间《浮谿精舍丛书》本，清戴穗孙批注，浙江图书馆藏。②笔者至该馆查阅该书，该书卷末有戴穗孙题识，言该书得之“同治乙巳岁赵㧑叔大令之谦”，戴氏乃“行箧携以自随”，阅览之余又加补辑。

全书戴氏批注，对宋辑本的条文及次序，偶有删削调整。比如《微子》第十八篇出“柳下惠为士师”条，郑注：“柳下惠，鲁大夫展禽也，食采柳下，谥曰惠。”（《文选·陶征士诔注》）批注曰：“穗孙案：《文选注》所引一条，应在《卫灵公》篇‘知柳下惠之贤’句下，此处可删。”此条，王欣夫《蛾术轩箧存善本书录》以为宋辑本脱漏③，实则宋氏错置此条于后文也。又如《微子》第十八篇有“郑注：踧踖，敬恭貌。”（《后汉·明帝纪注》）批注曰：“穗孙案：此已见前，此可删。”

此书戴氏补辑及眉批，取自袁均及陈鳣两辑本的条文及其案语。其中袁均《郑氏佚书》中《论语注》的案语，戴氏简称作《袁氏考证》。戴氏择录两家案语，盖为旅途研习之便，非戴氏有意续辑也，故戴氏案语甚少。

---

① 王欣夫撰《蛾术轩箧存善本书录》，第404页。
② 中国古籍善本书目编辑委员会《中国古籍善本书目》，第303页。
③ 王欣夫撰《蛾术轩箧存善本书录》，第404页。

四、《论语古训》十卷，清陈鳣辑，三册，北京大学图书馆藏，藏书号6832。[①]封面下刊“海宁陈鳣述”，卷内有佚名墨笔补辑，且附异文，考证及引文出处。清乾隆六十年（1795）简庄刻本。黑口、左右双边、无鱼尾。每半页10行，行21字。

《论语古训序》言：“郑康成，汉世大儒，故《集解》之外，蒐辑郑说独多，且以愚意疏通证明之，所以补疏家之未备也。”且兼采汉魏古注，经书异文于各条下，比如孔安国、包咸、范宁等等。刊本卷首阮元的《叙言》云：

> 海宁陈君鳣撰《论语古训》十卷，于《集解》所载之外，搜而辑之，且据《石经》、皇侃《义疏》、山井鼎、物观诸本订其讹缺，而附注于下。元在京师获见稿本，今来浙而是书付刻初成。

陈鳣《论语古训叙》亦言：

> 隋，何、郑并行，郑氏特盛，故唐人诸书多引之，迨宋时遂亡。近有集郑注《古文论语》二卷，讬名王应麟。郑注非古文，且其所收亦未尽也。今以《集解》为本，攷诸载籍所引遗说，旁搜坿益为《古训》十卷，言“古”者以别于“今”也。不曰“《集解》补”者，守缺抱残，不得言“补”也。凡经文从邢昺《正义》本而以汉唐石经、皇侃《义疏》、高丽《集解》本、《经典释文》及日本山井鼎《七经孟子攷异》，物观《补遗》校注于下，或见于他书，亦间为援证也。

笔者按：以上陈鳣《论语古训叙》于王应麟《古文论语注》旧辑本仅一笔代过，实则陈氏该书多参考此辑本。以上国图所藏陈鳣校补本《古文论语注》可证。

---

① 北京大学图书馆《北京大学图书馆藏古籍善本书目》，北京：北京大学出版社，第32页。

此书墨笔补注集中现于卷一至卷三，卷四以后则无。盖补此书者虽有意为之，然始从其事而未葳。前三卷中，补注者取《古经解钩沉》的引文以补正陈鳣的注文，如“有字曰:信近于义，言可复也。”陈鳣辑注:“《笔解》作马曰:其言反复，故曰近义。”墨笔补注云:“《古经解钩沉》引《笔解》作‘其言可反复也’。”知此补注者非出自陈鳣。

陈鳣此辑本偏重于两汉古注，且以郑玄注为主，于魏晋其他注家多有疏漏。佚名墨笔补者则从皇侃《义疏》中辑补其他注家，比如郭象、孙倬、范宁、江熙、沈居士、熊埋等等，所补条文甚多，不下三十条。补注者关注点在于何晏《论语集解》以后的两晋及南北朝注家，与陈鳣原辑本侧重两汉古注的旨趣不同。

五、三书辑者考

《古文尚书》《古文春秋》及《古文论语注》三种旧题王应麟辑的旧辑本可谓清代辑佚学之嚆矢。清代学者多取此三种辑本补辑，比如《古文尚书》，孙启治云：

> 李调元《正讹》(《函海第三函》)就王辑各节订误补缺，于王辑之外，多未采摭。孔广林增订王辑，计凡增多四十余节，于王氏原本讹误亦多改正，胜于李氏《证讹》。[①]

于《古文论语注》，孙启治又云：

> 旧有辑本，题王应麟辑，袁均谓是惠栋讬名为之。王谟、袁均

① 孙启治、陈建华编《古佚书辑本目录附考证》，北京：中华书局1997年版，第23页。清李调元辑本题作：“《郑氏古文尚书》十卷，宋王应麟辑，清李调元证讹。”收入其刊刻《函海》第三函中。清孔广林也就王辑本补辑增订，题作《尚书郑氏注》十卷，亦作《尚书注》十卷，收入其《通德遗书所见录》中。清孙星衍也就王辑本补辑，作《古文尚书》十卷。

等皆据旧辑增补。马国翰据陈鳣《论语古训》所辑郑注录出。王、马、孔广林三家辑本颇多互为有无，皆不及袁辑为备。[①]

至于《古文春秋》与其他辑本的关系，经笔者的举证，严蔚辑本当即承此书而来。余萧客编《古经解钩沉》则直取三种王氏辑本。

此三书既然如此重要，虽题作“王应麟辑”，但历来对此却颇多争议，卢文弨于刊刻《古文论语》的《序》里言严长明曾从关中明代王恕后人处钞得此三书，胡元仪《北海三考》又言：“凡蒐辑之本，有王伯厚本。或云惠定宇所讬；或云严长明所辑，托名伯厚伪为之。《跋》云‘得之秦中’，传钞而得，实伯厚无此本也。”丁杰又推定此三书乃惠栋讬名之作，近人王欣夫亦持此论。以上皆否定王应麟辑此书也。

然余萧客则以为王应麟辑，其《古经解钩沉》云：

《左氏解诂》三十卷(《释文》)、一《左氏传义》(《公羊疏》)引。按：王应麟集贾、服《春秋》，独红豆斋秘抄相传，然与《古文尚书》、《古文论语》皆多补治，不为厚斋原本。故今据宋元以前书，采旧注于厚斋三书，独根括原引书作注，而阙三书之目。[②]

余氏以为此三书递经惠栋收藏，惠栋补治其书而为其著述之蓝本。今上图馆藏《古文春秋左传》补辑本即可确证。至于其他二书，惠栋底本今已不见，然卢氏已言此三书出于秦中明王恕后人，知此二书也非惠栋讬名之作，余氏以为惠栋收藏且补治三书之说可信。

此三书可溯源至明人，是否可能是明代学者辑此三书？然今所见本书名页皆题“王应麟辑”，卷内案语亦署“应麟案”。明人缘何要辑此三书，而伪讬王应麟之名？笔者以为此三书即为王应麟所辑，现引证如下：

---

① 孙启治、陈建华编《古佚书辑本目录附考证》，第 68 页。
②（清）余萧客《古经解钩沉》，第 24 页。

（一）王应麟淳祐元年（1241）19岁中进士科，其后过十五年，于宝祐四年（1256）中博学宏词科。在此期间，王氏为应付此科考试而编纂《玉海》一书，且将读书心得纂成《困学纪闻》。今《困学纪闻》明引郑注《尚书》凡二十五条，服、贾《左传》凡十五条，郑注《论语》注凡十条。以上诸书当时皆佚，此五十多条的注文，绝非随手偶录所得，王氏定先辑以上古注，为其撰述之长编。此外还有两证：《困学纪闻·书》有云："郑康成《书注》，间见于疏义，如'作服十二章'、'州十二师'，孔注皆所不及。"[①]王氏下此断言，当对群经注疏所引郑注的情况作一番梳理，才能有此具体的了解。王应麟生前，《玉海》和《困学纪闻》皆未刊刻，《玉海》刊于元至元十一年（1351），《困学纪闻》刊于元泰定二年（1325），已是王氏去世三十年后。王应麟于《浚仪遗民自志》云："嗜学老不倦，为《困学纪闻》。"王氏于晚年尚且矻矻不倦以修订《困学纪闻》，则王氏必当有此三书的辑本以备覈查。

（二）王氏欲应博学宏词科考试，是辑此三书之目的。此十五年间，王氏"尽读秘府所藏天下未见之书"（元胡助《元刻玉海序》），具备辑此三书时间和条件。三书辑文涉及群经注疏、《水经注》《太平寰宇记》《论衡》《文选》注，可谓兼赅四部。目营掌录，于千百条注疏中仅辑的一二条。以上严蔚言其取"唐人类部诸书"以辑之，实则《古文春秋》一书引类书不多，大多数辑自群经注疏，《史记》三家注、《国语》注，且所引集部之书尤多。相反，后人倒是复据宋人类书，如《太平御览》补入该书未备条文。因此，此三书辑本断非"一时闲居"即可草就。

然更重要的是此三书的编纂方式，此三辑本经注多有节引，且偶

① （宋）王应麟著，（清）翁元圻等注，栾保群等点校《困学纪闻》，上海：上海古籍出版社，第199页。

见各条引文汇纂一处，编次杂猥。余氏所谓“独根括原引书”，以致清儒得此三本，多补订经注的前后引文。这是因为此三书为科考及考订之用，取大义即可。《困学纪闻》引郑注皆节取大义，连属而下，《玉海》则于“郑注”二字亦多不署，王氏所辑《周易郑氏学》辑文方式则不仅如此，甚而略去引文出处。

（三）从三书的书名来看。王氏欲准备博学宏词科，首先就必须“编题”。近人王重民对王应麟这种方法有详细的介绍：

> 在广泛阅读四部书的时候，凡是认为其中的一些重要资料都一条一条地抄出来，并且给每条做出一个题目（题目可以先拟，也可以后拟或改拟），这是第一步，叫“初编”。等到抄录的材料渐多了，就可把相同相近的资料，整理成更大的条，编成更完整的一题一题的资料，这就叫做编题。这样，长时间的阅读，长时间的记笔记，整理笔记，长时间的编排，就会成为一个整的体系，而无所不通了。[①]

今此三书的题目，与《玉海》所录的“编题”相应。《古文尚书》与《玉海·艺文》之《汉古文尚书》条相应，全因王氏辑得“郑玄从张恭祖受《古文尚书》”一条，有“古文尚书”四字。然编完史传条文后，还得复举郑注用例。今《古文尚书》辑本当即为举用例而辑。《汉古文尚书》条目后引例如“《周礼注》：‘《书》曰：度西曰柳榖’”之类，即见于《古文尚书》辑本。《古文尚书》所录郑玄注《尚书》之古字，多被王氏辑入该条目下。《古文论语注》与《玉海·艺文》之《汉郑玄注论语》相应，因此条下有“梁有《古文论语》十卷，郑玄注”一文，盖该条“编题”初拟作“《古文论语注》”，后改作今题。《古文论语注》辑本其后郑玄《序》文，几乎全袭《玉海》该条注文。《古文

① 王重民《中国目录学史论丛》，北京：中华书局 1984 年版，第 152–153 页。

春秋》对应《玉海·艺文》之《古文春秋》,因该条王氏辑得"《聘礼疏》,服虔注《左氏》云:古文篆书,一简八字"一条,故列服注为古文。《古文春秋》辑本尚引贾逵之说,其辑文还多用于其他编目。如此一来,则此三者书名即应"编题"之需,其书实属备考的"兔园册"。

此三书本原不为辑佚而作,初属备考之册,其后复作考订之长编。王氏又无意续辑全备以付梓,如《周易郑康成注》,故此三书不入王氏自述撰述之列,其后唯以钞本流传于藏书家之间,也就在情理之中。

惠栋《九经古义》能取舍精谨且考证缜密,实依傍三书,故惠书案语与此王氏案语有暗合、甚有全袭处。清儒陈鳣《论语古训》能免却疏漏而备众本之善,也以参考了王应麟辑本。总之,王应麟此三辑本,尤可谓清代辑佚学之滥觞。

结　论

王应麟辑有《古文尚书》《古文春秋》和《古文论语注》三书。此三者原为博学宏词科考试而辑,故书名即为科考之编题。其辑文多节引大义,应举证与王氏札记之用。盖三者原为应试的资料长编,故流传绝罕,唯递藏于元明藏书家之间,其后因学者传抄,流传渐广,故今存各钞本不出于一人一时一地,却均题作王应麟辑。清代辑佚考据家多据此三者而补辑疏证,如卢文弨、孙颐谷、丁杰等等,惠栋补治王氏《古文春秋》,择录其批注内容于《九经古义》中。严蔚增补王应麟《古文春秋》,另题作《春秋内传古注》以刊行。宋翔凤据王应麟《古文论语注》,另题作《论语郑注》以刊行。陈鳣补订王氏《古文论语注》,以撰《论语古训》。足彰此三书的价值。不过,清代学者,或以为三书出自惠栋,或刊其书而隐王应麟之名,或参考其书条注而不言,不免湮没王应麟辑佚之劳。此三辑本虽未臻完备,然而先河后海,筚路蓝缕之功尤不可没。

参考文献

[1] 《两汉十翼称经考》,《儒家典籍与思想研究》第5辑，北京：北京大学出版社2013年版。

[2] 《吕祖谦易学著述考略》,《古籍整理研究学刊》2013年第2期。

[3] 《论吕祖谦〈古易音训〉校勘《经典释文》的价值》,《国文天地》(台湾)第331期，第333期。

[4] 《〈古易音训〉价值蠡测》(改作《〈古易音训〉价值初探》),《儒家典籍与思想研究》第6辑，北京：北京大学出版社2014年版。

[5] 《〈古周易〉衍生问题之再探讨》(改作《〈古周易〉相关问题之探讨》),《北京大学中国古文献研究中心集刊》第十三辑，北京：北京大学出版社2013年版。

[6] 《吕祖谦〈周易系辞精义〉编纂的原则与价值》,《湖南科技学院学报》(人文社科版)2012年第2期。

[7] 《〈周易本义〉札记三则》，淮北师范大学《古典文献学术论丛》，安徽：黄山书社2014年版。

[8] 《宋代"疑经"与"编古易"问题之辨证——以〈易经〉为例》，江西上饶师范学院朱子学研究所《朱子学刊》第二十四辑，安徽：黄山书社2015年版。

[9] 《试论孔子易赞及易教》,《中国易学》,神州:福建教育出版社2014年版。

[10]《郑玄〈周易注〉孔广林辑本略论》,《古籍整理研究学刊》2017年第5期。

[11]《朱子易类著述版本二十七种考录》,《北京大学中国古文献研究中心集

刊》第十三辑，北京：北京大学出版社 2015 年版。

[12]《北大所藏汪龙〈毛诗申成〉稿本初探》,《古籍整理研究学刊》2016 年第 4 期。

[13]《重估〈鬳斋考工记解〉价值及未备》,《北京大学中国古文献研究中心集刊》第十二辑，北京：北京大学出版社 2012 年版。

[14]《清代〈郑志〉辑本六种考论》,《文献》2018 年第 2 期。

[15]《朱子四书类著述二十一种版本述考》《闽江学院学报》2014 年第 1 期。

[16]《古籍影印本四种指瑕》《中国典籍与文化论丛》第十六辑，南京：凤凰出版社 2014 年版。

[17]《戴震、二王著述善本十三种叙录》(改作《戴震、二王著述批跋本十三种叙录》)，安徽大学徽学研究中心《徽学研究》第九卷，安徽：安徽大学出版社 2015 年版。

[18]《现存〈古文尚书〉〈古文春秋〉〈古文论语注〉旧辑本十四种检讨及考辨》,《儒家典籍与思想研究》第 6 辑，北京：北京大学出版社 2015 年版。

图书在版编目(CIP)数据

经学文献考论 / 朱天助著. —上海:上海三联书店,2020.12
ISBN 978-7-5426-7255-1

Ⅰ.①经… Ⅱ.①朱… Ⅲ.①经学—文献学—中国—文集 Ⅳ.①Z126-53

中国版本图书馆 CIP 数据核字(2020)第 223518 号

经学文献考论

著　　者 / 朱天助

责任编辑 / 郑秀艳
装帧设计 / 一本好书
监　　制 / 姚　军
责任校对 / 张大伟　王凌霄

出版发行 / 上海三联书店
(200030)中国上海市漕溪北路 331 号 A 座 6 楼
邮购电话 / 021－22895540
印　　刷 / 上海惠敦印务科技有限公司

版　　次 / 2020 年 12 月第 1 版
印　　次 / 2020 年 12 月第 1 次印刷
开　　本 / 890×1240　1/32
字　　数 / 260 千字
印　　张 / 10.625
书　　号 / ISBN 978－7－5426－7255－1/Z・133
定　　价 / 50.00 元

敬启读者,如发现本书有印装质量问题,请与印刷厂联系 021-63779028